요한 카시아누스의

제 도 집

엄성옥 역

요한 카시아누스의 제도집(The Institutes)

초판 발행 2018년 9월 1일
지은이 요한 카시아누스(John Cassian)
옮긴이 엄성옥
발행처 은성출판사
등록 1974년 12월 9일 제9-66호
ⓒ 2018년 은성출판사
주소 서울시 강동구 성내로3길 16 (은성빌딩 3층)
전화(편집실) 031) 774-2102
홈페이지 http://www.eunsungpub.co.kr
전자우편 esp4404@hotmail.com

이 책의 한국어판 저작권 및 판권을 은성출판사가 소유합니다. 저작권법에 의하여 한국 내에서 보호를 받는 제작물이므로 무단 복사, 인용, 녹음, 재편집, 전자책 등 복제를 금합니다.

Printed in Korea
ISBN: 979-11-963287-5-7 93230

이 도서의 국립중앙도서관 출판예정도서목록(CIP)은 서지정보유통지원시스템 홈페이지(http://seoji.nl.go.kr)와 국가자료종합목록시스템(http://www.nl.go.kr/kolisnet)에서 이용하실 수 있습니다. (CIP제어번호 : CIP2018026766).

The Institutes

John Cassian

차례

머리말 / 7

제도집 서문 / 15

제1권: 수도사들의 복장 / 21

제2권: 교회법에 따른 밤기도와 시편찬송 방법 / 35

제3권: 표준적인 낮기도와 시편 찬송 방법 / 55

제4권: 세상을 버린 수도사들의 제도 / 71

제5권: 탐식의 영 / 113

제6권: 음란의 영 / 157

제7권: 탐욕의 영 / 177

제8권: 분노의 영 / 205

제9권: 슬픔의 영 / 227

제10권: 권태의 영 / 237

제11권: 허영의 영 / 263

제12권: 교만의 영 / 279

머리말

어제 같은 데, 벌써 『담화집』을 한국어로 번역 출간 한 것이 5년이라는 세월이 흘렀다. 연 이어서 『제도집』을 번역에 착수하였지만, 수도원 제도가 없는 우리 개신교회 전통에 얼마나 도움이 될까 생각하여 중단하였다가 이제야 출간하게 되었다.

이 책의 완전한 제목은 『공주수도회의 제도집, 그리고 여덟 가지 주요 악덕의 해결책』(The Institutes of the Cenobia and the Remedies for the Eight Principal Vices)이다. 『담화집』과 함께 이 책은 서방교회에 수도원 제도를 수립하는 데 지대한 영향을 끼쳤다. 요한 카시아누스는 다키아(Dacia, 지금의 루마니아)에서 360년경에 태어났다.

저자는 20대, 또는 30대에 친구인 게르마누스(Germanus)와 함께 고향을 떠나 베들레헴에 있는 수도원에 들어갔다. 그는 그곳에서 지내는 동안 이집트의 수도원운동에 대해 알기 위해 게르마누스와 함께 두 차례 이집트를 방문했다. 두 사람은 이집트를 떠나 콘스탄티노플로 갔다. 그렇지 않아도 분명하지 않은 카시아누스의 이력이 이 시점에서 한층 더 분명하지 않게 된다.

400년 무렵에 요한 크리소스톰이 카시아누스를 부제로 임명했고, 얼마 후에 그는 크리소스톰을 위한 사명을 띠고 로마로 갔는데, 교황 인노센트는 그를 사제로 임명했고, 결국 그는 마르세유로 갔다. 마르세유에서 두 개의 수도원을 세우면서 아직 제도가 확립되지 않았던 서방 수도원의 제도를 수립하기 위해서 먼저 『제도집』, 그 후 『담화집』(The Conferences)을 집필했다. 이 외에 『네스토리우스 논박: 그리스도의 성육에 관하여』(On the Incarnation of Christ against Nestorius)를 저술했다. 그는 430년대 초에 사망한 듯하다.

독수도와 공주수도(또는, 회수도)라는 두 가지 형태의 이집트 수도원운동은 카시아누스에게 깊은 감명을 주었다. 그는 테베의 파코미우스가 설립한 공주수도원을 방문한 적이 없지만, 알렉산드리아 주변 지역에 거주한 많은 주요한 수도사를 알고 있었다. 그는 이집트를 떠난 후 적어도 20년 후, 그가 기억하고 있는 이집트 수도원에 머물렀던 기억을 『제도집』과 『담화집』에 담았다. 카시아누스는 이 책에서 이집트에서 보고 들은 모든 것을 기억할 수 없음을 인정한다. 문제는 그가 얼마나 많이 기억했느냐보다는 얼마나 기억하려 했고 의식적으로 바꾼 것이 무엇인가 있다. 카시아누스가 종종 이집트 수도원운동의 몇 가지 측면을 분명히 증언하고 있지만, 그것 모두가 확실하다고 여겨서는 안 된다. 그는 『제도집』 서문의 마지막 부분에서 약간의 융통성을 발휘했다고 했다.

카시아누스는 『제도집』 서문 7에서 자신이 이집트 수도원의 제도와 규칙, 그리고 여덟 가지 주요 악덕(정념, 또는 악한 생각들) 및 그것에 대한 치유책에 집중하겠다고 밝힌다. 그는 이 책에서 끈질기게 이 계획을 따른다. 여기에서 두 가지 임무가 문제가 된다는 점에 주목해야 한다. 제도들과 규칙을 다루는 처음 4권의 목적과 악덕들을 다루는 나머지 8권의 목적이 매우 다르며, 그것들을 조정하려는 시도가 전혀 이루어지지 않는다. 악덕에 대한 논의를 도입하는 제5권 서두에서 카시아누스는 단순하게 자신이 첫째 임무를 완수했고, 이제 둘째 임무를 시작한다고 진술한다. 초대 기독교에서 하나의 저술에 분명히 연관이 없는 두 가지 임무를 결합하는 일은 전혀 알려지지 않은 시도가 아니었다. 그 예로 알렉산드리아의 클레멘트의 『잡록』(Stromata)과 어거스틴의 『고백록』을 들 수 있다. 『고백록』 마지막 3권의 분위기는 앞의 10권과 조금 다르다. 이런 까닭에 카시아누스의 이 저서를 단지 『제도집』이라고 하는 것에 잘못된 표현이 될 수 있다. 왜냐하면 『해결책』(The Remedies)이라고 하는 것도 맞기 때문이다.

카시아누스가 『제도집』의 처음 3권에서 전하는 제도는 수도사의 복장과 기도와 관련된다. 수도사의 복장에 대해 상세히 다룬 것은 그것의 중요성을 표현하는 것이다. 카시아누스는 수도사의 옷은 단순히 의복이 아니라 상징적인 의미로 해석했다. 제2권과 제3권은 낮기도와 밤기도를 다룬다.

제1~3권은 외면적인 것과 관련되어 있다. 따라서 카시아누스는 제1권 제1장 제1항에서 수도사들의 "내적 예배"를 다루기 전에 "외적인 모습"을 다루어야 한다고 말한다. "내면적 예배"가 2~3권에서 다루는 기도를 의미하는 것 같지는 않다. 왜냐하면, 그는 제2권 제9장에서 그것이 겉사람에 관련된 것이라고 단서를 달기 때문이다.

카시아누스가 이런 점에서 그것을 나머지 3권과 구분하지 않지만, 제4권은 이 외적인 특성을 보이지 않는다. 그것은 수도원에 들어오려는 사람을 받아들이는 것에 대한 기준을 포함하여 여러 가지 전거에서 추려낸 이집트 수도원의 정서에 대한 일반적인 이야기이다. 제4권 1~30장에서 두드러지게 드러나는 덕이 있는데, 바로 순종이다. 순종이란 그 무엇 앞에서도 멈추지 않는 순종이다. 예를 들어 여기에서 마른 지팡이에 물을 주는 이야기, 귀한 기름이 담긴 항아리를 내던진 이야기, 아버지가 아들을 나일강에 던지는 이야기 등이 나오는데, 이것들은 원로가 순종을 시험하기 위해 명령하여 행해진 것들이다.

제4권 마지막 몇 장에는 유명한 원로로서 자기희생의 귀감이 되는 사부 피누피우스(Pinufius)가 새로 수도사를 받아들이는 것에 관해 행한 담화가 수록되어 있다. 제4권 32장부터 43장까지 계속되는 피누피우스의 말은 『제도집』과 수도원에 관한 카시아누스의 저술의 핵심으로 간주된다. 거기에는 수도원 영성의 간략한 본보기가 담겨있으며, 금욕, 고행, 겸손, 인내, 완덕 등의 주제가 다루어진다. 이 담화의 중심은 제35장이다. 거기에서 수도사는 십자가에 달려서 다가오는 죽음, 그리고 그 죽음이 가져올 해방만 생각하는 사람으로 비유된다. 이 담화는 완덕을 향한 등정을 기록하는 피누피우스의 가르침을 요약하는 것으로 끝난다. 그 등정은 마음의 순결과 사도적 사랑의 완성을 획득하는 것으로 종결된다. 그리하여 『제도집』의 첫 부분은 마음의 순결에 대한 언급으로 결론에 이르는데, 마음의 순결 획득과 실천은 『담화집』에서 주로 다루어진다.

제5~12권에서는 여덟 가지 악덕, 그리고 그것들에 대처하는 방법을 다룬다. 카시아누스는 스승인 에바그리우스 폰티쿠스(Evagrius Ponticus)에게서 이 악덕의 목록을 배웠을 것이다. 에바그리우스는 자신이 물려받은 일곱 개의 악덕에 여덟 번째 교만이라는 악덕을 추가하고, 그것에 대해 몇 개의 글을 저술했다. 카시아누스는 『담화집』, 특히 담화 5에서도 이 악덕을 다루지만, 이 두 본문의 목적은 약간 다르다. 『제도집』은 각각의 악덕과 그 대처 방법에 대한 설명과 예를 제공한다. 반면에 담화 5는 추상적인 경향을 지닌다. 그것은 다양한 악덕과 악덕 간의 관계를 설명하고 몇 개의 예를 들었다.

제5~12권에서 하나의 비유가 등장한다. 제5권 12장에서 수도사는 운동장에서 규칙에 따라 경기해야 하는 운동선수로 비유된다. 제5권 17장은 디모데후서 2장 5절에 표현된 이미지를 사용하여 "법대로"의 의미를 설명한다. 여기에서 법대로 경기한다는 것은 카시아누스가 정한 싸움의 논리적 순서를 따르는 것을 의미한다. 이 순서는 가장 육욕적인 악덕에서 가장 영적인 것으로 진행된다. 이 개요를 따르면, 탐식이 육체성에 뿌리를 두기 때문에, 그리고 죄를 짓도록 유혹하는 음식이 없으면 몸을 지탱할 수 없기 때문에 탐식이 첫째로 다루어진다. 교만은 내면에서 육성되는 내적인 것이기 때문에 가장 영적인 악덕이다.

카시아누스의 저술 중에서 가장 친숙한 곳은 『제도집』 제10권 제2장일 것이다. 잘 알려져 있는 이 장은 권태(acadia)의 징후에 대한 묘사로서 카시아누스의 능력을 가장 잘 나타내준다. 이것은 카시아누스의 심리학적 예리함, 또는 인간 상태에 초점을 둔 관찰 능력의 표본이다. 여기에는 일종의 유머 감각, 또는 인간적인 약함 앞에서 초연한 즐거움이 등장한다.

특히 카시아누스가 자료를 체계적으로 조직하여 제시하는 능력과 심리학적 통찰은 그를 교회의 교부들 중 탁월한 인물로 만드는 데 기여한다. 고대 기독교 저술가 중에서 카시아누스만큼 조직적으로 이 주제를 다룬 사람은 매우 드물다. 다양한 담화의 연결이 자의적인 것처럼 보이는 『담화집』보다

『제도집』이 더 계획적으로 연결된 듯하다. 『제도집』이 일반적으로 더 깔끔하며 당면한 문제만을 다룬다. 『담화집』의 윤곽은 대화나 담화이지만, 『제도집』은 그렇지 않다.

몇 가지 이유로 『담화집』이 더 위대한 저술로 판단된다. 『담화집』은 궁극적으로 몇 가지 주제만 다루는 『제도집』보다 수도생활의 면모를 더 많이 포괄적으로 다루고 있다. 『담화집』에서는 이전의 서술에서 고려되지 않은 수도생활의 목표―즉 마음의 정결―를 염두에 둔다. 『담화집』은 『제도집』에서 얻을 수 없는 것, 즉 이집트 수도원운동에서 매우 중요한 사막에 대한 호의적인 느낌을 제공한다. 마지막으로 카시아누스 자신도 『제도집』이 외적인 것들에 대한 것이며, 『담화집』이 수도적 소명의 핵심에 놓인 것에 대한 것임을 의식했다. 그러나 『제도집』 제4권은 모든 면에서 이 유형을 깨뜨린다. 거기서는 주제의 범위가 넓고, 수도생활을 향한 추진력이 진술되며, 사막 특유의 영성이 분명히 제시되며, 외적인 것보다 내적인 것이 강조된다.

『제도집』은 다루어지는 주제에 대한 체계적인 접근 때문에, 그리고 상세한 내용과 철저함과 깊이 때문에 위대한 저술이다. 물론 『제도집』은 『담화집』의 자매편이며, 그렇기 때문에 고대 기독교 문헌에서 비교할 수 없이 완전한 저술의 일부이다.

제도집

제도집 서문

  1. 구약성경의 역사는 하나님이 "네게 지혜롭고 총명한 마음을 주노니 네 앞에도 너와 같은 자가 없었거니와 네 뒤에도 너와 같은 자가 일어남이 없으리라"고 말씀하신바(왕상 3:12) 무한한 지혜와 총명과 넓은 마음을 받은 솔로몬이 여호와를 위해 성전 건축을 원했고 이방인인 두로의 왕에게 도움을 요청했다는 것을 이야기합니다(왕상 5:9). 그는 사람을 보내어 과부의 아들인 히람을 데려왔는데(왕상 7:13~14), 그는 놋쇠를 다루는 일에 뛰어난 지혜와 기술과 전문 지식을 두루 갖춘 사람이었습니다. 그가 솔로몬 왕에게 불려와서 공사를 거의 도맡아 하면서 그의 도움과 감독 덕분에 성전 건축을 완성했습니다.

  2. 이처럼 세상 모든 나라보다 더 고귀한 신분의 인물, 고귀하고 탁월한 이스라엘 백성의 자손, 그리고 하나님의 감화로 말미암아 동방의 백성들과 모든 이집트인의 기술과 제도를 능가하는 지혜를 가진 사람이었지만 보잘 것없는 외국인의 충고를 무시하지 않았습니다. 이러한 본보기들의 가르침을 받는 카스토르(Castor) 주교여, 당신은 위대한 일에 협력할 자격이 없는 부

족하고 가난한 나를 부르셨습니다. 당신은 무감각한 돌이 아니라 거룩한 사람들의 공동체를 재료로 하나님을 위한 참되고 영적인 성전, 일시적이고 썩어버릴 성전이 아니라 난공불락의 영원한 성전을 건축하는 일을 시작하려 하셨습니다(벧전 2:5 참조). 또 금이나 은으로 만들어졌으며 후일 바벨론 왕이 탈취해가서 왕과 귀족들과 왕후들과 후궁들이 사용한 그릇들이(단 5:2 참조) 아니라 순진함과 의와 순결함이 가득하여 빛나는 거룩한 영혼들로 만들어져 내면에 거주하시는 왕이신 그리스도를 모시는 귀한 그릇들을 여호와께 바치기를 원하셨습니다.

3. 당신은 덕과 지식에서 탁월하며 영적인 보화를 소유하고 있어 당신의 말뿐만 아니라 삶 자체가 완전함을 구하는 사람에게 훌륭한 본보기가 되십니다. 이런 것들이 부족한 당신의 지역에 동방, 특히 이집트 공주수도원의 제도를 확립하는 것이 당신의 소원이므로, 당신은 말과 지식이 부족한 나에게 비록 능숙하지 못하지만 우리가 이집트와 팔레스타인 전역에서 관찰한 바 교부들이 전해준 수도원의 제도를 규모 있게 정리하여 제공해 달라고 부탁하셨습니다. 당신은 아름다운 문체를 구사하는 재능을 가지셨지만, 우리에게 그것을 요구하지 않고 다만 당신이 맡은 새 수도원의 형제들에게 거룩한 사람들의 단순한 생활을 단순한 언어로 설명하는 데 관심을 기울이셨습니다.

4. 당신의 간절한 갈망 때문에 내가 이 일에 협력하게 되었지만, 당신의 명령에 복종하는 것을 방해하는 어려움과 장애물이 많습니다. 첫째, 나의 본성적인 재능으로는 영적으로나 정신적으로 매우 복잡하고 모호하며 거룩한 것들을 이해할 수 있다고 확신할 수 없습니다. 둘째, 우리가 젊어서부터

거룩한 교부들과 함께 생활하면서 날마다 그들의 권면과 모범에 감화되어 보거나 학습하거나 행하려 했던 것을 완전하게 기억하지 못합니다. 이는 우리가 그들과 교제하면서 그들의 생활방식을 본받던 곳을 떠난 지 오랜 세월이 흘렀기 때문입니다. 특히 묵상이나 구두의 가르침으로는 그 당시 행동의 배후에 놓인 추론을 전달할 수도 없고 이해할 수도 없고 짐작할 수도 없습니다.

왜냐하면 그것은 철저히 경험과 실천 안에 존재하기 때문입니다. 노련한 사람만이 그런 것들을 전수할 수 있듯이, 노력하면서 열정적으로 배우려고 노력해본 사람만이 그것들을 이해할 수 있습니다. 만일 영적인 사람들과 담화하면서 끊임없이 논의하지 않으면, 정신적인 태만 때문에 그것들이 곧 망각됩니다.

5. 셋째, 현재의 상황에서 우리가 기억해낼 수 있는 것을 제대로 표현하지 못할 것이므로 설명할 가치가 거의 없을 것입니다. 언변과 지식의 은사를 가진 탁월한 사람들, 즉 거룩한 바실, 제롬 등 여러 사람이 이미 이 주제에 관한 많은 저서를 출판했습니다. 바실은 여러 제도들에 대해 형제들의 질문을 받고서 성경에 기록된 증언으로 응답했습니다. 제롬은 자신의 재능으로 여러 권의 책을 저술했을 뿐만 아니라 그것들을 헬라어에서 라틴어로 번역했습니다.

6. 당신의 거룩함에 대한 확신, 그리고 당신이 이 하찮은 글을 받아들여 새로운 수도원에 살고 있는 형제들에게 전달할 것이라는 확신이 없었다면, 내가 이 글을 쓰려는 것이 주제넘은 행동으로 간주될 것입니다. 혹시 부주의하게 기록한 것이 있다면, 내가 기록한 글의 진실을 찾아 부지런히 그것

을 다시 읽히십시오.

7. 비할 데 없이 훌륭한 헌신과 겸손의 본보기이신 복된 주교여, 이런 까닭에 나는 당신의 기도로 힘을 얻어 당신이 명하신 것을 힘껏 행하겠습니다. 그리고 우리의 선임자들이 경험하기보다 들은 것을 묘사하려고 노력했기 때문에 다루지 않았던 것들을 갓 탄생한 수도원 안에서 진리를 갈망하는 사람들에게 말해주겠습니다. 하나님이 행하신 놀라운 일과 기적에 관한 이야기를 하려는 것이 아닙니다. 우리는 원로들에게서 많은 기적들 및 믿을 수 없는 일들에 대해 들었을 뿐만 아니라 직접 목격한 적도 있지만, 그것들은 언급하지 않겠습니다. 왜냐하면 그것들은 놀라운 것이기는 하지만 완전한 삶에 대한 가르침에 도움이 되지 않기 때문입니다. 나는 주님의 도우심을 받아 힘이 닿는 한 그 사람들의 제도 및 그들이 속한 수도원의 규칙, 그리고 특히 전통적으로 여덟 개로 알려진 주요 악덕들의 기원과 원인과 대처 방법을 충실하게 설명하겠습니다.

8. 나의 계획은 하나님이 행하신 놀라운 일들에 대해 언급하려는 것이 아니라 내가 원로들에게서 배운 것에 따라 완전한 삶을 획득하고 행위를 개선하는 데 대해 언급하는 것입니다. 나는 이 점에서 주교님의 명령을 충족시키려고 노력합니다: 만일 우리의 선조들이 확립한 본보기와 일치하지 않으며 수도원 창시자의 자의적 결정으로 삭제되거나 추가된 것이라고 확신하는 것이 있다면, 그것이 이집트와 팔레스타인의 고대 수도원들의 규칙과 일치하는지에 따라 이 글에 포함시킬 것인지 결정하겠습니다. 나는 서방, 갈리아의 새로운 제도가 사도들이 전파하기 시작한 때에 거룩하고 신령한 교부들이 세운 수도원들이 지금까지 남아있는 그 지방에서 제정된 것보다 더

합리적일 수 있다고 여기지 않습니다.

9. 그러나 나는 이 작은 책에서 약간의 조정을 하려 합니다. 따라서 이집트 수도사들의 규율 중에서 혹독한 기후나 어려움, 그리고 행위의 다양성 때문에 이 지방에서는 불가능하거나 어렵다고 생각되는 것은 팔레스타인과 메소포타미아에 있는 수도원들의 관습을 고려하여 어느 정도 완화하겠습니다. 합리적인 가능성이 제공된다면, 능력이 균등하지 않은 지역에서도 동일하게 완전히 규율을 준수할 수 있을 것입니다.

제1권

수도사들의 복장

차례

1. 허리띠 / 23
2. 겉옷 / 24
3. 이집트 수도사들의 두건 / 26
4. 이집트 수도사들의 콜로비움 / 27
5. 이집트 수도사들의 띠 / 28
6. 이집트 수도사들의 마포르테스
   (margortes: 목과 어깨를 가리는 옷) / 28
7. 이집트 수도사들의 염소가죽(melotis) / 29
8. 이집트 수도사들의 지팡이 / 29
9. 이집트 수도사들의 신발 / 30
10. 지역의 기후나 관습에 따라 규칙 조정에 관하여 / 31
11. 영적인 허리띠, 그리고 그것의 심오한 의미 / 32

~ 1 ~
허리띠

1. 하나님의 도우심을 받아 수도원의 제도와 규칙에 대해 말할 때 먼저 수도사들의 복장에 대해 말하는 것이 최선일 것입니다. 먼저 수도사들의 외모에 대해 언급한 후에 논리적인 순서에 따라 그들의 내적 예배에 대해 논할 수 있을 것입니다. 수도사는 항상 싸울 준비가 된 그리스도의 군사처럼 옷을 입고 허리띠를 매야 합니다.

2. 성경의 권위에 의하면 구약성경에서 수도생활을 처음 시작한 사람들, 즉 엘리야와 엘리사가 이런 식으로 옷입고 다녔습니다. 그 후 신약성경의 지도자들과 기자들—요한, 베드로, 바울 및 그와 동등하게 탁월한 사람들도 비슷하게 행했습니다. 구약성경에서 순결의 꽃이요 금욕 절제의 모범을 보인 엘리야는 하나님을 모독한 이스라엘의 왕 아하시야의 사자들에게 항의하기 위해 하나님의 보내심을 받았습니다. 병든 왕은 자기의 건강 상태에 대해 묻기 위해 에글론의 신 바알세불에게 사자들을 보냈습니다. 엘리야는 그들을 만나서 그가 올라가 누운 그 병상에서 일어나 내려오지 못하고 죽을 것이라고 말했습니다. 그렇게 말한 사람의 복장을 알게 된 왕은 즉시 그가 누구인지 깨달았습니다.

3. 사자들이 왕에게 돌아가 선지자의 말을 전하자 왕은 그들에게 그 말을 한 사람의 외모와 복장에 대해 질문했고, 그들은 "그는 털이 많은 사람인데 허리에 가죽 띠를 띠었더이다"라고 대답했습니다. 왕은 즉시 그가 하나님의 사람임을 짐작하고 "그는 디셉 사람 엘리야로다"라고 말했습니다(왕하 1:

8). 그는 허리띠와 몸에 털이 많다는 것을 근거로 하나님의 사람을 알아보았습니다. 왜냐하면 이스라엘 백성 가운데서 이 특별한 옷차림은 엘리야와 관련되어 있었기 때문입니다. 그것은 엘리야의 특징적인 옷차림이었습니다.

    4. 복음서 기자도 구약 시대와 신약 시대의 경계선 역할을 하였으며 종착점인 동시에 출발점이 된 요한에 대해 다음과 같이 말합니다: "이 요한은 낙타털 옷을 입고 허리에 가죽 띠를 띠고"(마 3:4). 헤롯에 의해 투옥되어 다음날 처형될 상황에 처한 베드로에게 천사가 나타나 "띠를 띠고 신을 신으라"(행 12:8)라고 명령했습니다. 만일 그가 밤에 쉬기 위해서 잠시 허리띠를 풀었다는 것을 알지 못했다면 주의 천사가 이렇게 권면하지 않았을 것입니다.

    5. 예루살렘에 가서 유대인들에게 결박당할 바울을 만난 가이사랴의 선지자 아가보는 바울이 당할 고난을 보여주기 위해 바울의 허리띠로 자기 손과 발을 결박하고 "성령이 말씀하시되 예루살렘에서 유대인들이 이같이 이 띠 임자를 결박하여 이방인의 손에 넘겨 주리라 하거늘"(행 21:11)라고 말했습니다. 만일 바울이 항상 허리에 띠를 매는 습관이 없었다면, 선지자가 이렇게 말할 수 없었을 것입니다.

~ 2 ~

겉옷

    1. 수도사는 벌거벗음의 수치에 대처하며 추위를 막을 수 있도록 몸을 가

리는 옷을 입어야 하며, 허영이나 교만을 조장하는 옷을 피해야 합니다. 바울은 "먹을 것과 입을 것이 있은즉 족한 줄로 알 것이니라"(딤전 6::8)라고 말합니다. 그는 "의복"이라고 말하지 않고 "입을 것"이라고 말합니다. 이것은 화려한 스타일로 몸을 돋보이게 하지 않고 몸을 가리는 정도의 옷을 의미합니다. 따라서 함께 수도생활을 하는 사람이 입은 것과 구분되지 않는 색깔과 스타일의 평범한 옷이어야 합니다. 남의 시선을 의식하여 깐깐한 옷차림을 하지 말며, 태만하여 더러운 옷을 입지도 말아야 합니다. 마지막으로 수도사의 옷은 하나님의 종들이 사용하기 위해 공동으로 보관되어야 한다는 점에서 이 세상 의복과 달라야 합니다.

2. 하나님의 가정 안에서 형제들 모두가 보편적으로 소유하지 못하고 한 명이나 몇 명의 것으로 사칭되는 것은 불필요하고 과도한 것이며, 그렇기 때문에 덕을 나타내주는 것이 아니라 허영의 표식이요 해로운 것으로 판단되어야 합니다. 그러므로 과거 수도생활의 기초를 놓은 거룩한 사람들이 전수한 것이 아니며, 오늘날까지 그들의 제도를 유지해오고 있는 우리 시대의 교부들이 전수한 것도 아닌 것은 무가치하고 불필요한 것으로 여겨 잘라내야 합니다.

3. 이런 까닭에 그들은 수도사가 항상 방해받지 않고 필요한 일을 하는 데 부적절하다는 것 외에도 사람들의 눈에 띄고 야단스럽기 때문에 영에 유익을 줄 수 없을 뿐만 아니라 헛된 교만을 낳을 가능성이 있다는 이유로 고행복을 거부했습니다. 비록 일부 고결한 사람들이 이런 옷을 입었다는 소문을 들은 적이 있다 해도, 몇 사람이 보편적 규칙을 지키지 않고 자의적으로 행동했음에도 불구하고 다른 덕목 때문에 특혜를 받아 책망받을 일이 없다고

간주된다고 해서 수도원을 위한 규칙을 세우거나 옛 거룩한 교부들의 명령을 뒤집어서는 안 됩니다. 소수의 견해가 우선시 되어서는 안 되며, 그것이 모든 사람의 공통된 수행에 해를 끼쳐서도 안 됩니다.

4. 우리는 소수 사람들의 소원으로 말미암아 도입된 제도와 규칙보다는 오래전에 협력하여 행동한 많은 거룩한 교부들에 의해 후대로 전해져온 제도와 규칙에 흔들림이 없는 믿음과 절대적인 순종을 기울여야 합니다. 이스라엘의 불경한 왕 여호람이 적의 군대에 포위되었을 때 겉옷을 찢었는데 그 속에 굵은 베옷을 입고 있었고(왕하 6::30), 니느웨 백성들은 선지자가 선포한 하나님의 심판을 무마하기 위해서 굵은 베옷을 입었습니다(욘 3:5). 여호람이 베옷을 겉옷 속에 입어 감추었기 때문에 겉옷이 찢어지지 않으면 누구도 그 사실을 알 수 없었습니다. 니느웨 백성들은 그 도시의 임박한 멸망 앞에서 비탄에 잠겼을 때 베옷을 입고 다녔는데, 아무도 드러나게 베옷을 입었다고 비난할 수 없었습니다. 이는 특별히 구분되지 않을 때 같은 옷차림이 남의 마음을 상하게 하지 않기 때문입니다.

~ 3 ~

이집트 수도사들의 두건

1. 이집트 수도사들의 복장에는 몸의 편안함에 관련된 것이 아니라 행위의 규제와 관련된 것들이 있습니다. 그것들은 의복의 특징에서도 단순함과 순진함을 지켜 보존하기 위한 것입니다. 따라서 그들은 항상 목과 어깨까지

내려오는 작은 두건과 머리만 덮은 두건을 착용합니다. 이는 어린아이들의 옷차림을 모방함으로써 그들의 단순함과 순진함을 항상 고수해야 한다는 것을 상기하기 위한 것입니다. 유아기로 돌아간 사람은 매 순간 열렬하게 "여호와여 내 마음이 교만하지 아니하고 내 눈이 오만하지 아니하오며 내가 큰일과 감당하지 못할 놀라운 일을 하려고 힘쓰지 아니하나이다 실로 내가 내 영혼으로 고요하고 평온하게 하기를 젖 뗀 아이가 그의 어머니 품에 있음 같게 하였나니 내 영혼이 젖 뗀 아이와 같도다"(시 131:1~2)라고 그리스도께 반복하여 기도합니다.

~ 4 ~
이집트 수도사들의 콜로비움

1. 또 그들은 팔꿈치까지만 내려오는 아마(亞麻)로 짠 콜로비아(colobium: 4세기 이전 수도사들이 사용했던 소매 없는 헐렁한 긴 옷)를 착용했습니다. 소매를 없앤 것은 그들이 이 세상의 일과 행위를 잘라버렸음을 암시하기 위한 것이요, 아마로 짠 옷을 입은 것은 이 세상 생활방식에 대해 완전히 죽었으므로 날마다 "땅에 있는 지체를 죽이라"(골 3:5)라는 바울의 말을 들을 수 있게 되어야 한다는 것을 가르치기 위한 것입니다. 그들의 복장은 다음과 같이 선포합니다: "너희가 죽었고 너희 생명이 그리스도와 함께 하나님 안에 감추어졌음이라"(골 3:3); "이제는 내가 사는 것이 아니요 오직 내 안에 그리스도께서 사시는 것이라"(갈 2:20); "세상이 나를 대하여 십자가에 못 박히고 내

가 또한 세상을 대하여 그러하니라"(갈 6:14).

~ 5 ~
이집트 수도사들의 띠

1. 그들은 제의(祭衣)를 허리께에서 죄는 띠, 헬라어로 άναλαβοι(ablaboi)라고 불리는 양털로 짠 띠를 착용합니다. 그것은 목덜미에서 양편으로 갈라져 겨드랑이 밑으로 두른 뒤 양 옆구리에서 접어 올리므로, 그것을 조이면 겉옷이 몸에 붙게 됩니다. 따라서 두 팔이 자유롭기 때문에 다음과 같은 바울의 계율을 전심으로 실천하기 위해 노력하면서 방해받지 않고 활동할 할 준비를 합니다: "이 손으로 나와 내 동행들이 쓰는 것을 충당하여"(행 20:34); "누구에게서든지 음식을 값없이 먹지 않고 오직 수고하고 애써 주야로 일함은 너희 아무에게도 폐를 끼치지 아니하려 함이니"(살후 3:8); "누구든지 일하기 싫어하거든 먹지도 말게 하라"(살후 3:10).

~ 6 ~
이집트 수도사들의 마포르테스
(mafortes: 목과 어깨를 가리는 옷)

1. 그다음에 경제성과 가격과 검소한 스타일을 유지하기 위해 노력하면서 짧은 망토로 목과 어깨를 덮습니다. 이렇게 함으로써 화려함을 피할 뿐만

아니라 코트와 외투에 드는 비용을 피합니다. 이것은 마포르테스라고 합니다.

~ 7 ~

이집트 수도사들의 염소가죽(melotis)

1. 그들의 복장의 마지막 요소는 염소가죽(melotis, pera)과 지팡이입니다. 그들은 수도생활을 예현한 구약 시대 사람들을 본받아 이것들을 가지고 다닙니다. 바울은 그들에 대해서 "양과 염소의 가죽을 입고 유리하여 궁핍과 환난과 학대를 받았으니 (이런 사람은 세상이 감당하지 못하느니라) 그들이 광야와 산과 동굴과 토굴에 유리하였느니라"(히 11:37~38)라고 말합니다. 이 염소 가죽옷은 육적 정념의 격동을 죽인 후에 가장 고귀한 덕 안에 머물러야 한다는 것, 그리고 그들의 젊음이 고의성과 음란과 변덕스러움이 몸 안에 남아 있지 않아야 한다는 것을 상징합니다.

~ 8 ~

이집트 수도사들의 지팡이

1. 이집트 수도사들이 지팡이를 가지고 다니는 것은 엘리사가 가르친 것입니다. 그는 여인의 아들을 살리기 위해 게하시를 보내면서 "내 지팡이를 손에 들고 가라 내 지팡이를 그 아이 얼굴에 놓으라"(왕하 4:29)라고 말했습

니다. 만일 엘리사가 항상 지팡이를 들고 다니지 않았다면, 게하시에게 지팡이를 주지 않았을 것입니다. 영적인 의미에서 지팡이를 가지고 다니는 것은 무장하지 않은 상태로 짖어대는 악덕의 개들과 악령들이라는 보이지 않는 짐승들 가운데로 다니지 말라는 경고입니다. 다윗은 이것들에게서 벗어나게 해달라고 다음과 같이 기도합니다: "여호와여, 당신을 믿는 자의 영혼을 짐승에게 넘기지 마옵소서." 그것들이 밀려올 때 십자가 표식으로 그것들을 때려 멀리 쫓아내야 하며, 그것들이 맹위를 떨칠 때 끊임없이 주님의 고난를 기억하고 주님의 죽으심을 본받음으로써 그것들을 죽여야 합니다.

~ 9 ~
이집트 수도사들의 신발

1. 복음서에서(마 10:10 참조) 신을 가지지 말라고 했기 때문에 그들은 몸이 약할 때나 추운 겨울 아침이나 더운 한낮에도 신을 신지 않고 샌들을 신었습니다. 그들은 주님이 허락하신 샌들을 신는 것의 의미는 우리가 세상에 태어났으므로 육체의 염려와 근심을 완전히 제거할 수 없으며, 완전히 제거할 수 없다면 최저 수준의 집착과 염려와 개입 때문에 몸에 필요한 것을 공급해야 한다는 것으로 이해합니다. 따라서 항상 영적인 경주와 복음의 평안—우리는 이것을 가지고 그리스도의 기름의 향기를 따라 달려가야 하며, 다윗은 이에 대해 "내 영혼이 주를 갈망하며"(시 62:1)라고 말했고, 예레미야는 "저는 목자가 되지 않으려고 도망을 가거나, 주님 섬기기를 피하려고 하지

도 않았습니다"(렘 17:16)라고 말했습니다―을 전할 준비를 해야 하는 영혼의 두 발이 세상의 염려, 즉 본성에 필요한 것이 아닌 불필요하고 해로운 쾌락에 필요한 것을 공급해주는 것에 대한 생각에 얽히는 것을 허락하지 말아야 합니다.

2. 바울의 말처럼 정욕을 위하여 육신의 일을 도모하지 않으면(롬 13:14) 이것을 성취할 수 있을 것입니다. 그들은 주님의 명령으로 허락되었으므로 (막 6:9 참조) 합법적으로 샌들을 신지만, 모세와 눈의 아들 여호수아에게 말한 것을 문자 그대로 지켜야 한다고 여기기 때문에 성찬을 받을 때는 샌들을 신지 않습니다: "네가 선 곳은 거룩한 땅이니 네 발에서 신을 벗으라"(출 3:5; 수 5:15).

~ 10 ~
지역의 기후나 관습에 따라 규칙 조정에 관하여

1. 지금까지 언급한 것은 이집트 수도사들의 복장과 관련하여 무엇을 생략한 것처럼 보이지 않기 위한 것이었습니다. 우리는 이 지역의 상황과 관습이 허락하는 것만 지켜야 합니다. 겨울의 추위는 우리가 샌들이나 콜로비움이나 상의 한 벌만으로 지내는 것을 허락하지 않으며, 작은 두건과 마포르테스를 착용하는 것은 보는 사람들에게 덕이 되기보다 조롱을 자아낼 것입니다. 이런 까닭에 위에서 언급한 것 중에서 우리의 수도생활과 기후에 알맞은 것만 입어야 한다고 생각합니다. 그리하면 우리의 복장이 이 세상

사람들의 마음을 상하게 하는 이상한 것이 아닌 품위 있고 단순한 복장이 될 것입니다.

~ 11 ~
영적인 허리띠, 그리고 그것의 심오한 의미

1. 그리스도의 군사는 먼저 허리띠를 맴으로써 정신적으로 수도원의 모든 활동과 훈련을 위한 준비를 갖출 뿐만 아니라 복장 자체의 방해를 받지 않도록 보호받는다는 것을 알아야 합니다. 그가 열심히 순종하고 수고하려 할수록 깨끗한 마음 안에서 영적 진보와 신적인 것에 대한 지식과 관련된 것이 증명될 것입니다.

2. 둘째로 허리띠에 그에게 영향을 주는 작지 않은 신비가 있음을 알아야 합니다. 허리에 띠를 띠고 동물 가죽을 두르는 것은 그가 음탕과 음란의 씨를 담고 있는 지체들의 죽음을 떠맡고 있다는 것을 의미합니다. 또 "땅에 있는 지체를 죽이라 곧 음란과 부정과 사욕과 악한 정욕이니"(골 3:5)라는 사도적 해석에 의하면 "허리에 띠를 띠라"(눅 12:35)는 계율이 자신과 관련된 것임을 이해합니다.

3. 이런 까닭에 성경에서는 내면에서 성관계의 씨앗이 사라진 사람들이 허리띠를 묶습니다. 그들은 행위와 고결한 성향에 의해 "내가 연기(서리) 속의 가죽 부대 같이 되었으나"(시 119:83)라고 말하는 사람들입니다. 왜냐하면, 그들은 육체의 내면에서 악덕들이 제거된 후에 성령의 능력 안에서 겉

사람의 죽은 가죽을 펴서 당길 수 있기 때문입니다. 그러므로 그들이 마음의 죽음에 만족하지 못할 것이며, 외부로부터의 금욕이라는 연기(서리)에 의해서 겉사람의 움직임 및 본성의 충동이 마비되어 죄가 그들의 죽을 몸 안에서 지배하는 것을 허락하지 않으며(롬 6:12 참조) 성령을 거스르는 육체를 갖고 다니지 않게 될 것이기 때문입니다(갈 5:17 참조).

제2권

교회법에 따른 밤기도와
시편찬송 방법

차례

1. 교회법에 따른 밤기도와 시편찬송 방법 / 37
2. 각 지역에서 결정된 바 찬송해야 할 시편 수효의 차이 / 37
3. 이집트 전역에서 규칙의 통일이 유지된 것,
   그리고 형제들의 지도자 선출 / 38
4. 이집트와 테베 전역에서 12개의 시편을 찬송하도록
   결정됨 / 40
5. 시편 찬송을 12개로 확정한 것이 천사에게서 비롯됨 / 40
6. 12번 기도하는 관습 / 43
7. 기도하는 방식 / 43
8. 시편 찬송 뒤에 이어지는 기도 / 44
9. 기도의 특성 / 45
10. 이집트 수도사들은 간결하게 기도하며
    대침묵을 지킨다 / 46
11. 이집트 수도사들의 시편찬송 방식 / 47
12. 예배 때 한 사람이 시편을 찬송하는 동안 다른 사람들이 앉는
    이유, 그리고 그 후 새벽까지 수실에서 오랫동안 깨어 지내는
    방법 / 49
13. 이집트 수도사들이 노동하는 이유 / 50
14. 수실에 있을 때 손으로 일하면서 기도하는 방법 / 51

15. 각 사람은 겸손의 법에 따라 기도가 끝나면 수실로 돌아가야 한다. 그렇게 하지 않은 사람이 책망받는 경위 / 52

16. 기도하는 것이 금지된 사람과 함께 기도하는 것이 허락되지 않는다 / 52

17. 책임을 맡은 사람은 공동체가 정한 시간에 형제들에게 기도시간을 알린다 / 53

18. 이집트 수도사들은 토요일 저녁부터 주일 아침까지 무릎을 꿇지 않는다 / 54

~ 1 ~
교회법에 따른 밤기도와 시편찬송 방법

1. 그리스도의 군사는 앞에서 언급된 두 가지 허리띠를 맸기 때문에, 동방에서 거룩한 교부들이 결정한 표준적인 기도와 시편 찬송 방법을 알아야 합니다. 이제 그들의 기도의 특성 및 주님의 도우심으로 원로들과 담화를 시작했을 때 "쉬지 말고 기도하라"(살전 5:17)는 바울의 말처럼 기도하는 방법에 대해 다루겠습니다.

~ 2 ~
각 지역에서 결정된 바 찬송해야 할 시편 수효의 차이

1. 이 문제에 있어서 "열심이 있으나 올바른 지식을 따른 것이 아니니라"(롬 10:2)라는 바울의 말처럼 여러 지역에서 많은 사람이 자기의 생각을 따라 나름의 모델과 규칙을 정했습니다. 예를 들어 어떤 사람은 매일 밤 20~30편의 시편을 교송(交誦)하되 특정 멜로디를 더하여 찬송해야 한다고 생각했고, 어떤 사람은 그보다 더 많은 시편을 찬송하려 했고, 소수의 사람은 18개의 시편을 찬송하려 했습니다. 이처럼 각기 다른 지역에서 다른 규범이 제정되었음을 알 수 있습니다. 우리가 목격한 모델과 규칙의 수효는 우리가 방문한 수도원과 수실의 수효와 거의 비슷했습니다.

2. 또 낮기도—3시과(오전 9시의 성무일도), 육시과(정오의 성무일도), 그

리고 9시과(오후 3시의 성무일도)— 때의 시편과 기도의 회수가 하나님께 드리는 예배 시간의 수와 일치해야 한다고 생각하는 사람들이 있습니다. 어떤 사람들은 하루 중 집회 때마다 여섯 차례 기도해야 한다고 여겼습니다. 이런 까닭에 나는 지금까지 이집트 전역에서 하나님의 종들이 지키고 있는 가장 오래된 교부들의 법을 제시해야 할 필요가 있다고 생각합니다. 이는 그리스도 안에서 가르침을 받지 못한 어린아이 같은 당신의 새 수도원이 가장 오랜 교부들의 신용할 수 있는 관습을 접할 수 있게 하기 위한 것입니다.

~ 3 ~
이집트 전역에서 규칙의 통일이 유지된 것,
그리고 형제들의 지도자 선출

1. 이집트와 테베 전역의 수도원들은 한 사람이 설립한 것이 아니며, 오늘날까지 대대로 원로들 및 그들의 전통으로 말미암아 존속하고 있습니다. 그곳에서는 저녁 집회와 밤기도 때에 정확한 기도 횟수가 유지되고 있었습니다. 소유를 완전히 버릴 뿐만 아니라 자기 자신조차 다스리거나 지배하지 않아야 한다는 것을 인정하지 않는 사람이 형제들의 공동체나 자기 자신을 다스리는 것은 허락되지 않습니다.

2. 이 세상을 버린 사람은 자신이 버린 것 때문에 잘난 체하지 않으며, 재산과 부를 소유한 사람은 수도원에 입회할 때 가지고 온 것 때문에 잘난 체하지 않으면서 공주수도원에서 살려 해야 합니다. 그는 주님의 말씀처럼 어

린아이 같이 되어야 한다는 것(마 18:3; 요 3:5 참조)을 깨닫고, 나이나 경력을 고려하여 아무것도 자기 것으로 주장하지 않으면서 모두에게 복종해야 합니다. 그는 세상에서 세월을 허비했기 때문에 그 세월을 잃어버린 세월로 여깁니다. 그는 새로운 삶을 시작하고 있기 때문에, 그리고 자신이 그리스도의 군대에서 겪고 있는 새로운 기본 훈련 때문에 자기보다 어린 사람에게도 망설임 없이 복종합니다.

3. 그는 노동과 고역에 익숙해져야 하며, 과거 교만하게 살면서 누리던 쾌락을 잊어야 하며, 날마다 자신이나 방문객을 위해 음식을 준비하면서 고단하게 노력함으로써 겸손한 마음을 획득해야 합니다(살전 4:11 참조). 그러므로 권위를 발휘하기 전에 먼저 순종함으로써 자기에게 복종할 사람에게 명령하는 방법을 배워야 합니다. 원로들의 제도를 통해서 자신이 젊은 사람들에게 전해주어야 할 것을 이해하지 못한 사람은 형제들의 공동체를 다스리는 자로 선출될 수 없습니다.

4. 그들은 잘 다스리고 다스림을 받는 것이 지혜로운 것이라고 말하며, 그것이 성령의 가장 귀한 은혜요 은사라고 주장합니다. 그들은 먼저 고결한 훈련을 받지 않은 사람은 아랫사람에게 유익한 계율을 명할 수 없다고, 그리고 하나님에 대한 경외심을 갖지 못했고 겸손의 덕으로 완전해지지 않는 사람은 원로에게 복종할 수 없다고 말합니다.

5. 우리는 여러 지역에서 각기 다른 모델과 규칙이 사용되는 이유를 살펴보았습니다. 즉 우리가 원로들의 가르침을 알지 못하면서 수도원을 다스리려 하는 것, 그리고 자신이 제자임을 고백하기 전에 스승이라고 밝히는 것, 선조들의 가르침을 준수해야 한다고 여기기보다 자신의 변덕이 존중되어야

한다고 요구하려는 태도 등이 그 이유입니다. 우리는 지키기에 가장 좋은 기도 방식을 제시하려 했지만, 교부들의 제도에 더 강하게 이끌렸으며, 적절한 때에 언급해야 할 내용을 앞질러 다루었습니다. 이제 원래의 계획으로 돌아가겠습니다.

~ 4 ~
이집트와 테베 전역에서
12개의 시편을 찬송하도록 결정됨

1. 앞에서 말했듯이 이집트와 테베 전역에서 저녁예배와 밤예배 때 12편의 시편을 찬송하고, 그것을 마친 후에 두 번의 성경독서(구약성경과 신약성경)가 이어집니다. 원로들은 그 숫자가 인간의 변덕 때문에 정해진 것이 아니라 천사의 가르침으로 하늘로부터 교부들에게 주어졌다고 말하는데, 이것은 아주 옛날에 정해졌으며 지금까지도 그 지역 수도원에서 존중되고 있습니다.

~ 5 ~
시편 찬송을 12개로 확정한 것이 천사에게서 비롯됨

1. 기독교 신앙의 초기에는 소수의 고결한 사람들을 수도사로 간주했습니다. 그들의 생활 형태는 복음서 기자 마가가 전해준 것입니다. 마가는 주

교로 알렉산드리아를 다스린 최초의 인물이었습니다. 그들은 사도행전에서 "믿는 무리가 한마음과 한뜻이 되어 모든 물건을 서로 통용하고 자기 재물을 조금이라도 자기 것이라 하는 이가 하나도 없더라 그중에 가난한 사람이 없으니 이는 밭과 집 있는 자는 팔아 그 판 것의 값을 가져다가 사도들의 발 앞에 두매 그들이 각 사람의 필요를 따라 나누어 줌이라"(행 4:32, 34~35)라고 말한 대로 교회와 신자들의 무리가 형성한 훌륭한 특성들을 유지했고, 거기에 한층 더 고결한 것들을 추가했습니다.

2. 그들은 알렉산드리아 외곽 한적한 곳에서 엄격한 금욕생활을 했는데, 같은 신앙을 갖지 않은 사람들조차 그들의 생활방식의 열정적인 표현에 놀랐습니다. 그들은 밤낮 성경읽기와 기도와 노동에 몰두했기 때문에 이삼 일에 한 번 육체가 배고픔을 느낄 때 비로소 음식 생각이나 식욕의 방해를 받았습니다. 그들은 식욕 때문에 먹고 마신 것이 아니라 어쩔 수 없어서 먹고 마셨습니다. 그들은 해가 지기 전에는 음식을 먹지 않았습니다. 이는 낮을 영적 묵상 추구와 연결하고, 몸을 돌보는 일은 밤과 연결하려는 조처였습니다.

3. 이것에 익숙한 사람들에게서 이것들에 대해 제대로 듣지 못한 사람은 교회사에서 가르침을 받을 수 있습니다. 당시에는 원시 교회의 완전함이 손상됨이 없이 유지되었고, 다음 세대들이 생생하게 기억하고 있었으며, 믿음이 아직 무리 가운데 퍼지거나 미지근해지지 않은 상태였습니다. 그때 훌륭한 교부들이 함께 모여 자기를 따르게 될 사람들에 대한 끊임없는 관심을 반영하여, 형제들의 집단에서 취해야 할 매일의 예배 형태에 대해 논의했습니다. 그들은 경쟁적 갈등이 없는 헌신과 평화의 유산을 후계자들에게 전해주

려 했습니다. 이는 매일 예배에 참석한 사람들 가운데 불화가 발생하여 얼마 뒤에 잘못된 믿음이나 경쟁적이고 해로운 분파주의로 표출될 것을 두려워했기 때문이었습니다.

4. 각 사람이 이웃의 연약함을 무시하고 (병자들을 포함하여) 형제들 모두가 행할 수 있어야 한다는 점을 고려하지 않은 채 자신의 열정에 따라 자신의 힘과 신앙을 고려하여 자신에게 가장 쉽다고 판단되는 것을 명령하라고 추천했으며, 각 사람의 능력에 따라 경쟁적으로 엄청나게 많은 시편을 찬송했는데, 어떤 사람은 50개의 시편을 찬송했고 어떤 사람은 60개의 시편을 찬송했으며, 여기에도 만족하지 못하여 그 이상의 시편을 찬송해야 한다고 제안하기도 했습니다. 그리하여 종교의 규칙 때문에 그들 사이에 분열이 있었기 때문에 거룩한 저녁예배도 토론의 방해를 받았습니다. 그들은 매일의 기도 의식을 준비하는 동안 그들 중에서 누군가 일어나서 시편을 노래했습니다.

5. 지금도 이집트 전역에서 행해지는 관습인바 모두 자리에 앉아 선창자에게 정신을 집중하고 나면 선창자가 열한 편의 시편을 동일한 어조로 노래하는데, 각각의 시편 사이에 기도를 삽입합니다. 열두 번째 시편을 찬송하고 알렐루야로 응답한 후 선창자가 사람들의 시야에서 사라지면 토론과 예배가 끝납니다.

~ 6 ~
12번 기도하는 관습

1. 그 결과 교부들의 모임은 주님의 계획에 따라 천사의 가르침으로 형제들의 집단을 위한 하나의 보편 규칙이 제정되었다고 이해했습니다. 그들은 저녁 집회와 아침 집회 때 이 수효가 준수되어야 한다고 결정했습니다. 그들은 여기에 두 차례의 독서—즉 구약성경 독서와 신약성경 독서—를 결합했습니다. 이것은 그들의 선택적 행위였습니다. 그들은 성실하게 묵상하며 성경을 숙고하기를 원하는 사람들을 위해서 이것들을 추가했습니다. 그러나 토요일과 주일에는 두 차례의 독서를 모두 신약성경—바울서신이나 사도행전에서 택한 것과 복음서에서 택한 것—으로 실행했습니다. 오순절 기간에는 성경을 읽고 기억하는 데 관심을 가진 사람들이 이것을 행했습니다.

~ 7 ~
기도하는 방식

1. 이 지역에는 우리 중 어떤 사람들처럼 되도록 빨리 마치려고 시편 찬송이 끝나기 전에 서둘러 기도하러 내려가는 사람이 있지만, 이집트 수도사들은 기도를 시작하거나 마칠 때 시편을 마친 후에 성급하게 무릎을 꿇지 않습니다. 우리는 과거에 선조들이 정한 수효를 초과하기를 원하지만, 아직도 몇 편의 시편을 찬송해야 하는지 세면서 조바심을 냅니다. 우리는 기도의

유익을 추구하기보다 지친 몸에 휴식을 주는 것을 더 많이 생각합니다.

2. 그러나 이집트 수도사들은 이런 식으로 행동하지 않습니다. 그들은 무릎을 꿇기 전에 간단히 기도하는데, 서 있는 시간 대부분을 간구하면서 보냅니다. 그 후에 마치 하나님의 자비를 경모하는 듯 아주 잠깐 땅에 앉습니다. 그런 후에 재빨리 일어나서 이전에 서 있을 때처럼 두 손을 펼치고 오랫동안 기도합니다. 그들의 말에 의하면 너무 오랫동안 바닥에 누워 있으면 분심의 공격을 받을 뿐만 아니라 심각하게 잠의 공격을 받는다고 합니다.

3. 우리가 경험으로, 그리고 날마다 실천함으로써 이것이 진실임을 알게 되지 않기를 바랍니다. 우리는 아주 종종 기도하기 위해서가 아니라 휴식을 위해서 이렇게 눕는 것을 더 오랫동안 연장하기를 원합니다! 기도하려는 사람이 바닥에서 일어설 때 모두가 동시에 일어섭니다. 그리하면 그가 무릎을 꿇기 전에는 아무도 무릎을 꿇기 위해 움직이지 말아야 하며 바닥에서 일어난 후에 꾸물거리지 말아야 합니다. 이는 그가 기도하는 사람의 결론에 주목하기보다 스스로 결론을 내리려 한다는 인상을 주지 않기 위해서입니다.

~ 8 ~
시편 찬송 뒤에 이어지는 기도

1. 우리는 이 지방에서 한 사람이 시편 찬송을 마칠 때 모두가 일어나 소리를 내어 "영광이 성부와 성자와 성령께"라고 노래하는 것을 보았습니다. 동방에서는 어디에서도 이렇게 영광송을 부르지 않습니다. 모두가 침묵하

는 동안 한 사람이 노래함으로써 시편을 마친 뒤에 기도가 이어집니다. 물론 응답송(교창)은 삼위 하나님께 드리는 영광송으로 마칩니다.

~ 9 ~
기도의 특성

1. 제도의 순서에 따라 다음에는 표준적인 기도 방법을 다루게 됩니다. 『담화집』에서 그것의 특징과 항상성을 원로들의 말을 통해 살펴보면서 그것을 더 완전하게 다루겠습니다. 그러나 기회가 주어졌으므로 여기서 몇 가지를 다룰 필요가 있다고 생각합니다. 일단 겉사람의 활동에 대해 간단히 묘사하고 기도를 위한 일종의 기초를 놓고 나면(이것이 지금 우리가 하려는 일입니다), 나중에 속사람의 상태를 논할 때 비교적 쉽게 기도의 절정에 이를 수 있을 것입니다.

2. 여기에서는 특히 우리가 이 이야기를 마치기 전에 생을 마감하게 될 경우 뜨거운 갈망 때문에 모든 것이 지체되는 것처럼 여기고 있는 당신에게 최소한 매우 필요한 것의 기초 원리를 남기는 데 관심을 둡니다. 따라서 우리는 현세에서 시간이 주어지는 한 공주수도원에 거주하는 사람들을 위한 지침 역할을 할 수 있는 기도의 계보를 추적하려 합니다.

3. 이 논문만 접하고 나머지 하나의 논문을 접하지 못할 사람이 기도의 특성과 관련된 가르침을 여기에서 발견하며, 겉사람의 복장과 의복에 대해 가르침을 받은 것처럼 영적 제사를 드릴 때 취해야 할 태도에 대해서도 무지하

지 않게 되기를 원합니다. 우리가 주님의 도우심을 받아 작업하고 있는 이 책들은 겉사람의 행위, 그리고 공주수도원의 가르침에 적합할 것이며, 나머지 책들은 속사람의 훈련과 마음의 완전함, 그리고 은수사들의 삶과 가르침이 적합할 것입니다.

~ 10 ~
이집트 수도사들은 간결하게 기도하며
대침묵을 지킨다.

1. 이집트 수도사들은 예배를 위해 모일 때 모두 침묵하는데, 많은 형제가 모였음에도 불구하고 그들 가운데 서서 시편을 노래하는 사람 외에 참석한 사람이 없는 것처럼 여겨질 정도입니다. 특히 기도가 끝났을 때 그렇습니다. 그때 침 뱉는 사람, 목청 가다듬는 사람, 기침하는 사람, 신음하는 사람, 입을 크게 벌리고 하품하는 사람, 심지어 한숨을 쉬어 청중을 방해하는 사람이 없습니다. 사제가 기도를 마치는 소리 외에 아무 소리도 들리지 않습니다. 간혹 몰아 상태에 빠져 뜨거워진 정신이 내면에 담고 있을 수 없는 것을 가슴 깊은 곳에서 내보내는 신음으로 표현할 때 견딜 수 없이 뜨거운 성령의 열기 때문에 무의식중에 입에서 나오는 소리는 예외입니다.

2. 그들은 정신적으로 미지근한 사람과 소리 내서 기도하거나 소음을 내는 사람, 특히 하품하는 사람은 이중의 죄를 짓는다고 말합니다. 첫째는 부주의하게 기도하는 죄요, 둘째는 그가 거리낌 없이 내는 소음 때문에 집중

하여 기도할 수 있었을 사람이 분심하게 되는 죄입니다. 따라서 그들은 기도를 지체함으로써 침이나 가래가 끓어 기도의 황홀 상태를 방해하지 않게 하려면 기도를 재빨리 마쳐야 한다고 충고합니다.

3. 이런 까닭에 기도할 때 원수의 입에서 잡아채듯이 열렬하게 기도해야 합니다. 원수는 항상 우리를 대적하지만, 우리가 자기를 대적하여 주님께 기도하기를 원한다는 것을 알 때 한층 더 우리를 대적합니다. 그때 원수는 자신이 자극했던 여러 가지 생각과 기분을 동원하여 기도하려는 우리의 정신을 분심시키려 하고, 우리의 처음 열심을 미지근하게 만들려 합니다. 이런 까닭에 이집트 수도사들은 간결하게 자주 기도하는 것을 더 유익하게 여깁니다. 한편으로 자주 하나님께 간청함으로써 항상 하나님께 매달릴 수 있으며, 한편으로는 간결하게 함으로써 잠복해있는 마귀가 기도하는 우리에게 쏘려는 화살을 피할 수 있을 것입니다.

~ 11 ~
이집트 수도사들의 시편찬송 방식

1. 이집트 수도사들은 함께 모여 시편으로 찬송할 때 연속해서 찬송하지 않습니다. 그들은 시편을 구절 수에 따라 두세 개로 나누고, 그 사이에 기도를 배치합니다. 이는 그들이 많은 구절을 찬송하는 것보다 정신의 이해를 더 흡족하게 여기기 때문입니다. 그들은 힘을 다해 이렇게 행하려 합니다: "내가 영으로 찬송하고 또 마음으로 찬송하리라"(고전 14:15).

2. 이런 까닭에 그들은 분심된 정신으로 한편의 시편 전체를 쏟아놓는 것보다 조금이라도 이해하면서 열 구절을 노래하는 편이 낫다고 생각합니다. 종종 분심된 정신으로 시편을 노래하는 일은 자신이 찬송해야 할 시편의 수효와 특징을 생각하면서 듣는 사람에게 상이한 의미를 전해주려고 노력하지 않은 채 예배를 마치기 위해 속도를 내는 봉독자 때문에 발생합니다.

만일 어느 젊은이가 영적으로 뜨거워져서, 또는 훈련을 받지 못했기 때문에 요구된 것보다 더 많은 시편을 찬송하기 시작한다면, 원로는 앉은 자리에서 손뼉을 쳐서 참석자들 모두를 일어나 기도하게 함으로써 선창자를 중지시킵니다. 원로는 자리에 앉아있는 사람들이 오래 지속되는 시편 찬송 때문에 지루함을 느끼지 않도록 경계합니다. 만일 그렇게 되는 경우 선창자 자신이 이해의 열매를 상실할 뿐만 아니라 그의 장광설 때문에 예배에 싫증을 느끼게 된 사람들에게도 손해가 될 것입니다.

3. 그들은 알렐루야로 시작된 경우가 아닌 한 모든 시편에 알렐루야로 응답합니다. 그들은 앞에서 언급된 12편의 시편을 나누되 두 명이 각기 6편씩, 세 명이 4편씩, 네 명이 3편씩 노래합니다. 그들은 집회 때에 이보다 적게 노래하지 않으며, 많은 형제가 모여도 예배 도중에 네 명의 형제가 시편을 찬송하지 않습니다.

~ 12 ~

예배 때 한 사람이 시편을 찬송하는 동안
다른 사람들이 앉는 이유, 그리고 그 후 새벽까지
수실에서 오랫동안 깨어 지내는 방법

1. 이집트 수도사들은 다음과 같은 방식으로 육체적인 휴식을 취하면서 표준이 되는 열두 편의 시편을 줄이기도 합니다. 관습에 따라 집회 때 이 의식을 진행할 때면 찬송하기 위해 가운데 일어서 있는 선창자 외에 모든 사람은 낮은 의자에 앉아 선창자의 음성에 정신을 집중합니다. 그들은 종일 금식하면서 일하여 지쳤기 때문에, 만일 이런 식으로 휴식을 취하지 않고 일어서서 진행한다면 12편의 시편을 찬송하지 못할 것입니다.

2. 그들은 열심히 수고하고 일할수록 깨끗한 마음으로 영적 관상에 대한 고귀한 통찰을 획득할 것이라고 믿으면서 낮에는 매 순간 손으로 작업하기 위해 노력할 뿐만 아니라 밤에도 어둠이 방해할 수 없는 일을 하려고 노력하면서 잠시도 일하지 않고 지내지 않습니다. 그들은 뜨거운 믿음을 가진 사람들이 장황함 때문에 지친 몸이 지루함을 느끼지 않은 상태로 고결하게 정해진 기간을 마칠 수 있게 하려고 하나님께서 적절하게 표준적인 기도 횟수를 정하셨다고 여깁니다.

3. 이런 까닭에 각 사람은 관습에 따라 표준 횟수의 기도를 마치고 수실―수실에는 한 명, 또는 공동의 과업이나 제자훈련으로 결합되어 있는 사람, 또는 비슷한 덕을 소유한 두 사람이 배정됩니다―로 돌아간 후 다시 자신의 특별한 제사로서 더욱 열심히 기도합니다. 그들은 새벽이 되어 밤의 수고와

묵상을 마친 후 낮의 작업을 하게 될 때까지 평안히 잠듭니다.

~ 13 ~
이집트 수도사들이 노동하는 이유

1. 이집트 수도사들은 자신이 노동하여 얻은 열매를 하나님께 제물로 드리고 있다고 믿을 뿐만 아니라, 다른 두 가지 이유로 노동을 계속합니다. 만일 우리가 완전함을 얻기 위해 노력하고 있다면, 같은 면에서 그들처럼 부지런히 일해야 합니다. 첫째, 우리의 깨끗함을 질투하여 항상 그것을 공격하려고 잠복하여 기다리고 있는 가증한 원수가 우리가 밤에 시편 찬송과 기도로써 획득한 깨끗함을 잠의 환영을 통해서 더럽히지 못하게 하기 위해서입니다.

2. 우리가 태만함과 부주의함 때문에 범한 실수를 신음하면서 고백하며 용서를 구하고 배상한 후 방심하는 순간을 원수가 발견한다면, 원수는 한층 더 집요하게 우리를 더럽히려 하며, 특히 우리가 깨끗한 기도로 더욱 헌신적으로 하나님을 향하는 것을 알아챌 때면 우리의 확신을 무너뜨리고 약화하려고 노력합니다. 그리하여 원수는 밤새 해를 입히지 못한 사람을 아주 짧은 순간에 치욕스럽게 만들려 합니다.

3. 둘째 이유는 마귀의 무서운 환영이 발생하지 않더라도 잠은 곧 깨어날 수도사의 내면에 게으름을 낳기 때문입니다. 그것은 온종일 정신 안에 권태와 무기력을 만들어내어 활력을 둔하게 만들며, 지성을 흐리게 만들고, 낮

에 원수의 함정 앞에서 경계하며 강한 상태에 머물게 해줄 풍요로운 마음을 가난하게 만듭니다. 이런 까닭에 이집트 수도사들은 표준적인 밤기도에 신중한 개인적인 경계를 결합합니다. 그리하면 시편찬송과 기도로 획득한 깨끗함이 파괴되지 않으며, 밤에 행하는 묵상이 낮에 우리를 지켜줄 수 있을 것입니다.

~ 14 ~
수실에 있을 때 손으로 일하면서 기도하는 방법

1. 이집트 수도사들은 나태한 사람에게 잠이 슬금슬금 다가오지 못하게 하려고 여기에 작업을 병행합니다. 그들은 여가 시간을 거의 갖지 않으며, 영적 묵상에 한계를 두지 않습니다. 그들은 몸의 덕과 영혼의 덕을 동등하게 실천하며, 겉사람의 유익과 속사람의 유익의 균형을 이룹니다. 마음이 비틀거리거나 생각이 불안정하게 요동칠 때면, 그들은 노동을 견고한 닻처럼 고정합니다. 방황하고 흔들리는 마음을 고정하면, 마음은 안전한 항구에 정박하듯이 수실에 머물 수 있습니다. 그리하여 오직 영적 묵상에 몰두하며 생각을 지켜보는 깨어있는 정신은 악한 제안에 동의하지 않을 뿐만 아니라 무익하고 게으른 생각을 하지 않게 됩니다. 여기에서 무엇이 무엇을 의존하는지 결정할 수 없습니다. 즉 그들이 영적 묵상 덕분에 쉬지 않고 육체노동을 하는지, 아니면 끊임없는 노동 덕분에 영적으로 크게 진보하여 훌륭한 지식을 획득하는지 결정할 수 없습니다.

~ 15 ~

각 사람은 겸손의 법에 따라 기도가 끝나면 수실로 돌아가야 한다. 그렇게 하지 않은 사람이 책망받는 경위

1. 시편 찬송을 마치고 일상적인 집회가 끝난 후에는 아무도 그곳에 남아 있거나 다른 사람과 잡담하지 않습니다. 또 급한 일이 없는 한 낮에 자기의 수실을 떠나거나, 수실에서 행하는 작업을 그만두지 않습니다. 그들은 밖에 나가 있을 때 대화하는 일이 거의 없으며, 각자 시편이나 성경 본문을 암송하면서 자신이 맡은 일을 합니다. 이처럼 그들은 입과 마음으로 끊임없이 영적 묵상을 하므로 자신의 재능이나 시간을 해롭거나 악한 계획, 또는 한가한 잡담에 사용하지 않습니다.

2. 그들은 특히 젊은 사람이 잠시라도 사람들과 함께 어슬렁거리거나 자리를 뜨지 않게 하는 데 관심을 기울입니다. 이러한 금지된 행동을 하다가 발각된 사람은 무례한 자, 범법자, 큰 잘못을 범한 자로 선포되며, 심지어 악한 일을 도모하고 있다는 의심을 받습니다. 형제들 앞에서 공개적으로 회개하여 용서받지 못한 사람은 형제들의 기도에 참여하지 못합니다.

~ 16 ~

기도하는 것이 금지된 사람과 함께 기도하는 것이 허락되지 않는다.

1. 만일 어떤 사람이 악한 행동을 했기 때문에 기도하지 못하게 되었다면,

그가 회개하고 모든 형제 앞에서 자신이 범한 일에 대해 수도원장으로부터 공개적으로 용서를 받기 전에는 누구도 그와 함께 기도하는 것이 허락되지 않습니다. 형제들은 그를 멀리하며, 기도할 때 그와 함께 교제하지 않습니다. 왜냐하면 그들은 바울의 말에 따라 기도를 중지당한 사람이 사탄에게 내어준 바 되었다고 여기기 때문입니다(고전 5:5 참조). 윗어른이 용서하고 받아들이기 전에 무분별하게 친절을 베풀며 주제넘게 그와 교제하는 사람은 그의 저주에 동참하는 자가 됩니다. 이는 그 사람은 잘못의 교정을 위해 사탄에게 보내졌지만, 그와 교제하는 사람은 자원하여 자신을 사탄에게 넘기기 때문입니다. 이 일에 있어서 그는 그 사람과 대화하고 기도함으로써 자기 안에 오만의 출발점을 만들어내기 때문에 한층 더 심각한 죄를 범하며, 범법자를 더욱 고집스럽게 만듭니다. 그 사람이 기도와 형제들과의 교제를 중지당한 목적이 치욕을 당하게 하려는 데 있음에도 불구하고, 그는 그 사람에게 파괴적인 위로를 제공함으로써 그의 마음이 더 냉담해져서 치욕을 받아들이지 않게 만듭니다. 따라서 그 사람은 윗어른의 책망을 하찮게 여기며, 정직하지 못한 태도로 자신의 잘못을 배상하고 용서받으려 합니다.

~ 17 ~

책임을 맡은 사람은 공동체가 정한 시간에
형제들에게 기도시간을 알린다.

1. 신앙공동체를 각성시키는 일과 예배의 책임을 맡은 사람은 날마다 기

분 내킬 때, 밤에 자신이 잠에서 깨어날 때, 또는 자신이 졸리거나 잠이 오지 않는 상태에 따라 형제들을 깨워 기도하게 하지 않습니다. 비록 자신은 특정 시간에 잠에서 깨어나는 습관이 있어도, 그는 별들의 위치를 참작하며 공동체가 정한 시간에 형제들에게 기도 시간을 알립니다. 그렇게 하지 않는 사람은 두 가지 면에서 부주의하다고 간주됩니다: 그는 밤에 늦잠을 자서 규정된 시간보다 늦게 일어났거나, 규정된 시간보다 일찍 잠들었을 것입니다. 그는 영적 예배와 형제들의 휴식을 보살핀 것이 아니라 자신의 휴식을 공급했다고 말할 수 있을 것입니다.

~ 18 ~
이집트 수도사들은 토요일 저녁부터 주일 아침까지 무릎을 꿇지 않는다.

1. 우리는 다음과 같은 점을 알아야 합니다: 이집트 수도사들은 토요일 저녁부터 주일 아침까지, 그리고 오순절 기간 내내 무릎을 꿇지 않으며, 금식의 규칙도 지키지 않습니다. 주님이 원하신다면 나중에 『담화집』에서 그 이유를 설명하게 될 것입니다. 이는 지금은 이 책이 한계를 추월하여 독자에게 지루함이나 혐오감을 주지 않기 위해서 간단하게 묘사하려는 것이 우리의 의도이기 때문입니다.

제3권

표준적인 낮기도와
시편 찬송 방법

차례

1. 시리아에서 준수되는 3시과, 6시과, 9시과 / 57
2. 이집트 수도사들은 온종일 끊임없이 기도하고 시편을 찬송하고 일한다 / 57
3. 동방에서는 3시과, 6시과, 9시과 예배를 드릴 때 세 번 시편을 찬송하고 기도하는데, 이는 특별히 이 시과에 이러한 영적 성무일과가 배정되었기 때문이다 / 58
4. 옛 전승에는 아침예배가 정해지지 않았지만, 우리 시대에 특별한 이유로 제정되었다 / 62
5. 아침기도를 마친 후에 다시 잠자면 안 된다 / 63
6. 원로들은 아침예배를 제정할 때 옛 시편 찬송 순서를 바꾸지 않았다 / 64
7. 첫 번째 시편 찬송이 끝나기 전까지 아침예배에 참석하지 않은 사람은 예배실에 들어가지 못한다. 그러나 밤기도 시간에는 둘째 시편 찬송이 끝나기 전까지 예배실에 들어가면 된다 / 65
8. 금요일 저녁에 실천되는 철야기도 시간과 방법 / 66
9. 금요일 저녁에 철야기도를 하는 이유, 그리고 동방에서 토요일에 금식을 중지하는 것을 인정하는 이유 / 67

10. 로마에서 토요일에 금식하게 된 경위 / 68
11. 주일예배와 다른 요일 예배의 차이점 / 69
12. 형제들이 저녁식사를 할 때는 점심 식사때와는 달리 식사하는 형제들은 시편을 낭송하지 않는다 / 70

~ 1 ~
시리아에서 준수되는 3시과, 6시과, 9시과

1. 지금까지 하나님의 도우심을 받아 힘이 닿는 한 이집트에서 준수되는 밤기도와 시편 찬송 방법을 설명했습니다. 이제 서문에서 언급했듯이 이집트 수도사들의 엄격한 훈련과 완전함을 완화한 제도를 실천한 팔레스타인과 메소포타미아의 수도원 규칙에 따라 3시과(terce), 6시과(sext), 9시과(none)에 대해 다루겠습니다.

~ 2 ~
이집트 수도사들은 온종일 끊임없이 기도하고 시편을 찬송하고 일한다.

1. 이집트에서는 하루 중 각 시간에 끊임없이 자발적으로 일하면서 성무일과를 행합니다. 그들은 항상 수실에서 홀로 손노동을 하면서 시편과 성경을 묵상합니다. 여기에 매순간 간구와 기도를 더하며, 종일 정해진 시간에 드리는 성무일과로 하루를 보냅니다. 이런 까닭에 제3시에 성찬을 행하기 위해 모이는 토요일과 일요일을 제외하고는 저녁 모임과 밤 모임 외에 낮에는 공적인 예배를 드리지 않습니다. 이는 특별한 순간에 드리는 것보다 쉬지 않고 드리는 것이 더 위대하며, 교회법에 따른 의무로 행하는 의식보다 자발적인 예배가 더 만족스럽기 때문입니다. 이런 까닭에 다윗은 약간 자랑

스럽게 "내가 낙헌제로 주께 제사하리이다"(시 54:6), "여호와여 구하오니 내 입이 드리는 자원 제물을 받으시고""(시 119:108)라고 말합니다.

~ 3 ~
동방에서는 3시과, 6시과, 9시과 예배를 드릴 때 세 번 시편을 찬송하고 기도하는데, 이는 특별히 이 시과에 이러한 영적 성무일과가 배정되었기 때문이다.

1. 그래서 팔레스타인과 메소포타미아와 동방의 수도원에서는 매일 앞에서 말한 성무일과 때에 시편 세 편을 찬송하는데, 이는 정해진 시간에 하나님께 열심히 기도하며, 적절히 절제하면서 영적 책임을 행함으로써 작업의 의무 수행에 방해받지 않기 위한 것입니다. 다니엘은 날마다 이 세 번의 기도 시간에 다락방에 올라가 창문을 열고 하나님께 기도했습니다(단 6:11). 이렇게 기도 시간이 구체적으로 정해진 데는 이유가 있습니다. 이는 그 시간에 약속과 우리의 구원이 온전히 이루어지기 때문입니다.

2. 제3시에 사도들이 모여 기도할 때 과거 선지자들이 약속한 성령이 처음으로 그들에게 임했습니다. 믿지 않는 유대인들은 사도들이 성령으로 충만하게 되어 성령이 시키시는 대로 각각 방언으로 말하는 것을 보고 놀라며 그들이 새 포도주에 취했다고 조롱했습니다. 이때 베드로가 일어나서 다음과 같이 말했습니다: "유대인들과 예루살렘에 사는 모든 사람들아 이 일을 너희로 알게 할 것이니 내 말에 귀를 기울이라 때가 제 삼 시니 너희 생각과 같이 이 사람들이 취한 것이 아니라 이는 곧 선지자 요엘을 통하여 말씀하신

것이니 일렀으되 하나님이 말씀하시기를 말세에 내가 내 영을 모든 육체에 부어 주리니 너희의 자녀들은 예언할 것이요 너희의 젊은이들은 환상을 보고 너희의 늙은이들은 꿈을 꾸리라 그 때에 내가 내 영을 내 남종과 여종들에게 부어 주리니 그들이 예언할 것이요"(행 2:14~18; 욜 3:1~2). 이 모든 일이 제삼 시에 일어났고, 선지자들이 예언했던 대로 제삼 시에 성령이 사도들에게 임했습니다.

3. 제육 시에 흠이 없는 우리 주님이 하나님께 제물로 바쳐졌습니다. 세상을 구원하기 위해 십자가에 달리신 주님은 인류의 죄를 멸하셨습니다. 주님은 "통치자들과 권세들을 무력화하여 드러내어 구경거리로 삼으시고"(골 2:15), 우리에게 불리한 조문들이 들어 있는 빚문서를 지워 버리시고, 그것을 십자가에 못 박으셔서 우리 가운데서 제거하셨습니다(골 2:14).

4. 또 제6시에 정신적으로 몰아상태에 빠져 있던 베드로는 하늘이 열리고 큰 보자기 같은 그릇이 네 귀퉁이가 끈에 매달려서 땅으로 드리워져 내려오는 것을 보았습니다. 그 안에는 온갖 네 발 짐승들과 땅에 기어다니는 것들과 공중의 새들이 골고루 들어 있었습니다. 그때 "베드로야, 일어나서 잡아 먹어라"는 음성이 들려왔습니다(행 4:11~13). 하늘에서 내려온 이 보자기 같은 그릇은 복음을 의미하는 것으로 이해됩니다. 이는 그것이 복음서 기자들의 4부 이야기로 나누어졌고 네 개의 서두를 가진 듯이 보이지만, 복음은 하나이기 때문입니다. 왜냐하면, 복음은 그리스도의 탄생과 신격, 그리고 그분의 수난과 기적을 아우르기 때문입니다.

5. 또 "보자기"라고 말하지 않고 "보자기 같은"(행 4:11)이라고 말하는데, 여기서 보자기는 죽음을 가리킵니다. 그러므로 "보자기 같은"은 주님이 고

난을 당하시면서 인간 본성의 법에 따라 죽음을 겪으신 것이 아니라 자신의 의지의 결정으로 죽임을 당하셨다는 말입니다. 주님은 육체에 따라 죽으신 것이 아니라 영에 따라 죽으셨습니다. 왜냐하면 주님의 영혼은 지옥에 버려지지 않았고, 주님의 육체는 썩지 않았기 때문입니다(행 2:31; 시 16:10). 또 주님은 "이(목숨)를 내게서 빼앗는 자가 있는 것이 아니라 내가 스스로 버리노라"(요 10:18)라고 말씀하셨습니다.

하늘에서 내려온(즉 성령이 기록한) 복음을 담은 보자기 안에서 과거에는 율법 밖에 있어 부정하다고 여겨지던 모든 민족이 믿음으로 연합되어 우상숭배에서 벗어나며, 하나님의 음성으로 깨끗하게 되어 베드로에게 주어진 음식을 먹을 수 있게 되었습니다(행 10:15).

6. 제구 시에(마 27:46) 주님은 지옥에 뚫고 들어가셔서 희미한 빛으로 지옥의 어둠을 없애셨습니다. 주님은 지옥의 놋문을 쳐서 부수며 쇠빗장을 꺾으셨고(사 45:2), 위로 올라가실 때 지옥의 어둠에 갇혀 있던 거룩한 자들을 사로잡으시고 사람들에게 선물로 주셨으며(엡 4:8), 불칼을 두시고 경건한 죄고백으로 이전 주민들에게 낙원을 돌려주셨습니다(창 3:24).

7. 또 백부장 고넬료는 하나님을 경외하며 하나님께 항상 기도했는데, 하루는 제구 시에 하나님의 사자가 나타나 그의 기도와 구제가 하나님 앞에 상달되어 기억하신 바 되었다고 말했습니다. 제육 시에 황홀 상태에서 베드로에게 계시되었던 이방인의 소명이 제구 시에 고넬료에게 베풀어졌습니다(행 10:3). 사도행전의 다른 곳에서는 제구 시와 관련하여 "제구 시 기도 시간에 베드로와 요한이 성전에 올라갈새"(행 3:1)라고 말합니다.

8. 우리도 이를 근거로 이 세 기도 시간을 준수해야 합니다. 거룩한 사도

들이 근거 없이 종교의식으로 이 기도 시간을 성별한 것이 아닙니다. 마치 율법에 의해서 인듯 정해진 시간에 이러한 경건의 의무를 행하라는 강압을 받지 않는다면, 우리는 종일 전혀 기도 시간을 갖지 않은 채 나태하게 지내거나 활동에 몰두할 것입니다.

9. 구약성경에서 모세의 법이 끊임없이 행하라고 한 저녁제사와 관련하여서 무슨 말을 해야 할까요(민 28;4)? 다윗이 "나의 기도가 주의 앞에 분향함과 같이 되며 나의 손 드는 것이 저녁 제사 같이 되게 하소서"(시 141:2)라고 찬양한 것을 볼 때, 성전에서는 날마다 아침과 저녁에 상징적인 제물로 제사를 드렸음을 증명할 수 있습니다. 여기서 참된 저녁제사는 주님이 교회의 거룩한 성찬을 제정하신 저녁에 제자들에게 주신 것(마 26:26~29), 또는 마지막 날, 즉 세상 끝에 세상을 구원하기 위해 두 손을 들어 올리심으로 아버지께 드린 저녁 제사(히 9:26)라고 영적으로 이해할 수 있습니다.

10. 십자가에서 두 손을 들어 올리신 것은 부활이라고 말할 수 있습니다. 왜냐하면, "내가 땅에서 들리면 모든 사람을 내게로 이끌겠노라"(요 12:32)는 약속에 따라 지옥에 빠진 우리 모두를 하늘로 들어 올리셨기 때문입니다.

다음과 같은 말씀은 아침 예배에 대해 가르쳐 줍니다: "하나님이여 주는 나의 하나님이시라 내가 간절히 주를 찾되"(시 63:1), "새벽에 주의 말씀을 작은 소리로 읊조릴 때"(시 63:6), "내가 날이 밝기 전에 부르짖으며 주의 말씀을 바랐사오며"(시 119:147), "주의 말씀을 조용히 읊조리려고 내가 새벽녘에 눈을 떴나이다"(시 119:147).

11. 복음서에서 집 주인은 이 시각에 품꾼들을 포도원에 보냈습니다. 주

인은 이른 아침에 품꾼들을 포도원에 들여보냈는데, 이는 아침예배를 의미합니다. 그리고 제삼 시, 제육 시, 제구 시, 그리고 제십일 시에 품꾼들을 포도원에 들여보냈습니다. 이것은 빛의 예배(service of light)를 가리킵니다(마 20:1~6).

~ 4 ~
옛 전승에는 아침예배가 정해지지 않았지만, 우리 시대에 특별한 이유로 제정되었다.

1. 오늘날 특히 서방에서 이루어지는 아침예배는 원래 우리 주 예수 그리스도가 동정녀에게서 탄생하여 인간으로서 유아기의 단계를 거쳐야 했던 곳, 그리고 우리 시대에 종교적으로 젖을 떼지 못한 유아기의 우리를 은혜로 강하게 해주신 우리의 수도원에서 표준적인 의식으로 도입되었습니다. 그때 비로소 우리는 매일의 철야기도와 함께 (고올 지방의 수도원에서 주로 저녁 시편 찬송과 기도를 마친 직후 실천된) 아침 예배가 마무리되었고, 우리 선조들은 육체의 휴식을 위해 나머지 기도시간을 파기했다는 것을 발견합니다.

2. 그러나 약간 태만한 사람들이 이러한 양보 조처를 남용하고 휴식 기간을 연장하며, 제삼 시가 되기 전에 수실에서 나와야 할 의무가 주어지지 않았을 때, 그리고 특히 저녁부터 새벽까지 철야기도를 하고 있는 사람들이 무기력해지는 날, 그들이 많은 임무를 행해야 하는 낮에 지나치게 잠을 자

면서 비생산적으로 지낼 때, 영적으로 더 열정적이며 이런 종류의 태만함 때문에 적지 않게 시달리는 형제들이 원로들에게 불평을 제기했습니다. 원로들은 장시간 토의하고 세심하게 협의하여서 해가 뜰 때는 독서와 육체노동이 가능하므로 모든 형제들은 지친 육체에 충분한 휴식의 주었으므로 같은 시간에 기상하며, 과거에 삼시과와 육시과와 관련하여 정해진 방식을 따라 세 번 죄고백을 하는 식으로 세 번 시편을 찬송하고 기도하고 동시에 일을 시작하도록 결정했습니다.

3. 이 제도가 위에서 언급한 이유 때문에 제정되었다기보다는 아주 최근에 특별한 상황에 대처하기 위해 창안된 듯이 보이지만, 다윗이 "주의 의로운 규례들로 말미암아 내가 하루 일곱 번씩 주를 찬양하나이다"(시 119:164) 라고 말한 수효와 문자 그대로 일치합니다. 이 예배를 추가함으로써 하루에 일곱 번 영적으로 모여 일곱 번 주님을 찬양하게 됩니다. 이 제도가 동양에서 유래되어 매우 유익하게 이곳에 전파되었지만, 교부들의 옛 규칙을 어기는 것을 허락하지 않는 동양의 아주 오래된 수도원들은 지금도 이 제도를 받아들이지 않습니다.

~ 5 ~
아침기도를 마친 후에 다시 잠자면 안 된다.

1. 이 지방에서 이 예배가 결정되고 확립된 이유를 알지 못하는 사람들, 아침찬송을 마친 후 다시 잠을 자는 사람들은 원로들이 이 예배를 제정함으

로써 억제하려 한 상황에 빠집니다. 그들은 서둘러 이 예배를 마침으로써 더 태만하고 무책임한 사람들에게 다시 잠을 자는 기회를 제공하게 될 것입니다. 앞에서 이집트 수도사들의 예배를 다루면서 충분히 설명했듯이, 이런 일은 절대 일어나지 않아야 합니다. 그렇지 않으면, 지나치게 많은 본성적 수분(natural moisture)이 방출되어 우리가 겸손히 죄를 고백하며 새벽에 기도함으로써 얻은 깨끗함이 더럽혀지거나 원수의 망상이 그것을 망칠 것입니다. 어쨌든 순수하고 단순한 잠이라도, 잠이 제공하는 휴식은 우리 영에 개입하여 영적 열정을 방해할 것이며, 졸림 때문에 미온적이 된 사람은 종일 무기력하고 나태할 것입니다.

2. 이집트 수도사들은 이런 상태를 초래하지 않습니다. 그들은 첫닭이 울기 전 정해진 시간에 일어나곤 하지만, 날이 밝은 후까지도 표준적인 성무일과를 행함으로써 밤기도를 연장합니다. 그리하여 아침이면 영은 열렬해지며, 종일 그들을 더 열렬하고 주의 깊게 해주며, 갈등에 대처할 수 있게 해줍니다. 그리고 밤기도와 영적 묵상의 실천 덕분에 낮에 마귀와의 싸움에 맞설 힘을 줍니다.

~ 6 ~

원로들은 아침예배를 제정할 때
옛 시편 찬송 순서를 바꾸지 않았다.

1. 아침예배를 추가해야 한다고 결정한 원로들이 옛 시편 찬송 관습을 조

금도 바꾸지 않았음을 알아야 합니다. 밤집회 전에 진행된 것과 같은 방식으로 아침예배가 진행되었습니다. 오늘날도 그들은 밤기도를 마칠 때와 비슷한 방식으로 찬송합니다. 그들은 새벽에 닭이 운 후에 "할렐루야 하늘에서 여호와를 찬양하며 높은 데서 그를 찬양할지어다"(시 148:1)로 시작되는 시편 148편과 그 다음의 시편을 찬송하면서 밤기도를 마칩니다. 그러나 아침예배 때에는 시편 50편, 62편, 그리고 89편을 찬송합니다. 마지막으로 오늘날 이탈리아 전역의 교회에서는 아침 찬송을 마치면서 시편 50편을 찬송하는데, 이것은 분명히 이집트에서 유래된 것입니다.

~ 7 ~

첫 번째 시편 찬송이 끝나기 전까지 아침예배에 참석하지 않은 사람은 예배실에 들어가지 못한다. 그러나 밤기도 시간에는 둘째 시편 찬송이 끝나기 전까지 예배실에 들어가면 된다.

1. 기도 시간—삼시과, 육시과, 구시과—에 첫 번째 시편을 마치기 전에 도착하지 못한 사람은 예배실에 들어가 시편을 찬송하고 있는 사람들과 합류하려 하지 말아야 합니다. 그는 예배실 밖에 서서 회중이 해산할 때까지 기다리다가 모두가 예배실 밖으로 나오면 땅에 엎드려 회개하면서 지각한 것과 부주의한 데 대한 용서를 구해야 합니다. 그는 어떤 방법으로도 자신의 태만함을 속죄할 수 없다는 것, 그리고 겸손하게 자기의 태만함을 고백하고 서둘러 보속하지 않는 한 예배에 참석하는 것이 허락되지 않을 것을 압

니다.

2. 그러나 밤예배 때에 늦는 사람에게는 두 번째 시편을 찬송할 때까지 유예 시간이 주어집니다. 단 두 번째 시편 찬송이 끝나고 형제들이 엎드려 기도하기 전에 서둘러 회중과 합류해야 합니다. 물론 유예 시간보다 조금이라도 늦은 사람은 앞서 언급한 대로 회개하고 용서를 구해야 합니다.

~ 8 ~
금요일 저녁에 실천되는 철야기도 시간과 방법

1. 수도원에서는 밤이 길어지는 겨울철이면 매주 금요일 밤에 시작되는 밤기도를 닭이 네 번 울 때까지 진행합니다. 그러므로 그들은 밤을 새우며 철야한 후 남은 두 차례의 예배를 위해 휴식하며, 잠이 부족하여 낮에 무기력해지지 않도록 합니다. 그들은 밤새도록 쉬는 것이 아니라 이렇게 잠시 쉬는 데 만족합니다.

2. 우리도 이것을 세심하게 지켜서 철야기도가 끝난 후부터 새벽까지(즉 아침 시편 찬송을 할 때까지) 허락되는 잠에 만족하고, 그때부터 종일 필요한 책무와 일을 하는 것이 좋습니다. 그리하면 밤에 취해야 할 잠을 낮에 자거나 철야기도로 지치고 피곤하여 육체적으로 잠을 자지 않은 것이 아니라 휴식과 밤의 수면을 옮긴 것처럼 보이지 않을 것입니다. 만일 철야기도를 마친 후에 잠시 잠을 자지 않는다면, 연약한 육체는 이런 식으로 밤의 휴식을 거부할 수 없을 것이며, 정신적으로 지치고 마음이 무거워서 지속해서

깨어있지 못할 것이며, 따라서 종일 도움이 되기보다 방해가 될 것입니다.

3. 앞에서 말한 대로 날이 밝기 전에 적어도 한 시간 휴식을 취한다면, 밤새도록 기도하면서 보낸 철야기도 시간이 유익할 것입니다; 본성을 공평하게 다룸으로써 밤에 취한 것을 낮에 붙잡을 필요가 없을 것입니다. 합리적으로 육체에 작은 것의 공급을 중단하려 하지 않고 전체를 부인하려 하며, 천박한 것들을 중단하는 것이 아니라 필수적인 것을 중단하려는 사람은 빠짐없이 그것을 갚아줄 것입니다.

4. 이런 까닭에 새벽까지 비합리적으로 부주의하고 지나치게 철야기도를 한다면, 그에 대해 더 큰 대가를 치르게 될 것입니다. 그러므로 이집트 수도사들은 철야기도를 세 단계로 나눔으로써 연약한 몸이 감당할 수 있게 했습니다. 그들은 서서 세 번 교송(交誦)한 후에 바닥이나 낮은 의자에 앉아서 시편을 세 편 찬송하는 선창자에게 응답합니다. 그리고 그들은 고요히 앉아서 세 번 독서를 진행합니다. 그들은 이런 식으로 육체적 노력을 줄이고 더 맑은 정신으로 철야기도를 계속합니다.

~ 9 ~
금요일 저녁에 철야기도를 하는 이유, 그리고 동방에서 토요일에 금식을 중지하는 것을 인정하는 이유

1. 기독교 신앙의 토대가 세워진 사도 시대에 동양 전역에서 금요일 밤에 철야기도를 하기로 결정되었습니다. 왜냐하면, 금요일에 주님이 십자가에

달려 당하시는 고난 앞에서 제정신이 아니었던 제자들이 밤새 눈을 붙이지 않고 깨어 있었기 때문입니다. 이런 까닭에 그 이후로 금요일 밤에 철야기도를 해왔고, 오늘날까지 동양에서는 비슷한 방식으로 철야기도를 합니다.

2. 이런 이유로 사도들이 철야기도 후 토요일에 금식을 자제한 것이 동양의 모든 교회에서 명령으로 받아들여진 것은 정당한 일이었습니다. 이것은 전도서의 말씀을 지키는 것이기도 합니다. 전도서에서는 "일곱에게나 여덟에게 나눠 줄지어다"(전 11:2)라고 말하면서 금요일과 토요일을 일곱이나 여덟으로 나누라고 명령합니다.

3. 이렇게 금식을 자제한 것을 유대인의 절기에 참여하는 것으로 간주하지 말고 지친 몸의 휴식과 관련된 것으로 여겨야 합니다. 매주 닷새 동안 규칙적으로 금식할 경우에 적어도 이틀의 간격을 두어 회복하지 않으면 몸이 지쳐 기진할 것입니다.

~ 10 ~
로마에서 토요일에 금식하게 된 경위

1. 서방의 일부 국가, 특히 로마에는 이렇게 금식을 자제하는 이유를 알지 못하며 베드로가 시몬과의 갈등을 앞두고 토요일에 금식했다고 주장하면서 토요일에 금식을 자제하면 안 된다고 생각하는 사람들이 있습니다. 베드로는 교회법에 따른 관습에 따라 금식한 것이 아니라 임박한 충돌 때문에 어쩔 수 없이 금식했습니다. 이 경우 베드로는 제자들에게 전반적인 금식이 아닌

특별한 금식을 명한 듯합니다. 만일 표준적 관습에 따라 일반적으로 토요일에 금식했다고 알고 있었다면 베드로는 분명히 이렇게 행하지 않았을 것입니다. 금식해야 할 이유가 있으면 그는 일요일이라도 금식하라고 명령했을 것입니다. 그러나 금식을 요구한 것이 일반적인 상황이 아니라 일회적인 금식이 필요한 상황이었으므로 표준적인 금식 규정은 선포되지 않았습니다.

~ 11 ~
주일예배와 다른 요일 예배의 차이점

1. 일요일에는 점심 식사 전에 한 번만 예배를 봅니다. 그들은 집회와 주님의 만찬을 존중하여 시편과 기도와 성경독서에 더 큰 엄숙함과 무게를 부여하며, 그 안에 삼시과와 육시과가 포함되어야 한다고 여깁니다. 따라서 독서를 추가한다고 해서 기도를 감하지 않습니다. 그러나 주님의 부활을 존중하기 때문에 형제들이 어느 정도 속도를 완화하고 바꾸는 것이 인정되며, 이것이 한 주일 동안의 규칙 준수를 완화하는 듯이 보입니다. 이러한 속도의 변화 때문에 일종의 축제 행사로서 더 엄숙하게 그날을 기대하게 되며, 그러한 기대 때문에 다음 주간의 금식이 덜 힘들게 느껴집니다. 약간의 변화를 주입하며 작업 방식을 바꾼다면, 어떤 종류든 피곤을 더 차분히 인내하고 고역을 감당할 수 있습니다.

~ 12 ~

형제들이 저녁식사를 할 때는 점심 식사때와는 달리 식사하는 형제들은 시편을 낭송하지 않는다.

1. 마지막으로 점심과 저녁 식사가 제공되는 토요일, 일요일, 그리고 축일에도 저녁 식사를 시작할 때와 마칠 때 시편을 찬송하지 않습니다. 그들은 한 번 기도한 후에 저녁식사를 시작하고 기도로 마칩니다. 수도사들에게 이 식사는 특별한 것이며, 형제들을 만나기 위해 방문한 여행자들과 몸이 병들었거나 함께 식사하기를 원하는 사람들만 여기에 참석할 수 있습니다.

제4권

세상을 버린 수도사들의 제도

차례

1. 이 세상을 버린 사람들의 가르침, 그리고 타벤니시와 이집트의 수도원에 회한 사람들의 훈련 방식 / 75
2. 그들이 매우 늙어서까지 공주수도생활을 하는 방식 / 75
3. 공주수도원에 입회할 사람을 시험하는 방식 / 76
4. 수도원에 입회할 때 아무것도 지참하지 않는 이유 / 77
5. 세상을 버리고 수도원에 들어온 사람이 입고 있던 옷을 벗은 후 원장이 새 옷을 입혀주는 이유 / 77
6. 수도원에 들어올 때 입었던 옷을 관리인(當家)이 보관하는 이유 / 78
7. 수도원에 입회한 사람이 형제들과 어울리기 전에 게스트 하우스에 머무는 이유 / 79
8. 하급자가 욕망을 극복하기 위해 먼저 실천해야 하는 제도 / 80
9. 하급자가 자기의 생각을 감추지 않고 지도자에게 알려야 하는 이유 / 80
10. 본성상 불가피한 일에서도 상급자에게 복종해야 한다는 것 / 81
11. 그들이 가장 맛있게 여기는 음식 종류 / 82
12. 누군가 문을 두드릴 때 재빨리 응답해야 한다는 것 / 82

13. 하찮은 것이라도 자기의 소유라고 주장하는 것이 큰 죄로 간주된다는 것 / 83
14. 노동하여 많은 돈을 모을 수 있어도, 수도원에서 정한 금액을 초과해서는 안 된다는 것 / 84
15. 내면에 존재하는 무절제한 소유욕 / 84
16. 잘못 교정을 위한 규칙 / 85
17. 공주수도원에서 형제들이 음식을 먹는 동안 거룩한 글을 낭독하는 관습의 유래, 그리고 이집트 수도사들의 대침묵 / 87
18. 공동 식당이 아닌 곳에서 음식을 먹거나 마시는 것이 불법이라는 것 / 87
19. 팔레스타인과 메소포타미아에서 형제들이 매일의 임무를 수행하는 방식 / 88
20. 회계담당자(당가)가 찾아낸 렌틸콩 세 알 / 89
21. 일부 형제들의 자발적인 봉사 / 90
22. 이집트 수도원에서 정한 형제들의 매일의 과업 / 91
23. 압바 요한이 순종함으로써 예언의 은사를 받은 것 / 92
24. 압바 요한이 윗사람의 명령대로 마른 막대기에 물을 준 것 / 92
25. 압바 요한이 윗사람의 명령에 순종하여 하나뿐인 기름 항아리를 내던진 것 / 94
26. 압바 요한이 윗사람의 명령에 순종하여 여러 사람이 힘을 합해도 움직일 수 없는 바위를 굴린 것 / 95
27. 압바 파레르무티우스(Patermutius)가 윗사람의 명령에 따라 어린 아들을 망설임없이 강에 던진 순종과 겸손 / 95
28. 파테르무티우스가 아브라함처럼 행한 것이 수도원장에게 계시되었고, 수도원장이 죽은 후 파테르무티우스가 그의 뒤를 이어 수도원 관리를 맡았다 / 97
29. 압바의 명령에 복종하여 열 개의 바구니를 소매로 판매한 형제 / 97
30. 완덕을 추구하여 자신이 사제로 다스리던 유명한 수도원을 떠나 멀리 떨어진 곳의 수도원에 초심자로 입회한 압바 피누피우스(Pinufius)의 겸손 / 98
31. 압바 피누피우스가 다시 수도원으로 불려갔으나 잠시 머물다가 시리아로 도망했다는 것 / 100

32. 압바 피누피우스가 수도원에 받아들인 형제에게 준
    교훈 / 101
33. 교부들의 가르침에 따라 수고하는 형제에게 큰 상을 주고 게
    으른 형제를 벌했다는 것, 그리고 사람을 쉽게 수도원에 받아
    들이지 말아야 한다는 것 / 102
34. 세상을 버리는 종교적 헌신은 죽는 것이요 십자가에 달리신
    주님의 형상이라는 것 / 103
35. 주님을 경외하는 것이 우리의 십자가라는 것 / 104
36. 만일 우리가 이미 버렸던 것과 같은 것에 휘말린다면, 세상을
    버린 종교적 헌신이 무가치하다는 것 / 104
37. 마귀는 항상 우리의 종말을 기다리고 있다는 것, 그리고 우리
    는 끊임없이 그를 경계해야 한다는 것 / 106
38. 시련에 대비한 준비, 그리고 본받아야 할 소수의 사람 / 106
39. 하나님을 두려워하는 데서 사랑하는 데로 올라가게 해주는 완
    덕의 단계 / 107
40. 수도사는 많은 사람이 아니라 한두 사람에게서 완덕의 본보기
    를 구해야 한다. / 108
41. 공주수도원에 사는 사람은 특정의 약점같은 것과 싸워야 한다
    / 109
42. 수도사는 인내의 덕이 다른 사람의 높은 덕에서 오는 것이 아
    니라 자신의 관용에서 오기를 기대해야 한다 / 110
43. 수도사가 완덕에 이르는 방법에 대한 설명 요약 / 111

~ 1 ~
이 세상을 버린 사람들의 가르침, 그리고 타벤니시와 이집트의 수도원에 입회한 사람들의 훈련 방식

1. 모든 수도원의 낮 집회 때 지켜야 할 표준적인 기도와 시편 찬송 방법을 다루었으므로, 이제 이 세상을 버리고 수도원에 들어온 사람의 가르침에 관해 설명하겠습니다. 먼저 하나님을 의지하고자 하는 사람이 공주수도원에 입회할 수 있는 조건 및 이집트 수도사들과 일부 타벤니시 수도사들의 규칙의 몇 가지 면모를 살펴보겠습니다. 테베에 있는 공주수도원은 엄격한 생활 방식이 다른 모든 수도원보다 더 엄격했고 수도사들이 많았습니다. 그 수도원에서는 한 명의 압바가 오천 명 이상의 형제들을 다스리고 있었습니다. 이 많은 수도사가 매 순간 윗사람에게 순종했는데, 이는 오늘날 우리는 기대할 수 없는 일입니다.

~ 2 ~
그들이 매우 늙어서까지 공주수도생활을 하는 방식

1. 무엇보다 이들의 인내와 겸손과 복종이 얼마나 오래 지속하였으며, 어떤 훈련을 받았기에 그들이 늙을 때까지 공주수도원에서 꾸준히 생활할 수 있었는지 간단히 언급해야 합니다. (우리는 수도원에 들어온 사람에게 1년 동안이라도 수도원을 떠나지 말라고 명령하지 않습니다.) 그들의 수도 생

활의 초기 단계를 살펴보면, 결과적으로 이러한 시작 단계의 기초가 어떻게 완덕의 고지로 올라가는지 이해할 수 있을 것입니다.

~ 3 ~
공주수도원에 입회할 사람을 시험하는 방식

1. 공주수도원에 입회하려는 사람은 열흘 이상 밖에 누워 겸손과 인내뿐만 아니라 간절한 소망과 관용을 나타내야 합니다. 그가 지나가는 형제들의 무릎을 붙들며, 마치 신앙심 때문이 아니라 필요상 수도원에 들어가려는 사람인 듯이 모든 사람에게서 의도적인 책망과 멸시, 모욕과 비난을 받고, 자신의 한결같은 마음을 증명하며, 조롱을 참고 견딤으로써 시련을 받을 때 어떤 태도를 나타낼 것인지 보여주고 열정적인 의도를 증명한 후 수도원에 받아들여집니다. 그때 그는 세상의 재산 중에서 동전 하나라도 지닌 것이 있는지 질문을 받습니다.

2. 만일 그가 적은 돈이라도 감춘다면, 그들은 그가 잠시라도 수도원의 훈련에 복종할 수 없고 겸손과 순종의 덕을 얻거나 공주수도원의 엄격함과 가난에 만족할 수 없다고 간주합니다. 어떤 이유에서든 처음 어려움이 닥치면 그는 숨겨둔 돈을 믿고 총알처럼 수도원에서 도망칠 것입니다.

~ 4 ~
수도원에 입회할 때 아무것도 지참하지 않는 이유

1. 그들은 그에게서 공주수도원에 필요한 돈도 받지 않습니다. 그 첫째 이유는 이렇게 헌금을 바친 데서 오는 자신감 때문에 교만해져서 자기보다 가난한 형제들과 동등하게 행동하려 하지 않을 것이며, 이러한 교만의 결과로서 그리스도의 비천함을 본받으려 하지 않을 것이며, 열정이 식어 공주수도원의 훈련을 견디지 못하게 되면 수도원을 떠나려 할 것이며, 수도원에 들어올 때 가져온 것을 돌려받으려 할 것이기 때문입니다. 이것은 수도원에 해를 끼칠 것입니다. 그들은 많은 경험을 통해서 이 의식이 항상 준수되어야 한다는 것을 배웠습니다. 다른 수도원에서 쉽게 입회한 사람이 나중에 자신이 수도원에 바쳐 하나님의 일에 사용한 것의 반환을 요구하는 일이 있었기 때문입니다.

~ 5 ~
세상을 버리고 수도원에 들어온 사람이 입고 있던 옷을 벗은 후 원장이 새 옷을 입혀주는 이유

1. 이런 까닭에 수도원에 입회한 사람은 재산을 모두 버려야 하는데, 심지어 입고 있던 옷도 소유하는 것이 허락되지 않습니다. 그는 입었던 옷을 벗고 형제들의 협의회에 출두하고, 수도원장은 그에게 수도복을 입혀 줍니다.

그리하여 그는 이전에 소유하던 모든 것을 빼앗겼다는 것뿐만 아니라 자신이 세상의 교만을 벗어버리고 그리스도의 궁핍함과 가난에 처하게 되었다는 것, 그리고 이제 과거에 세상의 방식으로 얻었거나 믿음이 없는 상태에서 쌓아두었던 재산의 지원을 받는 것이 아니라(마 6:19~34), 수도원에서 거룩하고 은혜롭게 보급해 주는 것을 받는다는 것을 알게 될 것입니다. 이제 그는 수도원에서 자신을 먹이고 입혀준다는 것을 알기 때문에, 복음서의 말씀대로(마 6:34) 아무것도 소유하지 않으며 내일 일을 위해 염려하지 않는 법을 배울 것입니다. 그리고 가난한 사람들, 즉 형제단과 동등해지는 것을 부끄럽게 여기지 않을 것입니다. (그리스도는 가난한 사람으로 간주되는 것을 부끄럽게 여기지 않으셨고, 스스로 가난한 사람의 형제라고 부끄럼 없이 말씀하셨습니다.) 그는 종들의 동료가 되는 것을 영광스럽게 여길 것입니다.

~ 6 ~
수도원에 들어올 때 입었던 옷을
관리인(當家)이 보관하는 이유

1. 새로 입회한 사람이 벗은 옷은 관리인에게 맡겨지며, 관리인은 그가 많은 시련과 시험을 거쳐 진보하며 형제들이 그의 고결한 생활방식과 인내를 인정할 때까지 그것을 보관합니다. 세월이 흘러 그가 수도원에 들어올 때와 같은 열정을 가지고 수도원에 머물 수 있다고 판단되면, 그들은 그 옷을 가난한 사람에게 줍니다. 그러나 만일 그가 조금이라도 불평하거나 불순종의

행동을 한다면, 그들은 그에게 입혀주었던 수도복을 벗기고 세상에서 입고 온 옷을 다시 입힌 후에 쫓아냅니다. 누구도 수도원에서 받은 것을 지닌 채 수도원을 떠날 수 없으며, 훈련 규칙에서 벗어난 사람이 수도복을 계속 입는 것이 허락되지 않습니다. 이런 까닭에 어둠을 기다렸다가 밤에 도망치는 종처럼 도망치거나, 수도원에 머물 자격이 없다고 판단되어 형제들 앞에서 수도복을 빼앗기고 수치스럽게 쫓겨나지 않는 한 누구도 공공연하게 수도원을 떠날 수 없습니다.

~ 7 ~
수도원에 입회한 사람이 형제들과 어울리기 전에 게스트 하우스에 머무는 이유

1. 그러므로 위에서 말한 대로 참고 견딘 후 수도원에 입회하여 세상의 옷을 벗고 수도복을 입었다고 해서 즉시 형제들의 공동체에 합류하는 것이 허락되지 않습니다. 그는 수도원 입구에서 그리 멀지 않은 곳에서 여행자와 나그네를 맡아 관리하며 그들을 영접하여 환대하는 책임을 맡은 지도자에게 배정됩니다. 그곳에서 1년 동안 봉사하면서 불평없이 여행자들을 보살핌으로써 겸손과 인내의 훈련을 거쳐 인정을 받은 사람은 그곳을 떠나 형제들의 공동체로 옮겨갑니다. 그곳에서 원장으로부터 열 명의 형제를 맡아 출애굽기에서 모세가 정한 대로(출 18:25) 가르치고 다스리는 책임을 맡은 지도자에게 맡겨집니다.

~ 8 ~
하급자가 욕망을 극복하기 위해
먼저 실천해야 하는 제도

1. 자신에게 맡겨진 하급자가 완덕의 고지에 올라갈 수 있게 해주는 지도자의 주된 가르침과 관심은 그가 욕망을 정복하도록 가르치는 데 있습니다. 이 점에서 그를 부지런하고 열심히 훈련하기 위해서 원로는 의도적으로 역겹게 여겨질 일들을 요구합니다. 이는 그들은 많은 경험을 통해서 수도사, 특히 젊은 수도사는 먼저 순종을 통해 욕망을 죽이는 법을 배우지 않으면 쾌락욕을 억제할 수 없다는 것을 터득했기 때문입니다. 따라서 그들은 먼저 욕망을 극복하는 법을 배우지 못한 사람은 분노나 슬픔이나 간음의 영을 제거할 수 없고, 마음의 겸손이나 형제들과의 일치나 영구한 평화를 유지할 수 없으며, 잠시도 공주수도원에 머물 수 없다고 주장합니다.

~ 9 ~
하급자가 자기의 생각을 감추지 않고
지도자에게 알려야 하는 이유

1. 지도자는 완덕을 향하도록 지도받아야 하는 사람이 이러한 제도들을 마치 알파벳의 기본 원리처럼 접하게 합니다. 그리하여 그가 기만적이고 가상적인 겸손에 기초를 두고 있는지 실질적인 겸손에 기초를 두고 있는지 분별합니다. 쉽게 이것을 판단하기 위해서 마음속에 있는 방탕한 생각을 부끄

럽게 여겨 감추지 말고 그것이 떠오르는 즉시 지도자에게 알려야 하며, 자신의 지혜에 따라 그러한 생각을 판단하지 말고 지도자의 조사와 판단에 따라 선한 것인지 악한 것인지 판단하라고 가르칩니다. 따라서 젊은 수련자가 미숙하고 무지한 것처럼 교활한 원수에게 휘둘리거나 속임수에 넘어가는 일이 발생하지 않습니다. 그런 경우 지도자의 지혜가 자신을 보호한다는 것, 그리고 원수가 자기 마음에 던진 자극과 불화살을 지도자에게 숨기라는 설득에 넘어갈 수 없다는 것을 압니다. 교활한 마귀는 오만이나 쑥스러움으로 설득하여 젊은이의 생각을 감추게 하지 않는 한 그를 속이거나 넘어뜨릴 수 없습니다. 그들은 지도자에게 알리는 것이 부끄럽다고 여겨지는 생각은 마귀에게서 온 것이라고 말합니다.

~ 10 ~
본성상 불가피한 일에서도
상급자에게 복종해야 한다는 것

1. 순종의 규칙 때문에 젊은이들은 수실을 떠나는 일은 물론이요 평범하고 본성적인 일이라도 상급자에게 알려 허락을 받지 않은 채 독단으로 처리하려 하지 않는다는 큰 규칙이 준수됩니다. 그들은 상급자가 명령한 모든 일을 마치 하나님이 정하신 것인 듯이 행하려고 노력하므로 때로는 불가능한 명령도 믿음으로 망설임 없이 힘을 다해 행하려 하며, 상급자를 존경하므로 불가능한 명령도 두려워하지 않습니다. 여기서는 그들이 보여준 순종

의 개별적인 예를 언급하지 않겠습니다. 나중에 주님이 허락하시면 적절한 곳에서 그것을 다루려 합니다. 지금은 이 지역 수도원에 전할 수 없거나 지킬 수 없는 것, 예를 들면 그들이 양털 옷을 입지 않고 홑겹의 베옷만 입는데 열 명의 그룹 전체가 입고 있는 옷이 더러워진 것을 보았을 때 상급자가 갈아입게록 한다는 것 등을 생략하고 다른 제도들을 다루려 합니다.

~ 11 ~
그들이 가장 맛있게 여기는 음식 종류

1. 또 그들이 소금 간을 한 채소에 물을 섞어 형제들에게 주는 랍사니온(labsanion)이라는 음식 및 그러한 음식을 특별히 맛있다고 여기는 어려운 금욕에 대해서도 여기서는 다루지 않겠습니다. 이 지역에서는 기후와 우리의 약한 기질 때문에 그러한 금욕이 불가능합니다. 나는 영혼의 약함과 정신의 미지근함이 방해하지 않는 한도 내에서 육체의 약함이나 현장의 특성이 방해할 수 없는 것들을 다루려 합니다.

~ 12 ~
누군가 문을 두드릴 때 재빨리 응답해야 한다는 것

1. 그들은 방에서 일하거나 묵상하다가 누군가가 다른 형제들의 수실을 두드리면서 기도하라거나 일하라고 요구하는 소리가 들리면, 즉시 방에서

뛰어나옵니다. 바삐 편지를 쓰던 사람은 문 두드리는 소리를 듣는 순간 편지를 완성하려 하지 않고 마침표 하나도 찍지 않고 급히 일어납니다. 그는 수고를 아끼려 하지 않고 힘을 다해 열정적으로 순종의 덕을 추구합니다. 그들은 이것을 손노동이나 독서나 수실의 평화와 고요함이나 다른 어떤 덕보다 더 선호하므로, 이것에 비교하면 다른 모든 것을 무시해도 된다고 여기며, 이 덕을 범하지 않는 한 어떤 종류의 손해도 감수합니다.

~ 13 ~
하찮은 것이라도 자기의 소유라고 주장하는 것이 큰 죄로 간주된다는 것

1. 그들의 가르침 중에서 이 덕, 즉 나무로 만든 궤나 바구니를 소유하거나 자기 것으로 여길 수 있는 것을 소유할 수 없다는 것은 언급할 필요조차 없다고 생각합니다. 우리가 아는 사람 중에 철저히 가난하여 콜로비움(소매 없는 내의), 마포(베일), 샌들, 멜로티스(melotis), 멍석 외에 다른 것을 소유하지 않은 사람들이 있습니다. 다소 너그럽게 어느 정도 융통성을 주는 수도원도 오늘날까지 이 규칙을 매우 엄격하게 지키는데, 심지어 물건을 자기 것이라고 말하려 하지 않으며, 수도사가 "내 책", "내 서판", "내 펜", "내 옷", "내 샌들"이라고 말하는 것은 큰 죄입니다. 혹시 무지하거나 실수로 이런 말을 한 사람은 그에 알맞은 보상을 해야 합니다.

~ 14 ~

노동하여 많은 돈을 모을 수 있어도, 수도원에서 정한 금액을 초과해서는 안 된다는 것

1. 그들은 각기 날마다 노동하고 수고하여 많은 수익을 수도원에 들여와 자기에게 필요한 것을 공급할 뿐만 아니라 많은 형제에게 필요한 것을 넉넉히 공급할 수 있어도, 결코 거드름을 피우거나 잘난 체하지 않습니다. 아무도 삼 데나리온 이하로 이웃에서 파는 빵 두 덩이 이상을 자기 것으로 주장하지 않습니다. 그들 중에 누구도 행동은 말할 것도 없고 생각으로도 개인적인 일을 하지 않습니다(이것은 말하기도 부끄러운 일이요, 우리 수도원에서 알지 못했으면 하는 일입니다). 그는 공주수도원의 재산을 자기 것으로 생각할 수 있으며, 그것의 주인으로서 그것에 관심을 기울이고 배려할 수 있습니다. 그러나 그는 자신이 획득한 가난의 덕을 끝까지 흠 없이 완전히 유지하기 위해서 자신이 재산과 관계가 없고 모든 것에서 멀어졌으므로 이 세상에서 나그네라고 여기며, 자신을 수도원의 주인으로 여기기보다 피보호자요 종이라고 여깁니다.

~ 15 ~

내면에 존재하는 무절제한 소유욕

1. 악하고 불쌍한 우리가 이것에 대해 무엇이라고 말할 수 있겠습니까?

우리는 공주수도원에서 수도원장의 보호와 돌봄을 받으면서 살고 있으면서도 자기의 열쇠를 가지고 돌아다니며 신앙고백에 먹칠하고 부끄럽게 하며, 비축해둔 물건들을 봉인할 때 사용한 반지를 공공연하게 손가락에 끼고서도 부끄러워하지 않습니다. 이 점에서 궤나 바구니뿐만 아니라 금고나 옷장도 우리가 세상을 버리고 떠난 이후로 의지하고 매달리는 것을 안전하게 지켜주지 못합니다. 우리는 때때로 자기 것이라고 주장하는 아주 작고 하찮은 것을 누군가가 손으로 만지려 하면 흥분하여 참지 못하여 분을 말이나 행동으로 표출합니다.

2. 그러나 "내가 결심하고 입으로 범죄하지 아니하리이다"(시 17:3~4)는 말처럼 우리의 잘못 및 언급할 수조차 없는 잘못에 대해 침묵하고, 우리가 힘껏 추구해야 할 사람들과 사물의 덕을 이야기합니다. 이야기를 시작했으니 행동의 규칙과 방식을 간단히 언급한 후에 우리가 기억하는 원로들의 행동과 행위를 다룸으로써 우리의 설명에서 제시한 것을 반박할 수 없는 증언으로 확인해주며, 우리가 말한 것을 그들의 모범과 삶의 권위로 뒷받침하려 합니다.

~ 16 ~

잘못 교정을 위한 규칙

1. 어떤 이유에서든지 바우칼리스(baucalis)라고 부르는 항아리를 깨뜨린 사람이 자신의 부주의함을 보상하는 방법은 공개적으로 회개하는 것뿐입니

다. 그는 형제들이 예배를 위해 모였을 때 기도가 끝날 때까지 땅에 엎드려 용서를 구하는데, 수도원장이 일어나라고 명하면 용서를 받을 것입니다. 어떤 과업이나 계획된 모임에 참석하라는 명령을 받았을 때 조금 늦게 도착한 사람, 또는 시편을 찬송할 때 조금이라도 몸을 흔든 사람도 같은 방식으로 배상해야 합니다.

2. 만일 그가 어떤 일에 대해 쓸데없이, 매몰차게, 또는 무례하게 반응한다면; 만일 맡은 일을 태만하게 행한다면; 만일 조금이라도 불평한다면; 만일 자신의 책무를 게을리 하고, 노동과 순종보다 독서를 선택한다면; 만일 예배가 끝난 후에 분발하여 신속하게 수실로 돌아가지 않는다면; 만일 잠시라도 누군가와 함께 머물거나 어딘가에 앉는다면; 만일 다른 사람에게 악수를 청한다면; 만일 같은 수실을 사용하지 않는 사람과 잠시라도 대화하려 한다면; 만일 기도를 금지당한 사람과 함께 기도한다면; 만일 상급자가 참석하지 않은 상태에서 친척이나 세상 친구를 만나 이야기한다면; 만일 누군가가 보낸 편지를 원장이 알지 못하게 받고 답장을 쓰려 한다면, 이러한 잘못 및 비슷한 잘못에 대해서는 영적인 벌이 주어집니다.

3. 그러나 분별없이 마구잡이로 범한 잘못과 비난받을 일인지 알면서 범한 잘못은 위에서 묘사한 영적인 벌이 아니라 매로 다스리거나 추방함으로써 제거합니다. 여기에는 큰 말싸움, 노골적인 멸시, 노골적인 반박, 거리낌 없이 무모하게 일상에서벗어남; 여성과 친하게 지냄, 분노, 말다툼, 불화와 분쟁, 자신만의 일을 하려는 것, 탐욕을 품는 것, 다른 형제들이 갖지 않은 천박한 것을 바라고 소유하는 것, 몰래 과식하는 것 등이 포함됩니다.

~ 17 ~
공주수도원에서 형제들이 음식을 먹는 동안 거룩한 글을 낭독하는 관습의 유래, 그리고 이집트 수도사들의 대침묵

1. 공주수도원에서 형제들이 음식을 먹는 동안 거룩한 말씀을 읽는 것이 이집트 수도사들의 양식보다는 카파도키아 수도사들의 양식을 따르고 있음을 알고 있습니다. 그들은 영성훈련을 위해서가 아니라 종종 식사 시간에 발생하는 불필요하고 헛된 잡담과 논쟁을 억제하기 위해서 이 관습을 제정했습니다. 이집트 수도사들, 그리고 특히 타벤니시 수도사들 사회에서는 많은 형제가 식사를 하기 위해 앉아 있어도 열 명을 맡아 지도하는 사람 외에는 귓속말조차 하려는 사람이 없습니다. 지도자는 식탁에 가져와야 하거나 가져가야 할 것이 있을 때면 말을 하기보다 소리로 지시합니다. 침묵 훈련은 매우 중요한 것이므로, 그들은 음식을 먹는 동안 식탁에 놓인 음식 위에 다른 것을 보지 않으려고 두건을 눈썹 아래까지 내려씁니다. 따라서 그들은 다른 사람이 얼마나 많은 음식을 어떤 태도로 먹는지 보지 못합니다.

~ 18 ~
공동 식당이 아닌 곳에서 음식을 먹거나 마시는 것이 불법이라는 것

1. 누구든지 합법적인 공동식사 시간 외에 음식을 맛보지 않도록 조심해

야 합니다. 정원이나 과수원을 지나갈 때 나무에 달려 있거나 발 밑에 떨어져 있는 열매를 보면 엄격하고 금욕적인 사람이라도 그것을 집어 먹으려는 유혹을 받을 수 있습니다. 공동으로 식사하는 사람들에게 제공된 것이 아닌 것, 그리고 관리인이 허락하여 제공하는 것이 아닌 것을 맛보는 것은 물론이요 그것에 손을 대는 것도 신성모독으로 간주합니다.

~ 19 ~
팔레스타인과 메소포타미아에서 형제들이 매일의 임무를 수행하는 방식

1. 공주수도원의 제도 중 하나라도 누락시키지 않으려면, 다른 지역 형제들이 매일의 임무를 행하는 방식에 대해 간단히 논해야 한다고 생각합니다. 메소포타미아, 팔레스타인, 카파도키아, 그리고 동양 전역에서 형제들은 이러한 임무를 행할 때 매주 임무를 서로 바꾸므로, 봉사자의 수효는 공주수도원에 살고 있는 사람들에 따라 추산됩니다. 그들 모질고 힘센 주인에게 나타내는 노예의 비굴함으로 하지 않고 겸손하게 헌신적으로 이 임무를 행합니다. 따라서 그들은 교회법을 충족시키는 임무에 만족하지 않고 밤중에 일어나서 다른 사람의 일을 덜어주는 등 은밀하게 다른 사람이 해야 할 일을 맡으려고 노력합니다.

2. 각 사람은 매주 일요일 저녁까지 이렇게 봉사합니다. 그 일이 끝난 후 한 주간의 봉사를 다음과 같이 마무리합니다. 형제들이 잠자리에 들기 전에

모여서 시편을 찬송할 때 섬김을 받은 사람들이 순서대로 모든 사람의 발을 씻어줌으로써 한 주일 동안의 수고에 대한 축복의 상, 즉 그리스도의 명령대로(요 13:14) 행할 때 모든 형제의 기도가 그들에게 동반되기를 원합니다. 그것은 인간의 약함 때문에 범한 죄와 무지에서 비롯된 행동을 위해 중보해 주며, 그들이 완성한 헌신의 의무를 마치 귀한 제물인 듯이 하나님께 추천합니다(시 20:3).

3. 그리고 월요일이 되면 그들은 아침 찬송 후에 자기 일을 대신 할 사람에게 자기가 사용하던 도구와 그릇을 넘깁니다. 그것을 받은 사람들은 잃어버리거나 손상되지 않도록 조심하여 하찮은 그릇도 신성한 것처럼 다루며, 혹시 자신의 소홀함 때문에 그것들 중 하나가 손상된다면 세상의 청지기뿐만 아니라 주님께 책임을 져야 한다고 여깁니다. 여기에서 문제가 되는 훈련이 무엇이며 얼마나 신실하고 세심하게 지켜지는지 알기 위해 예를 들겠습니다. 우리는 이 모든 것에 대해 완전히 알려는 당신의 갈망을 이 작은 책에서 충족시켜 주려 하지만, 되도록 간략하게 진술하려 합니다.

~ 20 ~
회계담당자(당가)가 찾아낸 렌틸콩 세 알

1. 어느 형제가 한 주간 동안의 임무를 행하는 동안 회계담당자가 바닥에 렌틸 콩 세 알이 놓여 있는 것을 보았습니다. 그것은 그 주간의 봉사자가 서둘러 음식 준비를 하면서 담아둔 물과 함께 바닥에 떨어뜨린 것이었습니다.

그는 즉시 원장과 상담하고 그 형제가 거룩한 물건을 낭비한 좀도둑이라고 판단하고 기도를 하지 못하게 했습니다. 그 형제는 공개적으로 회개하여 사면받을 때까지 태만의 죄를 용서받지 못했습니다. 이는 그들은 자기가 자기의 주인이 아닐 뿐만 아니라 자기가 소유한 모든 것도 주님께 바쳤다고 믿기 때문입니다. 이런 까닭에 그들은 일단 수도원에 들여온 것은 거룩한 것으로 존중하여 다루어야 한다고 생각합니다. 그들은 그러한 믿음으로 멸시받는 것과 보잘것없고 하찮다고 간주되는 것을 돌보고 처리하기 때문에, 만일 자신이 무엇을 옮기거나 더 유익하게 배치한다면, 만일 그릇에 물을 채우거나 어떤 사람에게 마시게 한다면, 또는 예배실이나 수실에서 짚을 치운다면 주님이 상을 주실 것이라고 확신합니다.

~ 21 ~
일부 형제들의 자발적인 봉사

1. 책임을 맡아 일하는 한 주 동안 장작이 부족하여 공동식사 준비를 하지 못하게 된 형제들이 있었습니다. 원장은 장작을 살 수 있을 때까지 마른 음식으로 지내라고 명령했습니다. 모두가 이 명령을 받아들여 조리된 음식을 기대하지 않았습니다. 그러나 형제들을 위해 음식을 준비하지 못하는 것이 형제들의 수고의 열매와 상급을 속여 빼앗는 것이라고 느낀 사람들은 대단한 수고를 자처했습니다: 그들은 과수를 베어내지 않는 한 장작을 발견할 수 없는 불모의 메마른 지역에서 광야를 돌아다니고 사해로 이어지는 사

막을 가로질러 다니면서 바람 때문에 흩어져 있는 지푸라기와 가시나무를 주워 담았습니다. 그들의 행동 덕분에 평소대로 음식을 마련할 수 있었습니다. 그들이 믿음으로 형제들을 위해 봉사했기 때문에, 장작의 부족이나 원장의 명령이 핑곗거리가 될 수 있었음에도 그것을 이용하려 하지 않았습니다.

~ 22 ~
이집트 수도원에서 정한 형제들의 매일의 과업

1. 이것은 동양 전역의 행동 방식과 일치하며, 이 지역에서도 준수되어야 합니다. 노동에 관심을 기울이는 이집트 수도사들은 이러한 활동의 결과로서 의무로 행하는 노동이 방해받지 않게 하려고 매주 임무를 교대하지 않습니다. 그 대신에 식량과 요리의 책임은 신뢰할 수 있는 형제에게 맡깁니다. 그는 나이와 힘이 허락하는 한 계속 이 임무를 맡습니다. 그들은 대체로 조리되지 않은 마른 음식, 매달 베는 리크(큰 부추같이 생긴 채소) 잎, 들갓(야생의 갓), 굵은 소금, 올리브, 그리고 절인 생선 등을 사용하므로, 음식을 조리하는 일에 크게 신경을 쓸 일이 없으며, 육체적으로 큰 노동을 하여 지칠 일이 없습니다.

~ 23 ~
압바 요한이 순종함으로써 예언의 은사를 받은 것

　1. 이 책은 세상을 버린 사람을 가르쳐 참된 겸손과 완전한 순종을 이루며 덕의 정상에 올라갈 수 있게 하기 위한 것이므로, 덕의 빛을 밝힌 원로 몇 사람의 행위를 본보기를 제시할 필요가 있다고 생각합니다. 더욱 고귀한 것을 추구하려는 열망을 품을 사람은 이들에게서 완전한 삶에 대한 자극뿐만 아니라 그들이 택한 삶의 윤곽을 발견할 수 있을 것입니다.

　이 책을 간략하게 하려고 많은 교부 중 두세 명을 언급하겠습니다. 첫째 교부는 압바 요한(Abba John)입니다. 그는 테베의 라이콘(Lycon) 근처에 살았는데, 순종의 덕 때문에 예언의 은사를 받았고, 그 훌륭한 성품 때문에 세상의 왕들이 찾아올 정도로 유명했습니다. 그가 테베에서 가장 외곽에 살았음에도 테오도시우스 황제는 그에게서 신탁을 받아 힘을 얻은 후에 폭군들과 싸웠습니다. 황제는 그의 신탁을 하늘에서 내린 것처럼 신뢰하고 위험한 전쟁에서 승리했습니다.

~ 24 ~
압바 요한이 윗사람의 명령대로
마른 막대기에 물을 준 것

　1. 압바 요한은 젊어서부터 어른이 될 때까지 자기를 지도하는 상급자에

게 순종했습니다. 그가 겸손하게 섬겼기 때문에 상급자는 그의 순종에 매우 놀랐습니다. 상급자는 이 덕이 참 믿음과 단순한 마음에서 나온 것인지, 또는 상급자를 감동하게 하려고 의도적으로 꾸며낸 가식인지 알아보려고 종종 불필요하고 불가능한 일을 부과하곤 했습니다.

2. 그중에서 요한의 의도와 순종의 완전함을 분명히 나타내줄 세 가지 예를 들겠습니다. 언젠가 상급자는 장작더미에서 화로에 사용할 나뭇가지 하나를 꺼내 들었습니다. 당시 전혀 음식을 조리하지 않았으므로 그 나뭇가지는 말랐을 뿐만 아니라 거의 썩은 것이었습니다. 상급자는 그것을 땅에 꽂은 후 요한에게 매일 두 번 물을 주어 그것이 뿌리를 내리고 다시 살아나서 가지를 뻗어 멋진 모습을 제공하며, 뜨거운 햇볕을 피할 그늘을 만들게 하라고 명령했습니다.

3. 젊은 요한은 이 명령이 불가능하다는 것을 생각하지 않은 채 공손히 받아들여 날마다 그대로 실천했습니다. 그는 거의 1.5km 떨어진 곳에서 물을 길어다가 쉬지 않고 그 막대기에 물을 주었습니다. 1년 동안 병약함이나 축제에 봉사하는 것 등 어떤 합법적인 일도 그 일을 하지 않을 핑계가 되지 않았고, 추운 겨울 날씨도 이것을 방해하지 못했습니다.

4. 요한이 그 명령을 마치 하늘의 명령인 듯이 이유를 묻지 않고 단순한 마음으로 실행하는 것을 날마다 숨어서 은밀하게 지켜본 상급자는 그의 순종이 성실하고 겸손하다고 확신했고, 1년 동안 열심히 행한 그의 노고를 불쌍히 여겼습니다. 그는 마른 막대기에 다가가면서 "요한아, 이 나무가 뿌리를 내렸느냐, 내리지 않았느냐?"라고 물었고, 요한은 알지 못한다고 대답했습니다. 상급자는 마치 그것이 뿌리를 내렸는지 알아보려는 듯이 막대기를

뽑아 내던지면서 이제부터 물을 주지 말라고 명령했습니다.

~ 25 ~
압바 요한이 윗사람의 명령에 순종하여 하나뿐인
기름 항아리를 내던진 것

1. 날마다 이런 식으로 훈련을 받은 청년 요한은 순종의 덕이 성숙해지고 겸손의 은혜가 빛났습니다. 그의 순종의 향기가 모든 수도원에 퍼졌습니다. 그의 순종에 대한 소문을 듣고 놀란 형제들이 이것을 입증하려고 원로를 찾아왔습니다. 원로는 즉시 요한을 호출했습니다. 그리고 "기름 항아리를 가지고 올라가서 창밖으로 던져라"라고 말했습니다. (그 항아리는 사막에 단 하나뿐인 항아리로서 그는 자신과 방문객을 위해 사용할 약간의 기름을 담아두곤 했습니다). 요한은 그 명령의 불합리함, 일상의 욕구, 육체적인 약함, 식량의 부족, 사막의 한계와 부족함 등을 전혀 생각하지 않고 위층으로 올라가서 항아리를 창밖으로 내던졌습니다. 사막에서는 돈이 있어도 물건을 잃어버리거나 고장이 나면 찾을 수도 없고 고칠 수도 없습니다.

~ 26 ~
압바 요한이 윗사람의 명령에 순종하여 여러 사람이 힘을 합해도 움직일 수 없는 바위를 굴린 것

1. 형제들이 요한의 순종의 모범에서 교훈을 받기를 원했을 때, 원로는 요한을 불러 "요한아, 여기 있는 바위를 가능한 한 빨리 굴려라"라고 말했습니다. 요한은 즉시 많은 사람이 힘을 합해도 움직일 수 없는 큰 바위를 굴리려고 어깨로 밀기도 하고 온몸으로 밀기도 했습니다. 그의 옷뿐만 아니라 바위도 그가 흘린 땀으로 젖었습니다. 이 경우에도 그는 원로에 대한 존경심 때문에 그 명령이나 행동이 불가능하다는 것을 전혀 고려하지 않았고, 원로가 비합리적이고 의미없는 명령을 내리지 않을 것이라는 절대적인 확신을 가지고 성실하게 명령을 따랐습니다.

~ 27 ~
압바 파레르무티우스(Patermutius)가 윗사람의 명령에 따라 어린 아들을 망설임없이 강에 던진 순종과 겸손

1. 위에서 압바 요한에 관한 많은 일화 중에서 몇 가지를 다루었습니다. 이제 압바 파테르무투스의 기억할 가치가 있는 행위에 대해 이야기하겠습니다. 그는 이 세상을 버리려는 갈망을 품고서 끈질기게 수도원 밖에서 철야하며 지냈습니다. 마침내 그는 흔들림 없는 인내 덕분에 공주수도원의 관습에 어긋나지만 여덟 살짜리 아들과 함께 수도원에 받아들여졌습니다. 그

들 부자는 각기 다른 수실과 다른 지도자에게 배정되었습니다. 이는 아버지가 항상 아들을 눈앞에 두고 살면서 이미 버리고 포기한 자신의 것에 대한 육적인 감정, 그가 자기 아들이라는 감정을 느끼지 못하게 하려는 조처였습니다. 그가 자신이 이제 부자가 아니라는 것을 알게 되었듯이, 아버지가 아니라는 것도 알게 하려는 것이었습니다.

2. 아버지가 자식에 대한 사랑과 마음에 품은 사랑이 더 큰지 순종과 그리스도 안에서 죽는 것이 더 큰지 알아보려고 어린 소년을 의도적으로 방치하고 누더기를 입히고 더럽게 하여 그가 볼 때 기쁘기보다 충격을 받게 했습니다. 또 여러 사람이 그를 세게 때리거나 손바닥으로 때렸습니다. 순진한 아이에게 독단적으로 매를 때릴 때면 아이의 눈에서 흐르는 눈물이 두 뺨에 더러운 자국을 남겼습니다.

3. 날마다 아버지가 보는 데서 아들을 이런 식으로 다루었지만, 순종의 덕을 품은 아버지의 마음은 그리스도를 향한 사랑에서 떨어지지 않았습니다. 이는 그가 아들을 그리스도께 바쳤기에 자기의 아들로 여기지 않았고 현재의 고난에 대해 걱정하지도 않았기 때문이었습니다. 오히려 그는 자신이 겪는 고난이 무익하지 않음을 알고 기뻐하고, 자신의 겸손과 완덕에 관심을 두었기 때문에 자신이 흘리는 눈물을 염두에 두지 않았습니다. 원장은 그가 흔들림 없이 엄격하고 마음이 확고한 것을 보고서 최고도로 시험해보기로 했습니다. 어느날 아이가 우는 것을 보고서 화가 난 체하면서 아버지에게 아이를 데려가서 강에 던지라고 명령했습니다.

4. 그는 주님의 명령을 받은 것처럼 즉시 아들을 강에 내던지려고 안고 강가로 달려갔습니다. 만일 형제들이 강둑에 자리 잡고 지켜보지 않았다면,

그의 뜨거운 믿음과 순종을 고려할 때 이 일은 비참한 결과를 초래했을 것입니다. 그러나 지켜보던 형제들이 강에서 아이를 건져냄으로써 원로의 명령이 실천되는 결과를 막았습니다.

~ 28 ~
파테르무티우스가 아브라함처럼 행한 것이 수도원장에게 계시되었고, 수도원장이 죽은 후 파테르무티우스가 그의 뒤를 이어 수도원 관리를 맡았다.

1. 그 사람의 믿음과 헌신이 하나님께 받아들여질 만한 것이었으므로 즉시 신적 증언으로 확인되었습니다. 즉시 그가 이렇게 순종함으로써 족장 아브라함과 같은 행동을 하였다고 수도원장에게 계시되었습니다. 얼마 후 이 수도원장은 세상을 떠나면서 그를 자신의 후계자로 임명했습니다.

~ 29 ~
압바의 명령에 복종하여 열 개의 바구니를
소매로 판매한 형제

1. 매우 존경받는 가문 출신의 형제가 있었습니다. 그는 대단한 부자의 아들로 태어나 훌륭한 교육을 받았습니다. 부모에게서 도망쳐 수도원에 들어온 그의 겸손과 믿음의 열정을 시험하기 위해서 열 개의 바구니를 지고 거

리에 가서 팔라는 명령이 주어졌습니다. 게다가 한 사람에게 바구니를 모두 팔지 말고 낱개로 팔라는 조건이 추가되었습니다. 그는 헌신적으로 이 명령을 따랐습니다. 그는 그리스도의 이름을 위해서 수치심과 부끄러움을 무릅쓰고 바구니를 지고 가서 협정 가격에 팔아 그 돈을 가지고 수도원으로 돌아왔습니다. 그는 들어본 적이 없는 야비하고 이상한 명령에 동요하지 않고, 그 수모나 자기 가문의 명예나 자신이 노점상이 되는 일의 불공평함 등을 생각하지 않았습니다. 왜냐하면, 그는 순종함으로써 그리스도의 겸손을 획득하기를 원했기 때문입니다.

~ 30 ~
완덕을 추구하여 자신이 사제로 다스리던 유명한 수도원을 떠나 멀리 떨어진 곳의 수도원에 초심자로 입회한 압바 피누피우스(Pinufius)의 겸손

1. 이 책의 계획은 우리를 모든 덕중에서 으뜸인 순종으로 이끄는 데 있습니다. 그 때문에 순종의 빛을 발한 사람들의 행위를 언급하지 않은 채 넘어갈 수 없습니다. 그러므로 초심자가 아닌 완벽한 사부의 겸손의 본보기를 제공함으로써 젊은 사람들을 교훈할 뿐만 아니라 원로들을 자극하여 완전한 겸손의 덕을 갈망하게 하려 합니다.

2. 이집트의 파네피시스(Phanephysis)에서 그리 멀지 않은 곳에 있는 큰 공주수도원의 사제였던 사부 피누피우스(Pinufius)는 삶, 연령, 그리고 사제직으로 말미암아 모든 사람의 존경을 받았습니다. 그러나 그는 이것 때문에

마음으로 갈망하는 겸손을 실천할 수 없다는 것, 그리고 자신이 바라는 순종의 덕을 획득할 수단을 소유할 수 없다는 것을 깨달았습니다. 그리하여 그는 몰래 수도원에서 도망쳐서 테베 외곽으로 갔습니다. 그곳에서 수도복을 벗고 세상의 옷을 입고 가장 엄격한 수도원으로 알려진 타벤니시 공주수도원을 찾아갔습니다. 그는 그곳이 외딴곳이기 때문에 사람들이 자신을 알아보지 못할 것이며, 또 수도원이 크고 형제들이 많아서 쉽게 숨어 지낼 수 있다고 생각했습니다.

3. 그는 꽤 오랫동안 그 수도원 문 앞에 머물면서 모든 형제들의 무릎을 붙잡고 자신을 받아들여 달라고 간청했습니다. 그가 자신을 살 만큼 살았으므로 더는 쾌락에 영합할 수 없는 늙은이로 수도원에 들어가게 해달라고 요청했기 때문에, 그들은 그를 경멸하면서 신앙 때문이 아니라 그가 가난하고 굶주렸기 때문에 받아들인다고 다짐했습니다. 그들은 그가 늙어서 어떤 일에도 적합하지 못하다고 판단하여 정원 관리를 맡겼습니다.

4. 그는 젊은 형제와 함께 이 일을 했습니다. 그 형제는 그를 아랫사람으로 여겼고, 그는 순종하면서 날마다 자신이 원하던 겸손의 덕을 배양하면서 정원 관리와 관련된 일뿐만 아니라 사람들이 싫어하는 어렵고 모욕적인 일을 했습니다. 심지어 그는 밤에 일어나 혼자서 몰래 어둠 속에서 여러 가지 일을 했기 때문에, 아무도 누가 그 일을 했는지 알지 못했습니다. 그곳에 숨어 지낸 지 삼 년이 되면서 이집트 전역에서 형제들이 그를 찾아왔습니다. 마침 그곳을 지나가던 형제가 그를 보았지만, 그가 남루한 옷을 입고 하찮은 일을 하고 있었기 때문에 처음에는 그를 알아보지 못했습니다.

5. 그는 몸을 굽히고 괭이로 채소밭을 간 후에 거름을 어깨에 지고 가서

밭에 주고 있었습니다. 이 모습을 본 형제는 잠시 망설이다가 그에게 다가가서 그의 얼굴을 보고 음성을 듣고서 즉시 그의 발 앞에 엎드렸습니다. 구경하던 사람들은 자기들이 가장 천하게 여기는 사람, 얼마 전에 세상을 떠나 수도원에 들어온 수련 수사 앞에 누군가가 엎드리는 것을 보고 매우 놀랐습니다. 그 형제가 그의 이름을 불렀을 때 그들은 한층 더 놀랐습니다. 이는 그것이 그들이 잘 알고 있는 권위 있는 이름이었기 때문입니다.

6. 형제들은 오랫동안 그를 젊은이와 어린아이들 가운데 포함시켜온 무지에 대해 용서를 구했습니다. 그리고 그가 다른 곳으로 도망치지 못하도록 신중히 지키면서 원래 있던 수도원으로 데려갔습니다. 한편 그는 마귀가 시기하여 자신이 오랫동안 추구하다가 마침내 찾은 생활 방식과 겸손을 빼앗겼기 때문에, 그리고 자신이 획득한 복종의 삶으로 일생을 마치지 못하게 되었기 때문에 좌절하여 울었습니다.

~ 31 ~

압바 피누피우스가 다시 수도원으로 불려갔으나
잠시 머물다가 시리아로 도망했다는 것

1. 피누피우스는 잠시 그곳에 머물다가 또다시 겸손을 향한 뜨거운 갈망을 느꼈습니다. 그는 이번에는 인근 지역이 아니라 알려지지 않은 먼 외국으로 도망쳤습니다. 그는 자기의 이름이 알려지지 않은 곳에 가면 숨어지낼 수 있다고 생각하여 배를 타고 팔레스타인을 향했습니다. 팔레스타인에 도

착한 그는 우리가 지내는 수도원을 찾았는데, 그곳은 주님이 탄생하신 동굴에서 그리 멀지 않은 곳에 있었습니다. 그는 그곳에 아주 잠시 숨어 지냈지만, "산 위에 있는 동네가 숨겨지지 못할 것"(마 5:14) 이라는 주님의 말씀처럼 그리 오래 숨어지내지 못했습니다. 기도하기 위해 성지를 찾아온 이집트 형제들이 단번에 그를 알아보았고, 간곡히 부탁하여 그를 원래의 수도원으로 데려갔습니다.

~ 32 ~
압바 피누피우스가 수도원에 받아들인 형제에게 준 교훈

1. 피누피우스는 우리가 이집트에서 수도원에 모시려는 확신을 가지고 간절히 찾던 분이었습니다. 그분은 수도원에 받아들인 어느 형제에게 권면했는데, 나는 유익한 교훈을 얻을 수 있다고 생각하여 이 책에서 그 이야기를 소개하려 합니다. 그분은 "당신이 여러 날 동안 밖에서 깨어 지키다가 오늘 비로소 수도원에 들어오게 되었습니다. 당신이 먼저 알아야 할 것은 수도원에 들어오기 어려운 이유입니다. 문제의 이유를 알고 나서 그리스도를 섬긴다면, 당신이 바라던 생활을 유지하는 데 매우 유익할 것입니다.

~ 33 ~
교부들의 가르침에 따라 수고하는 형제에게 큰 상을 주고 게으른 형제를 벌했다는 것, 그리고 사람을 쉽게 수도원에 받아들이지 말아야 한다는 것

1. "세상에서 신실하게 하나님을 섬기며 이 규칙의 가르침에 맞게 하나님을 붙드는 사람에게 측량할 수 없이 큰 영광이 약속되듯이, 미온적으로 태만하게 이 규칙을 따르며 자신의 신앙고백에 따라 거룩함의 열매를 맺지 못하는 사람에게는 무서운 벌이 예비되어 있습니다. 성경은 '네가 하나님께 서원하였거든 갚기를 더디게 하지 말라'(전 5:4), '여호와의 일을 게을리하는 자는 저주를 받을 것이요'(렘 48:10)라고 말합니다. 우리가 오랫동안 당신을 기다리게 한 것은 당신의 구원을 바라고 육성하기를 원하지 않아서가 아니며, 그리스도를 의지하려 하는 사람들을 충족시키려는 마음이 없어서가 아니라, 조심성 없이 그들을 받아들여 하나님 앞에서 경솔함의 죄를 범하지 않기 위해서입니다. 또 당신이 이 서원의 심각함을 인식하지 못한 채 쉽게 입회한 후 나중에 미지근해져서 배반하는 일을 막기 위해서입니다. 이런 까닭에 먼저 당신이 세상을 버린 이유를 알아야 합니다. 그것을 알게 된다면 어떻게 해야 할 것인지 더 분명히 알게 될 것입니다.

~ 34 ~
세상을 버리는 종교적 헌신은 죽는 것이요
십자가에 달리신 주님의 형상이라는 것

1. "금욕은 십자가와 죽음의 징후입니다. 당신은 오늘부터 세상과 그 행위와 욕망에 대해서 죽었고, 바울의 말처럼 당신은 세상에 대해서 죽고 세상은 당신에 대해서 죽었다는 것(갈 6:14)을 알아야 합니다. 지금 당신이 육신 안에서 살고 있는 삶은 당신을 사랑하셔서 당신을 위하여 자기 몸을 내어주신 하나님의 아들을 믿는 믿음 안에서 살아가는 것이므로(갈 2:10) 십자가 안에 무엇이 포함되는지 생각하십시오. 우리를 위해 십자가에 달리신 분의 면모와 몸가짐으로 이 세상에 살아야 합니다. 그러므로 다윗의 말처럼 당신의 육체가 두려워함으로 떨며(시 119:120), 당신의 욕망과 갈망을 정욕에 복종시키지 말고 그분의 죽음에 고정하십시오. 그리하면 '자기 십자가를 지고 나를 따르지 않는 자도 내게 합당하지 아니하니라'(마 10:38) 하신 주님의 명령을 성취할 것입니다. 그러나 당신은 '사람이 어떻게 항상 십자가를 지며, 살아있는 사람이 어떻게 십자가에 달릴 수 있습니까?'라고 물을 것입니다. 이에 대해 간단히 설명하겠습니다.

~ 35 ~
주님을 경외하는 것이 우리의 십자가라는 것

1. "우리의 십자가는 주님을 경외하는 것입니다. 십자가에 달린 사람이 정신의 활동에 따라 손이나 발을 어느 방향으로 움직이거나 돌릴 수 없듯이, 우리도 지금 우리에게 즐거움을 주는 쉬운 것을 따르지 말고 주님의 법에 따라 모든 소원과 갈망을 발휘해야 합니다. 십자가에 달린 사람이 현실을 깊이 생각하거나 애정을 돌이켜보지 않으며, 내일을 위해 염려하지 않으며(마 6:34), 소유욕의 자극을 받지 않으며, 교만이나 논쟁이나 시기심을 품지 않으며, 현재의 작은 일 때문에 슬퍼하지 않으며, 과거의 일을 기억하지 않으며, 비록 자신이 숨을 쉬고 있지만 모든 면에서 죽었다고 여기고서 장차 자신이 가게 될 곳에 마음의 시선을 두지 않듯이, 주님에 대한 경외심으로 십자가에 달린 우리도 이 모든 것들, 육체적인 악덕뿐만 아니라 세상의 모든 것에 대해 죽으며, 영혼의 시선을 장차 가기를 소망하는 곳에 두어야 합니다. 그리하면 육체의 정욕과 감정을 죽일 수 있을 것입니다.

~ 36 ~
만일 우리가 이미 버렸던 것과 같은 것에 휘말린다면,
세상을 버린 종교적 헌신이 무가치하다는 것

1. "그러므로 당신이 주님의 명령을 어기고, 복음의 밭에서 떠나며(마

24:18), 벗어버렸던 옷을 다시 입거나(아 5:3) 이 세상의 천한 정욕을 향하며, 주님의 명령을 어기고 완전함의 고지에서 내려가 이미 버렸던 것을 붙들지 않도록 조심하십시오. 당신의 가족이나 과거의 감정을 생각하고, 다시 이 세상의 염려와 걱정을 품으며, 손에 쟁기를 잡고 뒤를 돌아보아(눅 9:62) 하늘나라를 잃지 않도록 조심하십시오.

2. "당신이 시편과 이 신앙고백을 어느 정도 이해하기 시작할 때 오만해지며, 처음 믿음과 겸손이 뜨거울 때 짓밟았던 교만을 되살릴 생각을 품지 않도록 조심하십시오. 자칫하면 바울의 말처럼 당신은 헐어버렸던 것을 다시 쌓아올리며 거짓말쟁이가 될 것입니다. 끝까지 하나님과 천사들 앞에서 고백한 가난 안에 머물며, 열흘 동안 수도원 밖에 있으면서 수도원에 들어오기 위해 눈물을 흘리면서 나타낸 겸손과 인내 안에 머물러야 합니다. 당신은 끈질길 뿐만 아니라 진보하고 자라야 합니다. 만일 당신이 처음 시작할 때보다 진보하며 완덕을 목표로 삼아야 함에도 불구하고 더 저급한 것에게로 퇴보한다면, 그것은 매우 불행한 일일 것입니다. 이러한 일을 시작한 사람이 구원받는 것이 아니라 끝까지 인내하고 견디는 사람이 구원받을 것입니다(마 24:13).

~ 37 ~
마귀는 항상 우리의 종말을 기다리고 있다는 것, 그리고 우리는 끊임없이 그를 경계해야 한다는 것

1. "교활한 뱀은 항상 우리 등 뒤에 있습니다. 즉 항상 우리의 종말을 기다리며, 심지어 우리의 삶 가까이에 있으면서 우리를 넘어뜨리려합니다. 그러므로 세상을 버릴 때 품었던 열심에 어울리는 마지막으로 마감하지 않는다면, 그리고 지금 당신이 주님 앞에서 맹세한바 그리스도의 겸손과 가난을 삶의 마지막 순간까지 굳게 붙들지 않는다면, 처음 품었던 열심이 유익을 주지 못할 것입니다. 이것을 이루려면 항상 마귀의 머리, 즉 당신에게 생각이 떠오르는 순간을 경계하며, 생각이 떠오르는 즉시 윗사람에게 알리십시오. 그리하여 생각을 상급자에게 드러내는 것을 부끄러워하지 않는다면, 위험한 마귀의 계획을 짓밟는 방법을 배울 것입니다.

~ 38 ~
시련에 대비한 준비, 그리고 본받아야 할 소수의 사람

1. "이런 까닭에 성경 말씀대로 이제 주님을 섬기기 시작하였으니 주님을 두려워하며, 평화나 쾌락을 위해 영혼을 준비하지 말고 시련에 대비하십시오(집회서 2:1). 생명으로 인도하는 문은 좁고 길이 협착하여 찾는 자가 적으므로(마 7:14) 하나님의 나라에 들어가려면 많은 환난을 겪어야 합니다(행

14:21). 당신 자신을 선택받은 적은 사람 중 하나라고 생각하고, 많은 사람의 예와 미지근함을 보고 냉담해지지 말며, 소수의 사람처럼 사십시오. 그리하여 그들과 함께 하늘나라에서 살 자격을 받으십시오. 청함을 받은 자는 많되 택함을 입은 자는 적습니다(마 22:14). 아버지께서 적은 무리에게 그의 나라를 기뻐 주십니다(눅 12:32). 완덕을 서원한 사람이 불완전한 것을 추구하는 것이 결코 작은 죄가 아님을 알아야 합니다. 완덕의 상태는 다음과 같은 단계에 따라 도착할 수 있습니다.

~ 39 ~
하나님을 두려워하는 데서 사랑하는 데로 올라가게 해주는 완덕의 단계

1. "구원의 출발점 및 그것을 보존하는 것은 하나님에 대한 경외심입니다. 완덕의 길을 배우는 사람은 이것에 의해 회심의 시작과 악덕의 정화와 덕의 보존을 획득합니다. 이것은 사람의 정신을 뚫고 들어가 모든 것을 멸시하게 하고, 가족이나 세상의 공포를 잊게 합니다. 그리고 이 멸시 및 소유의 박탈이 겸손을 획득하게 해줍니다.

2. "겸손은 다음과 같은 징후에 의해 검증됩니다. 첫째는 욕망을 모두 죽인 것입니다. 둘째는 자신의 행위뿐만 아니라 생각을 상급자에게 감추지 않는 것입니다. 셋째는 자신의 판단에 따라 행동하지 않고 모든 것을 상급자의 판단에 맡기고 그의 권면을 경청하는 것입니다. 넷째는 매사에 순종하고

인내하는 것입니다. 다섯째는 다른 사람에게 해를 끼치지 않으며, 불의한 일을 당했을 때 슬퍼하지 않는 것입니다. 여섯째는 일반적인 규칙이나 선조들의 본보기가 권장하지 않는 일을 행하지 않는 것입니다. 일곱째는 철저한 단순함에 만족하며, 자신이 자격 없는 일꾼이므로 제공된 모든 것을 받을 자격이 없다고 여기는 것입니다. 여덟째는 자신이 모든 사람보다 열등하다고 말할 뿐만 아니라 마음 깊이 그렇게 믿는 것입니다. 아홉째는 말을 자제하는 것입니다. 열 번째는 쉽게 웃지 않는 것입니다.

3. "이러한 징후들에 의해 참된 겸손을 알아봅니다. 진실로 참된 겸손을 소유하게 되면, 그것이 당신을 더 높은 단계, 두려움이 없는 사랑의 단계로 데려갈 것입니다(요일 4:18). 그 때 당신은 벌받을 것을 두려워하여 행하던 일을 자연스럽게 어려움없이 행하기 시작할 것이며, 어떤 종류의 벌이나 두려움을 고려하지 않고 선을 향한 사랑과 덕 안에 있는 즐거움 때문에 행할 것입니다.

~ 40 ~
수도사는 많은 사람이 아니라 한두 사람에게서 완덕의 본보기를 구해야 한다.

1. "이것을 더 쉽게 획득하려면 공동체 안에서 사는 동안 본받을 만한 완전한 삶의 본보기를 찾아야 합니다. 그것은 많은 사람이 아니라 한두 사람에게서 찾을 수 있습니다. 이는 면밀히 조사하고 연마된 삶은 소수에게서

발견된다는 사실 외에도 한 사람의 본보기에 의해 이 선택한 삶의 완전함을 향해 더 신중한 가르침을 받고 형성된다는 점을 고려해야 합니다.

~ 41 ~
공주수도원에 사는 사람은
특정의 약점같은 것과 싸워야 한다.

1. "이것을 획득하며 지속적으로 이 영적 규칙 아래 머물려면, '나는 못 듣는 자 같이 듣지 아니하고 말 못하는 자 같이 입을 열지 아니하오니 나는 듣지 못하는 자 같아서 내 입에는 반박할 말이 없나이다'(시 38:13~14)라는 시편 기자의 말처럼 공동체 안에서 다음과 같은 세 가지를 지켜야 합니다. 당신도 귀머거리와 벙어리와 소경처럼 행하되, 당신이 본받으려고 선택한 사람을 지켜보되 덕을 함양하는 데 도움이 되지 못할 것은 소경처럼 보지 않으며, 그러한 행동을 하는 사람의 권위나 모습의 영향을 받아 과거에 당신이 정죄했던 것보다 더 좋지 않은 것에 빠지지 말아야 합니다.

2. "만일 어떤 사람이 불순종하거나 무례하거나 험담한다거나 당신이 배운 것과 다른 일을 행한다는 말을 듣는다면, 그 때문에 비틀거리거나 그것을 본보기로 삼아 그 사람을 모방하려 하지 마십시오. 당신은 듣지 못하는 귀머거리처럼 그것들을 무시해야 합니다. 누군가 당신이나 어떤 사람을 모욕하거나 해를 입힌다면, 한결같이 벙어리처럼 행동하며 다음과 같은 시편을 마음속으로 거듭 암송하십시오: '내가 말하기를 나의 행위를 조심하여

내 혀로 범죄하지 아니하리니 악인이 내 앞에 있을 때에 내가 내 입에 재갈을 먹이리라 하였도다 내가 잠잠하여 선한 말도 하지 아니하니 나의 근심이 더 심하도다'(시 39:1~2).

3. "무엇보다 이 네 번째 것을 실천하십시오. 그것이 방금 말한 세 가지를 장식하고 칭찬할 것입니다. 즉 바울의 교훈을 따라 당신에게 주어진 것을 조사하거나 자세히 살펴보지 않음으로써 정말로 지혜 있는 사람이 되려면 어리석은 사람이 되어야 합니다(고전 3:18). 항상 하나님의 법이나 상급자가 당신에게 부과한 것을 거룩하고 유익하고 지혜로운 것으로 판단하여 철저히 단순하게 믿음으로 순종하십시오. 이런 식으로 훈련하여 자세가 확립된다면, 이 훈련 아래 영구히 거할 수 있으며, 원수나 파벌로 말미암은 시련 때문에 수도원을 떠나는 일이 없을 것입니다.

~ 42 ~
수도사는 인내의 덕이 다른 사람의 높은 덕에서 오는 것이 아니라 자신의 관용에서 오기를 기대해야 한다.

1. "이런 까닭에 인내가 다른 사람의 고결함에서 올 것이라고 기대해서는 안 됩니다. 성가시게 하는 사람이 없어야만 당신이 인내의 덕을 소유할 것으로 생각하지 마십시오. 그것은 당신의 의지에 좌우되는 겸손과 관용에서 나옵니다.

~ 43 ~
수도사가 완덕에 이르는 방법에 대한 설명 요약

1. "지금까지 설명한 모든 것을 좀 더 쉽고 확고하게 당신의 마음과 정신에 새기기 위해서 모든 것을 간단한 개요의 형태로 기억할 수 있도록 요약하겠습니다. 당신이 수고하지 않고 어려움 없이 완전함의 고지에 올라갈 수 있게 해주는 방법을 몇 마디로 말하겠습니다.

"성경에 의하면 여호와를 경외하는 것이 지혜와 구원의 근본입니다. 여호와를 경외하는 데서 유익한 가책이 생겨납니다. 마음의 가책에서 포기, 즉 소유를 버리고 멸시하는 태도가 생겨납니다. 소유를 버리는 데서 겸손이 생겨납니다. 욕망의 죽음이 겸손을 만들어냅니다. 욕망이 죽으면 모든 악덕이 뿌리째 뽑혀 시듭니다. 악덕이 쫓겨나면 덕이 자라 열매를 맺습니다. 덕이 풍부해지면 깨끗한 마음이 획득됩니다. 깨끗한 마음으로 사도적 사랑의 완전함을 소유합니다."

제5권

탐식의 영

차례

1. 수도원의 제도에서 여덟 가지 주요 악덕과의 싸움으로의 이행(移行) / 117
2. 악덕이 모든 사람 안에 존재하지만 모든 사람이 악덕의 원인을 아는 것은 아니며, 악덕을 드러내려면 주님의 도움이 필요하다 / 117
3. 우리가 대적해야 할 첫 번째 악덕은 탐식의 영, 즉 폭식하려는 욕구이다 / 119
4. 특정의 덕을 특별히 많이 소유하고 있는 사람에게서 그 덕을 구해야 한다고 가르친 사부 안토니의 증언 / 119
5. 모든 사람이 획일적으로 금식의 규칙을 지킬 수는 없다 / 121
6. 포도주만으로 정신이 취하는 것이 아니다 / 122
7. 육체의 약함이 마음의 깨끗함을 방해할 수 없다 / 123
8. 완전한 금욕을 목적으로 음식을 먹어야 한다 / 124
9. 훈련의 단계, 그리고 금식이 주는 치료에 관하여 / 124
10. 음식을 자제하는 것만으로 몸과 정신의 깨끗함을 유지할 수 없다 / 125
11. 모든 악덕을 근절하지 않으면 몸의 욕구를 근절할 수 없다 / 126
12. 영적 전투는 육적 전투를 본받아야 한다 / 127
13. 탐식에서 벗어나지 못하면 결코 속사람의 투쟁에 이를 수 없다 / 128
14. 폭식하려는 욕구를 극복하는 방법 / 129

15. 수도사는 항상 깨끗한 마음을 유지하는 데
    전념해야 한다 / 127
16. 올림픽 경기에서처럼 수도사는 육적인 전투에서 승리하지 않
    는 한 영적 전투에 참전할 수 없다 / 131
17. 영적 전투의 기초와 토대는 탐식을 대적한
    싸움에 있다 / 132
18. 바울은 여러 종류의 경주에서 승리하여 가장 고귀한 면류관을
    받았다 / 134
19. 그리스도의 경주자는 육체 안에 있는 한 끝없이
    싸워야 한다 / 135
20. 수도사가 내면의 경기를 하려면 정해진 시간에만 음식을 먹어
    야 한다 / 136
21. 수도사의 내면의 평화와 영적 금욕에 관하여 / 137
22. 영적 금식을 하려면 육체의 금욕을 실천해야 한다 / 139
23. 수도사에게 알맞은 음식 / 140
24. 우리가 도착했을 때 이집트 수도사들은 곧바로 매일의 금식을
    중지했다 / 141
25. 배고픈 사람에게 음식을 먹이기 위해서 여섯 번 음식을 먹은
    원로의 금욕 / 142
26. 수실에서 혼자 음식을 먹지 않은 원로 / 142
27. 사부 파에시우스와 사부 요한이 자기들의 생활방식의 결과에
    대해 말한 것 / 143
28. 사부 요한이 임종하면서 제자들에게 남긴 본보기 / 143
29. 사부 마케테스(Machetes)는 영적 담화를 하는 동안에는 졸지
    않지만, 세속적인 이야기를 할 때는 졸았다 / 144
30. 사부 마케테스는 아무도 판단하지 않았다 / 144
31. 사부 마케테스는 영적 담화를 하는 동안 잠자던 형제들이 한
    담할 때 깨어있는 것을 보고 책망했다 / 146
32. 읽지 않고 태워버린 편지 / 146
33. 사부 테오도르가 질문에 대해 기도하여 얻은 답변 / 148
34. 수도사가 어떻게 해야 성경에 대한 지식을 얻을 수 있는지에
    대해 사부 테오도르가 가르친 것 / 148

35. 사부 테오도르가 한밤중에 수실에 와서
    나를 책망한 것 / 149

36. 은수사들이 거주하는 디올코스(Diolcos) 지방 사막에 대한
    묘사 / 150

37. 사부 아르케비우스(Archebius)가 우리에게 제공한 수실과 그
    안에 있는 것들에 관하여 / 151

38. 사부 아르케비우스가 노동하여 갚은 어머니의 빚 / 151

39. 사부 시므온에게 할 일이 없을 때 어느 원로가 노동을 제공하
    기 위해 사용한 방안 / 153

40. 사막에 사는 병자에게 무화과를 전달하려다가 굶어 죽은
    청년들 / 154

41. 오래 살아야 하는 동시에 날마다 죽어야 하는 수도사의 행위
    에 관한 사부 마카리우스의 가르침 / 155

~ 1 ~

수도원의 제도에서 여덟 가지 주요 악덕과의
싸움으로의 이행(移行)

1. 제5권은 하나님의 도움을 받아 작성합니다. 앞의 네 권에서는 수도원의 제도를 다루었습니다. 이제 당신의 기도 덕분에 주님에게서 힘을 받아 여덟 가지 주된 악덕을 대적하는 싸움에 대해 다루려 합니다. 이 여덟 가지 악덕은 다음과 같습니다. 첫째는 탐식, 즉 폭식하려는 욕구입니다. 둘째는 음란입니다. 셋째는 탐욕(filargyria), 즉 금전욕입니다. 넷째는 분노요, 다섯째는 우울입니다. 여섯째는 나태(acedia), 즉 불안이나 마음의 권태입니다. 일곱째는 허영(cenodoxia)입니다. 여덟째는 교만(superbia)입니다. 카스토르 교황이여, 이것들과 싸움을 시작하는 우리에게 당신의 기도가 한층 절실하게 필요합니다. 첫째는 매우 복잡하고 이해하기 어렵고 불명료한 그것들의 본질을 조사할 자격을 얻기 위해서요, 둘째는 그것들의 원인을 폭로하기 위해서요, 셋째는 그것들에 해결하고 치료하는 법을 제시하기 위해서입니다.

~ 2 ~

악덕이 모든 사람 안에 존재하지만 모든 사람이
악덕의 원인을 아는 것은 아니며, 악덕을 드러내려면
주님의 도움이 필요하다.

1. 원로들의 가르침에 의해 이 정념들의 원인이 드러나는 순간 누구나 그

것을 인식합니다. 우리 모두가 정념 때문에 상처를 입으며, 모든 사람에게서 정념이 발견됨에도 불구하고, 그것이 드러나지 않으면 알 수 없습니다. 그러나 만일 당신의 기도로 말미암아 이사야가 말한 것과 같은 주님의 말씀이 우리에게 주어진다면 어느 정도 그것에 관해 설명할 수 있다고 확신합니다.

2. "내가 너보다 앞서 가서 험한 곳을 평탄하게 하며 놋문을 쳐서 부수며 쇠빗장을 꺾고 네게 흑암 중의 보화와 은밀한 곳에 숨은 재물을 주어 네 이름을 부르는 자가 나 여호와 이스라엘의 하나님인 줄을 네가 알게 하리라"(사 45:2~3). 그때 하나님의 말씀이 우리 앞에 가면서 우리 땅의 권력자들, 즉 우리의 몸 안에서 지배하려 하는 잔인한 폭군인 동시에 우리가 정복하려 하는 이 해로운 정념들을 꺾고 이길 것이며, 우리가 그것들을 조사하여 드러낼 수 있게 해줄 것입니다. 그리고 무지의 문을 쳐서 부수며, 우리를 참 지식에게서 차단하는 악덕의 빗장을 꺾고, 우리를 감추어진 비밀로 인도할 것입니다. 바울의 말처럼 우리가 조명을 받으면 그 말씀이 "어둠에 감추인 것들을 드러내고 마음의 뜻을 나타내실 것입니다"(고전 4:5).

3. 그때 우리는 영혼의 깨끗한 눈으로 악덕의 어두운 그림자를 꿰뚫고 그것들을 드러내고 빛으로 가져올 수 있을 것이며, 그것들로부터 해방된 사람과 그것들의 지배를 받는 사람 모두에게 그것들의 원인과 본질을 드러내 주는 위치에 있게 될 것입니다. 그리하여 선지자의 말처럼 우리는 우리의 마음을 무섭게 태우는 악덕의 불을 통과할 것이며, 해를 입지 않은 채 그 불을 꺼서 없애는 덕의 물을 통과할 것이며(시 66:12), 깨끗한 마음 덕분에 영적 양을 공급받아 원기를 회복할 수 있는 완전한 곳에 갈 수 있을 것입니다.

~ 3 ~

우리가 대적해야 할 첫 번째 악덕은 탐식의 영,
즉 폭식하려는 욕구이다.

1. 우리의 첫 번째 싸움은 탐식, 즉 폭식하려는 욕구와의 싸움입니다. 우선 금식하는 방법과 음식의 질에 대해 말하면서 다시 이집트 수도사들의 전승과 법에 호소하겠습니다. 절제와 완전한 분별과 관련하여 이집트 수도사들의 훈련이 더 탁월하다는 것은 누구나 아는 사실입니다.

~ 4 ~

특정의 덕을 특별히 많이 소유하고 있는 사람에게서
그 덕을 구해야 한다고 가르친 사부 안토니의 증언

1. 복된 안토니는 공주수도 생활을 선택한 수도사가 한층 더 높은 완전함의 고지에 이르려고 노력하면서 분별을 고찰하는 데 몰두하여 자신의 판단을 의지할 수 있게 되며 은수사 생활의 절정에 이르면, 고매한 사람이라도 한 사람에게서 모든 종류의 덕을 찾으려 하지 말라는 취지의 말을 했습니다. 왜냐하면 지식의 꽃으로 장식한 사람이 있고, 분별의 실천으로 강해진 사람이 있고, 인내에 기초를 둔 사람이 있고, 겸손의 덕이 탁월한 사람이 있고, 절제의 덕이 탁월한 사람이 있는데, 단순함의 덕으로 치장한 사람은 관용을 향한 열정이 다른 사람들보다 뛰어나며, 자비가 뛰어난 사람이 있고, 철야기도가 탁월한 사람이 있고, 침묵이 뛰어난 사람이 있고, 수고하는 데

탁월한 사람이 있기 때문입니다.

2. 그러므로 신중한 벌처럼 영적인 꿀 저장하기를 원하는 수도사는 특정의 덕을 소유하고 있는 사람에게서 그 덕의 꽃을 빨아 마음의 그릇에 저장해야 합니다. 그는 자기보다 많은 것을 가진 사람을 시기하지 말고 그가 가진 고결함만 생각하고 열심히 모아들여야 합니다. 만일 우리가 모든 덕을 한 사람에게서 얻으려 한다면, 그 본보기를 찾기 어려울 뿐만 아니라 본받아야 할 대상이 없을 것입니다. 이는 우리는 그리스도가 "만유의 주가 되셨다"(고전 15:28)는 것을 알지만, 이런 식으로 만물 안에서 그리스도를 부분적으로 발견할 수 있기 때문입니다. 이는 "예수는 하나님으로부터 나와서 우리에게 지혜와 의로움과 거룩함과 구원함이 되셨다"(고전 1:30)라고 말하기 때문입니다.

3. 그러므로 어떤 사람에게는 지혜가 있고, 어떤 사람에게는 의로움이 있고, 어떤 사람에게는 거룩함이 있고, 어떤 사람에게는 온유함이 있고, 어떤 사람에게는 순결함이 있고, 어떤 사람에게는 겸손이 있으므로, 이제 그리스도는 각각의 거룩한 사람 가운데 나뉩니다. 그러나 모두가 믿음과 덕 안에서 하나가 되어 모일 때 그리스도는 온전한 사람을 이루어(엡 4:13), 서로 결합하고 각 지체의 특성 안에서 완전한 몸을 완성합니다. 그러므로 하나님은 지금 말한 방식으로 만유 안에 계실 것입니다. 다시 말해서 덕의 충만함에서는 만유의 주가 아니지만, 덕에 의해서 부분적으로 만물 안에 계실 것입니다. 우리의 종교적 목적은 하나이지만, 하나님께 드리는 신앙고백은 다릅니다.

4. 이런 까닭에 우리는 성령의 은혜로 분별과 절제의 덕이 더 풍부하게 흘

러나오는 사람에게서 그 덕의 기초원리를 찾아야 합니다. 혼자서 많은 사람 가운데 흩어져 있는 것을 찾으려 하지 말고, 우리의 능력으로 가능한 선한 것을 고려하여 특별히 그것을 획득한 사람들을 본받아야 합니다.

~ 5 ~
모든 사람이 획일적으로
금식의 규칙을 지킬 수는 없다.

1. 모든 사람의 건강 상태가 같지 않으므로 금식 방법에 관한 규칙을 통일할 수 없고, 다른 덕의 경우처럼 굳센 마음만으로 금식의 덕을 성취할 수도 없습니다. 금식의 덕이 정신의 힘 안에만 존재하는 것이 아니므로, 우리는 그것이 몸의 능력에 의존한다는 점을 고려하여 그것을 다음과 같이 이해했습니다: 다양한 상태, 연령, 성별 등에 따라 음식의 질과 먹는 시간과 방식이 다르지만, 자제하는 고결한 정신과 관련하여 모두가 지킬 훈련 규칙은 하나입니다.

2. 모든 사람이 여러 주 동안 금식할 수 있는 것이 아니며, 이틀이나 사흘 동안 음식을 끊을 수 있는 것도 아닙니다. 병들어 약해진 사람과 늙은 사람은 하루만 금식하는 것도 매우 어렵습니다. 불린 콩을 먹는 빈약한 음식이 모두에게 적합한 것이 아니며, 모두가 채소만 먹을 수 있는 것이 아니며 마른 빵을 먹을 수 있는 것이 아닙니다. 어떤 사람은 900g을 먹어도 배부르게 느끼지 않지만, 어떤 사람은 450g이나 170g만 먹어도 물립니다. 어쨌든 이

경우에 자제하는 목적은 하나입니다. 즉 자신의 능력의 분량에 따라 게걸스럽게 물리도록 먹지 않는 것입니다. 이는 음식의 질뿐만 아니라 분량이 마음의 예리함을 둔하게 하며, 육체와 정신의 욕구가 충족되었을 때 악덕의 불이 타기 시작하기 때문입니다.

~ 6 ~
포도주만으로 정신이 취하는 것이 아니다.

1. 온갖 종류의 음식을 먹은 위는 음탕의 아비가 되며, 음식에 짓눌려 질식한 정신은 분별의 지배를 받지 못합니다. 지나치게 많이 마신 포도주만 정신을 취하게 하는 것이 아닙니다. 어떤 종류든지 지나치게 많은 음식은 정신을 비틀거리게 하고, 완전하고 깨끗한 상태를 유지할 가능성을 제거합니다. 소돔 사람들이 음탕하여 멸망한 이유는 과다한 포도주가 아니라 과다한 빵에 있었습니다. 선지자를 통해 예루살렘의 책망하신 여호와의 말씀을 들으십시오: "네 아우 소돔의 죄악은 이러하니 그와 그의 딸들에게 교만함과 음식물의 풍족함과 태평함이 있음이며"(겔 16:49). 그들은 음식을 과다하게 먹어 억제할 수 없는 육체의 불에 휘말렸기 때문에 하나님의 심판을 받아 하늘에서 내려온 유황불로 멸망했습니다(창 19:1~28 참조). 만일 단지 과다한 빵과 음식 섭취의 악덕이 그들을 그처럼 악하게 만들었다면, 몸이 건장하면서 음탕한 정신이 부추기는 대로 거리낌 없이 고기를 먹고 포도주를 마시는 사람은 어떻게 되겠습니까?

~ 7 ~
육체의 약함이 마음의 깨끗함을 방해할 수 없다.

1. 즐기기 위해서 먹는 것이 아니라 허약함을 보강하기 위해 고기와 포도주를 먹는다면, 육체의 약함이 마음의 청결함을 방해하지 않습니다. 우리가 본 사람 중에는 자신에게 허락된 음식을 적당히 먹는 사람보다 좋은 음식을 철저히 자제하는 사람이 더 많았습니다. 또 몸이 약하여 음식을 먹을 때 허락된 분량을 지키는 사람보다는 금욕을 사랑하여 철저히 모든 것을 거부하는 사람이 더 많았습니다. 심지어 몸이 약하기 때문에 음식을 먹을 때 허락된 한계를 지키는 사람보다 금욕을 사랑하기 때문에 모든 것을 거부하는 사람이 더 많았습니다. 몸이 약한 사람도 약한 육체에 음식이 주어질 때 나름대로 금욕에 성공할 수 있습니다. 그러나 음식이 필요한데도 거부하며 식욕이 요구하는 분량을 먹는 것이 아니라 생명을 유지하기에 충분하다고 판단되는 분량만 먹는 사람이 있습니다. 맛있는 음식이라도 적절히 먹으면 순결을 해치지 않고 건강에 기여합니다. 이는 그것을 먹어 얻은 힘이 노역으로 소비되기 때문입니다. 이런 까닭에 어떤 삶의 상태에서든 절제의 덕이 필요하며, 그것을 거부하는 청렴한 상태도 필요합니다.

~ 8 ~
완전한 금욕을 목적으로 음식을 먹어야 한다.

1. 금식과 금욕 방법이 절제하는 정도와 훈련에 있다는 것, 그리고 이것이 모든 사람을 위한 완전한 덕의 목적이라는 것이 교부들의 검증된 참된 견해입니다. 우리는 생명을 유지하기 위해 먹어야 하는 음식을 억제하면서 그것에 접근해야 합니다. 몸이 약한 사람도 육체의 약함에서 기인한 것이 아닌 욕망을 엄격한 정신으로 훈련한다면 건강하고 원기 왕성한 사람들과 모든 면에서 동등하게 완전한 덕을 소유할 것입니다. 사도 바울은 "정욕을 위하여 육신의 일을 도모하지 말라"(롬 13:14)라고 말합니다. 그는 육신의 일을 철저히 금지한 것이 아니라 정욕을 위해 육신의 일을 하는 것을 금했습니다. 그는 육체의 즐거움에 대한 관심을 배제했지만(이는 육체의 비위를 맞춤으로써 정욕의 해로운 관심에 빠지지 않기 위해서입니다), 생명을 유지하는 것 자체를 거부하지는 않았습니다(이는 우리의 태만 때문에 손상된 몸이 영적으로 필요한 기능을 수행하지 못 하는 일이 없게 하기 위해서입니다).

~ 9 ~
훈련의 단계, 그리고 금식이 주는 치료에 관하여

1. 금욕할 때 음식의 질과 식사 회수를 정할 뿐만 아니라 양심의 판단에 따라야 합니다. 각 사람은 몸의 상태에 따라 먹을 음식의 분량을 계산해야

합니다. 표준적인 금식 규칙이 유익하므로 지켜야 하지만, 절제 있게 음식을 먹는 습관으로 따르지 않으면, 목표에 이를 수 없습니다. 오래 금식한 데서 오는 공복감에는 육체적 포만이 따르며, 그 결과 순수히 깨끗하기보다는 무기력해집니다. 정신의 완전한 상태는 위를 비우는 것과 밀접하게 연결되어 있습니다. 꾸준히 절제하는 데 만족하지 않는 사람은 순수하고 지속적인 깨끗함을 유지하지 못합니다. 엄격하게 금식한 후에 휴식하면서 풍족하게 먹으면 즉시 탐식의 정념에 빠지게 됩니다. 이따금 가혹하게 오래 금식하기보다 매일 합리적으로 온건하게 식사를 하는 편이 좋습니다. 무절제한 금식은 정신의 견고함을 파괴할 뿐만 아니라 육체적 피로 때문에 기도의 효험을 무력화할 수 있습니다.

~ 10 ~
음식을 자제하는 것만으로
몸과 정신의 깨끗함을 유지할 수 없다.

1. 영혼 안에 다른 덕목들이 존재하지 않는다면, 단지 음식을 절제하는 것만으로 마음과 정신의 완전함을 유지할 수 없습니다. 먼저 순종과 끝없이 계속되는 노역과 육체의 피로를 통해서 겸손을 배워야 합니다. 돈의 소유를 피해야 할 뿐만 아니라 그것을 원하는 욕구의 뿌리를 뽑아내야 합니다. 돈을 소유하지 않는 것만으로 충분하지 않습니다. 혹시 누가 돈을 제공할 때 그것을 소유하려는 욕구를 품지 말아야 합니다. 분노를 짓밟아야 합니다;

슬픔으로 말미암은 낙담을 극복해야 합니다; 허영을 무시해야 합니다; 오만한 교만을 짓밟아야 합니다; 항상 하나님을 묵상함으로써 동요하고 방황하는 정신을 통제해야 합니다; 그리고 교활한 원수가 우리의 마음 깊은 곳에 슬그머니 들어와서 우리의 정신이 하나님을 바라보지 못하게 할 때 미끄러지고 빗나가는 마음을 하나님에 대한 관상으로 되돌려야 합니다.

~ 11 ~
모든 악덕을 근절하지 않으면
몸의 욕구를 근절할 수 없다.

1. 중요한 악덕들의 뿌리를 근절하지 않은 한 몸의 충동의 불을 끌 수 없습니다. 각각의 악덕에 대해서는 주님의 도우심을 받아 적절한 곳에서 다루겠습니다. 지금은 탐식에 대해 논하는데, 이것이 우리가 첫 번째로 대적해야 할 악덕입니다. 폭식하려는 욕구를 억제하지 못하는 사람은 타오르는 정욕의 충동을 억제할 수 없습니다. 속사람의 순결은 이 덕의 완전함 안에서 포착됩니다. 그리 치열하지 않은 싸움에서 작고 약한 대적에 정복되는 사람이 강력한 적과 싸울 수 있다고 확신할 수 없습니다. 모든 덕은 하나의 본질을 지니는데, 그 본질이 여러 종류와 명칭으로 나뉩니다. 예를 들어 금이 장인의 계획과 솜씨에 따라 여러 종류의 장신구가 되며 여러 형태를 취하지만 본질은 하나입니다. 그러므로 몇 가지 덕을 소유하지 못하는 사람은 어느 덕도 완전하게 소유하지 못합니다.

2. 무절제한 마음에서 솟구친 분노를 완화하지 못하면서 어떻게 악한 정신과 몸의 명령을 받아 타오르는 호된 감정의 불을 껐다고 여길 수 있겠습니까? 만일 교만을 극복하지 못한다면, 어떻게 몸의 음탕한 충동을 약화했다고 생각할 수 있겠습니까? 만일 외적이며 이질적인 금전욕을 버리지 못했다면, 어떻게 육체 안에 내재하는 방탕함을 짓밟았다고 여길 수 있겠습니까? 만일 슬픔의 병 치료를 감당하지 못한다면, 육체와 영혼의 전쟁에서 어떻게 승리할 수 있겠습니까? 도시를 방어하는 성벽이 높고 성문이 굳게 닫혀 있어도 작은 뒷문이 열려 있으면 망할 것입니다. 악한 원수가 높은 성벽을 넘어 들어오거나 넓은 정문으로 들어오거나 찾기 어려운 좁은 통로로 들어오거나 차이가 없습니다.

~ 12 ~
영적 전투는 육적 전투를 본받아야 한다.

1. "경기하는 자가 법대로 경기하지 아니하면 승리자의 관을 얻지 못할 것이며"(딤후 2:5). 육체의 본성적인 욕망을 제거하려는 사람은 먼저 본성에 속하지 않은 악덕을 극복해야 합니다. 경기에 관한 이 세상의 법과 훈련에 관한 바울의 말을 이해하려면, 먼저 바울이 가르치려 한 것을 비교에 의해서만 알 수 있다는 것을 인정해야 합니다. 세상의 싸움에서는 승리자에게 "썩을 승리자의 관"(고전 9:25)을 줍니다. 올림픽 경기나 피시아 경기(Pythian Games)에서 영광의 관을 얻기 위해 준비하는 사람은 면책특권을 받으며, 가

장 고귀한 싸움을 위해 노력하는 사람은 먼저 자신의 능력과 훈련의 유효성을 증명해야 합니다. 이러한 훈련을 받으려는 젊은이는 경기를 주관하는 사람과 모든 사람으로부터 참가 자격에 대한 판단과 검증을 받아야 합니다.

2. 면밀하게 검사를 받아 좋지 못한 평판을 받지 않았음이 드러나고; 훈련을 받을 자격이 있는 사람들과 어울릴 수 없는 천한 노예가 아니라고 판단되고; 자신의 힘과 솜씨를 증명하며 동료나 후배들과의 경기에서 젊은이로서의 힘과 능력을 증명하며; 유치한 경기를 넘어서며 오랜 훈련으로 힘을 연마했으며, 이미 참가 허락을 받은 사람들과 합류하라는 허락을 받았다면; 끊임없이 노력하여 자신의 힘이 그들과 동등하다는 것을 증명할 뿐만 아니라 종종 그들 가운데서 승리한다면, 그때 비로소 그는 오직 승리한 사람들과 면류관을 받아 쓴 사람들만 참여할 수 있는 고귀한 경기에 참여할 자격을 획득합니다. 우리가 육적인 경기에서 취한 예를 이해했다면, 그것과 비교함으로써 영적 경기의 훈련과 질서도 이해해야 합니다.

~ 13 ~

탐식에서 벗어나지 못하면
결코 속사람의 투쟁에 이를 수 없다.

1. 우리도 먼저 육체에 종속되지 않았음을 증명해야 합니다. "누구든지 진 자는 이긴 자의 종이 됨이라"(벧후 2:19), "죄를 범하는 자마다 죄의 종이라"(요 8:34). 경기를 주관하는 사람이 시험하여 우리가 천한 정욕에 더럽혀

지지 않았음이 드러날 때, 그리고 악덕과의 경기에 참여할 자격이 없는 육체의 종이라고 판단되지 않을 때, 우리는 육체의 욕망과 동요 및 영혼의 소요와 싸울 수 있습니다. 배 부른 사람은 속사람과 싸울 수 없으며, 작은 싸움에서 이기지 못하는 사람은 큰 싸움에 참여할 수 없습니다.

~ 14 ~
폭식하려는 욕구를 극복하는 방법

1. 우리는 먼저 폭식하려는 욕구를 짓밟아야 합니다. 그리하여 금식뿐만 아니라 철야기도, 아울러 독서와 마음의 가책 등에 의해서 정신이 순화되어야 합니다. 그렇게 할 때 언제 정신이 미혹되고 정복되었는지 알 수 있습니다. 이런 종류의 묵상과 염려에 몰두하여 때로는 악덕에 대한 공포로 신음하고 때로는 완전함과 온전함을 향한 갈망을 품으면서 마침내 음식을 먹는 것이 쾌락에 양보하는 것이 아니라 시간의 간격을 두고 부과된 짐임을 인식하게 될 것이며, 그것이 영혼에 바람직한 것이 아니라 몸에 필요한 것임을 깨달을 것입니다.

2. 우리는 뜨거운 정신과 한결같은 가책으로 무장하고서 육체의 음란(이것은 음식의 열에 의해 한층 더 거세게 부풀어 오릅니다)과 아픈 상처를 둔하게 하며, 하염없이 눈물 흘리며 마음으로 울면서 몸이라는 용광로의 불을 끌 수 있을 것입니다. 바벨론의 왕이 끊임없이 죄와 악덕의 기회를 제공할 때 불이 붙은 용광로는 나프타나 피치보다 더 맹렬하게 우리를 태울 것입니

다(단 3:6). 그러나 곧 하나님의 은혜의 이슬이 우리 마음에 내려 흐를 것이며, 그 즉시 육체적 정욕의 끓는 감정을 잠재울 수 있을 것입니다.

3. 이것이 우리의 첫 경기입니다. 이것, 즉 완전함을 갈망하기 때문에 폭식하려는 욕구를 제거하는 것이 영적 경기에서 우리의 첫 번째 선발대회입니다. 이 목적을 이루려면 덕을 관상함으로써 불필요한 식욕을 짓밟으며, 본성을 위해 필요한 것조차도 순결에 어긋나는 것으로 여겨 불안한 마음으로 먹어야 합니다. 삶의 방향을 이렇게 펼친다면 약한 몸을 보살피는 데 필요한 것을 초월한 영적인 일에서 벗어나고 있다고 느끼는 시간이 없을 것입니다.

4. 우리가 정신의 소원에 복종하기보다 삶에 필요한 것에 관심을 두고 복종하게 된다면, 유익한 일을 방해하는 것으로 여겨 신속하게 그것을 중단해야 합니다. 만일 우리의 정신이 거룩한 관상에 집중하지 않으며 하늘에 속한 것의 아름다움과 덕을 향한 사랑에서 즐거움을 느끼지 못한다면, 이 세상에서 음식 먹는 즐거움을 멸시하지 못할 것입니다. 그러므로 만일 아직 육체 안에 있는 동안 장래에 거할 복된 거처를 관상하면서 영원하고 불변하는 것에 정신을 집중하는 사람은 현세의 모든 것을 헛된 것으로 여겨 멸시할 것입니다.

~ 15 ~
수도사는 항상 깨끗한 마음을 유지하는 데
전념해야 한다.

1. 그는 작은 표지에 의해 표시되며 높이 여겨지는 상을 얻으려 노력하는 사람과 같습니다. 그는 영광의 면류관과 상이 자신의 정확한 시선에 달려 있다는 것을 알기 때문에 예리한 시선으로 화살의 궤도를 추정합니다. 그는 상을 받는 데 필요한 것 외에 다른 것을 보지 않습니다. 만일 그의 시선이 조금이라도 빗나간다면, 결코 상을 받지 못할 것입니다.

~ 16 ~
올림픽 경기에서처럼 수도사는 육적인 전투에서
승리하지 않는 한 영적 전투에 참전할 수 없다.

1. 이러한 생각 덕분에 폭식하려는 욕구가 극복되고, 올림픽 경기 선발대회에서처럼 우리가 육체의 종이 아니며 악덕에 물들었다는 평판을 받지 않았다고 선언될 때, 우리는 더 고귀한 경기에 참여할 자격이 있다고 판단됩니다. 이런 식으로 자격을 확보하고 나면, 승리한 사람들과 영적 전투에 참여할 자격이 있는 사람들만 대적하려 하는 악한 영들을 대적하여 싸울 수 있다고 여겨집니다. 어떤 싸움에서든 먼저 해야 할 일은 육체의 정욕에서 일어나는 충동을 죽이는 것입니다. 육체를 정복하지 못한 사람은 정당하게 경쟁할 수 없을 것이며, 정당하게 경쟁하지 않는 사람은 경기에 참여하지 못

하며, 승리하여 영광의 면류관을 얻지 못할 것입니다.

2. 그러나 이 경기에서 우리가 패배하거나 자유와 힘의 증거를 지니지 못했기 때문에 육체의 정욕의 노예임이 증명된다면, 즉시 공개적으로 곤란한 상황에 부닥칠 것이며, 자격이 없는 노예로서 영적 싸움에서 추방될 것입니다: "죄를 범하는 자마다 죄의 종이라"(요 8:34). 사도 바울이 음행한 사람들에 관하여 "사람이 감당할 시험 밖에는 너희가 당한 것이 없나니"(고전 10:13)라고 한 말이 우리에게 주어질 것입니다. 우리가 정신의 힘을 시험해 보지 않았다면, 그리고 약하고 저항하는 육체를 영에 복종시킬 수 없다면, 공중의 악한 자들과 싸울 수 없습니다. 어떤 사람은 바울의 증언을 이해하지 못하여 직설법을 기원법으로 바꿉니다: "사람이 감당할 시험 밖에는 너희가 당한 것이 없기를 바란다." 그러나 바울의 말의 의도는 소원이 아니라 선언이나 책망입니다.

~ 17 ~

영적 전투의 기초와 토대는
탐식을 대적한 싸움에 있다.

1. 정당하게 자격을 인정받아 전투에 참여한 그리스도의 참된 경주자의 말을 들으시렵니까? 그는 이렇게 말합니다: "나는 달음질하기를 향방 없는 것 같이 아니하고 싸우기를 허공을 치는 것 같이 아니하며 내가 내 몸을 쳐 복종하게 함은 내가 남에게 전파한 후에 자신이 도리어 버림을 당할까 두려

위함이로다"(고전 9:26~27). 그는 자기 안에서, 즉 그의 육체 안에서 벌어지는 싸움의 중요한 측면을 발견하고, 그것을 절대적이고 근본적인 원리로 여겼습니다. 그는 싸움의 결과를 자기의 몸을 쳐서 복종하게 하는 것과 연결했습니다. 그리하여 그는 목표 없이 달리는 사람처럼 달리지 않았습니다.

2. 그는 거룩한 예루살렘을 응시하면서 정도를 벗어나지 않으며, 자신의 마음이 지향해야 할 곳을 확신하기 때문에 목표 없이 달리지 않습니다. 그는 "뒤에 있는 것은 잊어버리고 앞에 있는 것을 잡으려고 푯대를 향하여 그리스도 예수 안에서 하나님이 위에서 부르신 부름의 상을 위하여 달려" 가기 때문에 목표 없이 달리지 않습니다(빌 3:13~14). 그는 정신을 여기에 집중하고 민첩한 마음으로 서둘러 그것을 향하면서 자신 있게 "나는 선한 싸움을 싸우고 나의 달려갈 길을 마치고 믿음을 지켰습니다"(딤후 4:7)라고 말합니다. 그리고 그는 자신이 신속하고 헌신적인 정신으로 그리스도의 기름의 향기(아 1:3)를 향해 달렸다는 것, 그리고 육체를 징벌함으로써 경기와 영적 싸움에서 승리했다는 것을 알기 때문에 "나를 위하여 의의 면류관이 예비되었으므로 주 곧 의로우신 재판장이 그 날에 내게 주실 것이며"(딤후 4:8)라고 덧붙여 말합니다.

3. 힘든 경주에서 그를 본받기를 원하는 사람에게 상 받을 소망을 열어주려고 그는 "내게만 아니라 주의 나타나심을 사모하는 모든 자에게도니라"라고 덧붙여 말합니다. 그리하여 그는 만일 원하지 않는 사람뿐만 아니라 거룩한 영혼을 찾아오시는 그리스도의 강림을 사랑한다면, 그리고 우리가 몸을 쳐서 벌함으로써 경주에서 승리한다면, 심판 날에 바울처럼 면류관을 받을 것이라고 선언합니다. 복음은 주님의 강림에 대해 다음과 같이 말합니

다: "우리가 그에게 가서 거처를 그와 함께 하리라"(요 14:23); "볼지어다 내가 문밖에 서서 두드리노니 누구든지 내 음성을 듣고 문을 열면 내가 그에게로 들어가 그와 더불어 먹고 그는 나와 더불어 먹으리라"(계 3:20).

~ 18 ~
바울은 여러 종류의 경주에서 승리하여 가장 고귀한 면류관을 받았다.

1. 바울은 "나는 달음질하기를 향방 없는 것 같이 아니하고"라고 말하면서 자신이 경주를 마쳤음을 말하는 데 그치지 않습니다(이것은 그의 정신의 주의력과 영적 열정을 언급합니다. 그는 이러한 태도로 열정적으로 그리스도를 따르면서 "우리가 너를 따라 달려가리라"(아 1:4); "나의 영혼이 주를 가까이 따르니"(시 63:8)라고 말합니다. 또 "싸우기를 허공을 치는 것 같이 아니하며 내가 내 몸을 쳐 복종하게" 한다고 말하면서 자신이 다른 싸움에서 이겼다고 증언합니다. 이것은 특히 금욕과 육체적 금식과 육체의 고통의 아픔과 관련됩니다. 그는 자신을 육체와 씨름하는 사람으로 묘사하며, 자신이 헛되이 육체를 대적하여 금욕의 매를 친 것이 아니라 몸을 죽임으로써 싸움에서 이겼다고 선언합니다. 그가 몸을 금욕의 매로 때리고 금식의 권투장갑으로 때렸기 때문에, 승리한 자신의 영에 영원히 썩지 않는 면류관을 수여합니다.

2. 당신은 경기의 합법적인 순서를 보며, 영적 경기의 결과 및 그리스도

의 숙련된 경주자가 반항적인 육체를 발로 밟듯이 이기고 승리하는 방법을 주시합니다. 그러므로 그는 자신이 곧 하늘의 거룩한 예루살렘 성에 들어갈 것이라고 확신하기 때문에 향방 없이 달리지 않습니다. 그리하여 그는 금식과 육체의 고통으로 싸웁니다. 그는 허공을 치는 사람 같지 않습니다. 즉 보람 없이 금욕하지 않고, 금욕하면서 자기의 몸을 때림으로써 허공을 때리는 것이 아니라 그 안에 있는 영을 때립니다. 자신이 허공을 치는 사람과 같지 않다고 말하는 것은 자신이 허공을 치는 것이 아니라 공중에 있는 것을 친다는 의미입니다. 그는 이런 종류의 경기에서 이겨 많은 면류관을 받았기 때문에, 더 강력한 원수와 싸움을 시작합니다. 그리고 이전의 경쟁자들을 정복하고 승리했으므로 그는 자신 있게 "우리의 씨름은 혈과 육을 상대하는 것이 아니요 통치자들과 권세들과 이 어둠의 세상 주관자들과 하늘에 있는 악의 영들을 상대함이라"(엡 6:12)라고 외칩니다.

~ 19 ~
그리스도의 경주자는 육체 안에 있는 한 끝없이 싸워야 한다.

1. 육체 안에 있는 한 그리스도의 경주자에게 경기에서의 승리가 부족하지 않습니다. 그러나 그가 연속적으로 승리함으로써 더 강해진다면, 더 힘든 경기가 그를 기다립니다. 승리한 그리스도의 군사가 육체를 복종시키고 정복하자마자 그의 승리에 자극을 받은 많은 원수의 군대가 그를 대적하여

일어납니다. 그렇지 않으면 그리스도의 군사가 평화 때문에 해이해지고, 자신의 영광스러운 싸움과 경기를 망각하기 시작하며, 안전함의 결과로 태만해지기 시작하며, 승리의 공적과 상을 빼앗길 것입니다.

2. 만일 우리의 힘이 강해지면서 이러한 차원의 승리에 이르기를 원한다면, 바울처럼 "싸우기를 허공을 치는 것 같이 아니하며 내가 내 몸을 쳐 복종하게" 한다고 말하며, 그와 같은 순서로 싸움과 경기에 참여해야 마땅합니다. 이 싸움에서 승리한 사람은 바울처럼 "우리의 씨름은 혈과 육을 상대하는 것이 아니요 통치자들과 권세들과 이 어둠의 세상 주관자들과 하늘에 있는 악의 영들을 상대함이라"라고 말할 수 있을 것입니다. 그렇지 않으면 육체의 싸움과 식욕과의 싸움에서 패했기 때문에 우리는 그들과 싸울 수 없을 것이며 영적 전투에 참여할 자격이 없을 것이며, 바울은 "당신이 겪은 시련은 모두 인간이 능히 감당해 낼 수 있는 시련이었습니다"라고 책망하듯이 말할 것입니다.

~ 20 ~

수도사가 내면의 경기를 하려면 정해진 시간에만 음식을 먹어야 한다.

이런 까닭에 내면의 경기에 참여하려는 사람은 식사 시간이 되기 전에 식탁이 아닌 곳에서 먹거나 마시지 않도록 조심해야 합니다. 식사를 마친 후에는 조금도 먹거나 마시지 말아야 하며, 잠잘 때도 취침 시간과 수면 시간을 지켜야 합니다. 이와 같은 정신의 음탕한 즐거움을 매춘이라는 악덕을 제거하듯이 제거해야 합니다. 불필요한 식욕을 억제하지 못한 사람이 어떻게 육적 정욕의 끓어오르는 감정을 제거할 수 있겠습니까? 공공연하게 알려진 정당하고 하찮은 정념을 억제하지 못한 사람이 아무도 보지 않을 때 그를 자극하는 은밀한 정념을 어떻게 대적할 수 있겠습니까? 그러므로 온갖 움직임과 갈망으로 영혼의 힘을 시험해 보아야 합니다. 공공연하고 하찮은 욕망에 정복된 사람이 크고 지배적이고 은밀한 욕망에 대항할 수 있을 것인지 양심이 증언합니다.

~ 21 ~
수도사의 내면의 평화와 영적 금욕에 관하여

1. 우리가 두려워해야 할 것은 외부의 적이 아닙니다. 원수는 우리 안에 있고, 우리는 날마다 내면의 전쟁을 벌입니다. 내면의 원수가 정복된다면, 외부에 있는 것이 약해질 것이며, 모든 것이 그리스도의 군사에게 정복되어 복종할 것입니다. 만일 내면에 있는 것이 정복되어 성령에게 굴복했다면, 밖에 있는 적을 두려워할 필요가 없습니다. 영혼의 금식과 결합하지 않은 채 단지 보이는 음식을 먹지 않는 것만으로 마음의 완전함과 몸의 깨끗함을 획득할 수 없습니다.

2. 과식하지 않아도 살이 찌며, 그 결과 정신을 방탕하게 하는 해로운 음식이 있습니다. 그것은 험담입니다. 분노도 그런 음식입니다. 분노는 얼마

동안 이 보잘것없는 음식을 먹이면서 치명적인 맛으로 정신을 가누지 못하게 합니다. 질투는 다른 사람이 성공하고 번영하는 것을 볼 때 끊임없이 괴로워하게 하는 음식입니다.

3. 허영은 잠시 정신을 즐겁게 한 후에 영혼에게서 모든 것을 빼앗고 약탈하고, 영적인 열매를 모두 상실하게 하며, 열심히 행한 수고의 공적을 잃게 할 뿐만 아니라 더 큰 고통을 쌓아 올리게 합니다. 무책임한 마음의 욕구와 방황은 영혼에게 해로운 음식을 제공한 후에 하늘의 빵과 고형 식물이 없는 상태에 버려둡니다.

4. 만일 우리가 매우 거룩한 금식을 함으로써 힘이 닿는 한 이러한 음식을 삼간다면, 육체적인 금식을 적절히 할 수 있을 것입니다. 상한 영혼과 결합한 육체의 노력이 하나님이 받으실 만한 제물을 만들어내며, 마음의 깨끗하고 청결하고 깊은 곳에 거룩함이 거할 수 있는 거처를 만들어냅니다. 그러나 만일 육체의 지혜로 금식하면서 영혼에 해로운 악덕에 말려든다면, 우리의 귀한 부분이 더러워졌고 우리를 성령의 거처가 되게 해주는 본질 안에서 죄를 범하기 때문에 육적인 고통이 유익을 주지 못할 것입니다.

5. 썩을 육체가 아니라 깨끗한 마음이 하나님의 거처요 성령의 전이 됩니다(고전 6:19). 그러므로 겉사람이 금식하는 동안 속사람도 해로운 음식을 삼가며, 특히 그리스도를 손님으로 모실 자격을 갖추기 위해서 자신을 깨끗이 해야 합니다. 바울은 "그의 영광의 풍성함을 따라 그의 성령으로 말미암아 너희 속사람을 능력으로 강건하게 하시오며 믿음으로 말미암아 그리스도께서 너희 마음에 계시게 하시옵고"(엡 3:16~17)라고 가르칩니다.

~ 22 ~
영적 금식을 하려면 육체의 금욕을 실천해야 한다.

1. 이렇게 금식함으로써 마음의 깨끗함에 이르려면 육적 금욕에 헌신해야 합니다. 그러나 만일 그 목적을 염두에 두고 쉬지 않고 수고하지만, 큰 고통을 참고 견디지 못한 원인이 되는 것 때문에 목적에 이르지 못한다면, 이 수고가 무익할 것입니다. 몸에 그리 해롭지 않은 것을 금식하기보다는 영혼에 금지된 음식을 삼가는 것이 나을 것입니다. 전자의 경우에 하나님이 지으신 단순하고 무해한 것을 먹는 것은 본질적으로 죄가 아니지만, 후자의 경우에 형제들이 게걸스레 먹는 것은 죄입니다. 이에 대해 성경은 "너는 종을 그의 상전에게 비방하지 말라 그가 너를 저주하겠고 너는 죄책을 당할까 두려우니라"(잠 30:13)라고 가르칩니다. 욥은 분노와 질투에 대해서 "분노가 미련한 자를 죽이고 시기가 어리석은 자를 멸하느니라"(욥 5:2)라고 말했습니다. 화 내는 사람은 어리석은 자요, 시기하는 사람은 어린아이로 간주됩니다. 화 내는 사람은 성난 충동의 자극을 받아들임으로써 자발적으로 죽음을 초래하므로 어리석은 자로 여겨집니다. 시기하는 사람은 자신이 성숙하지 못한 어린아이임을 입증합니다. 그는 시기하면서 자신이 시기하는 대상이 자기보다 더 위대하다는 것을 증언합니다.

~ 23 ~
수도사에게 알맞은 음식

1. 이런 까닭에 뜨거운 욕구에서 솟아나는 감정을 제어하며, 형제들의 생활 방식 및 그들의 욕구에 알맞고 값이 싸고 준비하기 쉬우며 감정을 격화하지 않을 음식을 선택해야 합니다. 세 종류의 탐식이 있습니다. 첫째는 정해진 식사 시간을 기대하게 자극하는 것이요, 둘째는 어떤 종류의 음식이든지 물리도록 배불리 먹을 때 기뻐하는 것이요, 셋째는 더 품위 있고 맛있는 음식을 좋아하는 것입니다. 그러므로 수도사는 삼중으로 경계해야 합니다. 첫째는 정당하게 금식을 마치는 시간을 기다려야 합니다. 둘째는 적은 분량의 음식에 만족해야 합니다. 셋째는 종류와 상관없이 싼 음식에 만족해야 합니다.

2. 교부들의 전통은 일반적인 관습과 용도에서 벗어나게 섭취한 음식이 허영과 자랑과 자기과시에 오염된다고 말합니다. 지식과 신중함 때문에 빛을 발하는 사람과 그리스도의 은혜로 말미암아 본받아야 할 등불처럼 모든 사람 앞에 세워진 사람 중에 싸고 거친 빵 먹기를 삼간 사람이 없으며, 이 규칙을 거부하고 빵을 먹지 않으며 콩이나 채소나 과일만 먹은 사람 중에 분별과 지식의 은혜를 받은 고결한 사람으로 간주되는 사람을 보지 못했습니다.

3. 그들은 수도사의 생활방식이 모든 사람에게 공공연하게 드러나 그가 어리석고 무의미한 자가 된 후에 허영을 죽이지 않으려면 사람들이 보기에 특별한 음식을 요구하지 말라고 명령했습니다. 또 그들은 일반적인 금식 훈련은 누구에게도 드러내지 말고 감추고 숨겨야 한다고 선언했습니다. 형제

가 찾아왔을 때 우리의 금욕과 선택한 목표의 엄격함을 드러내기보다는 환대와 사랑의 덕을 실천하는 편이 낫다는 것, 그리고 우리의 소원과 행복 및 갈망의 열정에 주의를 기울이기보다 방문객의 휴식과 건강에 필요한 것을 제공하고 채워주는 편이 낫다는 것이 그들의 견해입니다.

~ 24 ~
우리가 도착했을 때 이집트 수도사들은 곧바로
매일의 금식을 중지했다.

1. 우리는 원로들의 조례를 배우려고 시리아를 떠나 이집트로 갔는데, 그곳에서 진심으로 우리를 영접해주는 것을 보고 놀랐습니다. 규정에 따 금식을 마치는 시간이 되기 전에 음식을 먹는 것과 관련하여 팔레스타인의 수도원에서 배운 규칙이 그곳에서는 준수되지 않았지만, 넷째 날과 여섯째 날의 금식을 제외하고는 매일 우리가 가는 모든 곳에서 법에 따라 숙소가 제공되었습니다. 그들에게 날마다 하는 금식을 생략하는 이유를 물었더니, 어느 원로가 다음과 같이 대답했습니다: "금식은 항상 나와 함께 있지만, 당신은 곧 떠날 것이므로 항상 당신을 내 곁에 둘 수 없습니다. 금식이 필요하고 유익하지만 자발적으로 제공되는 은사인 데 반해 계명은 사랑의 수고를 하라고 요구합니다. 나는 당신 안에 계신 그리스도를 영접하여 원기를 회복하게 해야 합니다. 그러나 내가 길에서 당신을 안내할 때 엄격한 금식으로 그리스도를 위해 베푼 환대를 보상할 수 있을 것입니다. 손님들은 신랑과 함께

있을 때 금식할 수 없고, 신랑이 떠나면 금식할 것입니다."

~ 25 ~
배고픈 사람에게 음식을 먹이기 위해서
여섯 번 음식을 먹은 원로의 금욕

1. 내가 음식을 먹을 때 어느 원로가 조금 더 먹으라고 권했습니다. 나는 그럴 수 없다고 말했는데, 그분은 이렇게 말씀하셨습니다: "나는 이곳을 방문한 여러 형제를 위해 이미 여섯 번 식탁을 차렸고, 각 사람이 먹을 때마다 함께 먹었고, 지금도 먹고 있습니다. 그런데 당신은 이제 첫 식사를 하면서 더 먹을 수 없다고 말하는군요."

~ 26 ~
수실에서 혼자 음식을 먹지 않은 원로

1. 우리는 사막에서 살면서 혼자 있을 때는 음식을 먹지 않는다고 증언한 사람을 만났습니다. 만일 닷새 동안 수실을 찾아오는 형제가 없으면, 그는 토요일이나 일요일에 예배에 참석하기 위해 교회에 가는 도중 우연히 나그네를 만날 때까지 식사를 미루었습니다. 그는 그 사람을 데리고 수실로 돌아가서 함께 음식을 먹었는데, 이것은 자기 몸에 필요해서가 아니라 나그네를 위해서요 환대를 위해서였습니다.

그들은 형제가 방문하면 금식을 중지해야 한다는 것을 알기 때문에, 형제가 떠난 후에는 그 사람 때문에 음식을 먹은 것을 보상하기 위해서 한층 더 금식하는데, 자신이 먹은 아주 적은 분량의 음식에 대해서 빵을 먹지 않을 뿐만 아니라 잠도 줄임으로써 보상합니다.

~ 27 ~
사부 파에시우스와 사부 요한이
자기들의 생활방식의 결과에 대해 말한 것

1. 규모가 큰 공주수도원의 원장이었던 사부 요한이 사막에서 사는 사부 파에시우스를 찾아왔습니다. 요한은 파에시우스에게 자기와 헤어져 40년 동안 형제들의 방해를 받지 않고 지내면서 무슨 일을 했느냐고 질문했습니다. 파에시우스는 "해는 내가 음식 먹는 것을 본 적이 없습니다"라고 말했고, 요한은 "해는 내가 화내는 것을 본 적이 없습니다"라고 말했습니다.

~ 28 ~
사부 요한이 임종하면서 제자들에게 남긴 본보기

1. 사부 요한이 임종할 때 주위에 있던 형제들은 기억해야 할 명령을 남기면 좀 더 쉽게 완덕의 정상에 오를 수 있을 것이라고 말했습니다. 요한은 신음하면서 "나는 한 번도 내 뜻대로 행동한 적이 없고, 내가 먼저 행동하지

않은 채 다른 사람을 가르친 적이 없습니다"라고 말했습니다.

~ 29 ~
사부 마케테스(Machetes)는 영적 담화를 하는 동안에는 졸지 않지만, 세속적인 이야기를 할 때는 졸았다.

1. 우리는 마케테스라는 노인을 만났습니다. 그는 형제들의 무리에서 약간 떨어진 곳에 살았는데, 오래 기도한 결과 영적 담화가 밤낮으로 개최될 때 졸지 않는 은사를 받았습니다. 그러나 혹시 어떤 사람이 어리석은 말이나 비방을 하면, 그는 즉시 잠들었기에 해로운 욕설이 그의 귀를 더럽힐 수 없었습니다.

~ 30 ~
사부 마케테스는 아무도 판단하지 않았다.

1. 사부 마케테스는 아무도 판단하지 말라고 가르치면서 자신이 형제들에게 말하고 책망한 것과 관련된 것이 세 가지라고 말했습니다. 즉 어떤 사람이 자기의 목젖을 베어내는 것을 허락한 것, 수실에 담요를 가지고 있었던 것, 그리고 그가 축성한 기름을 세상 사람들에게 준 것이었습니다. 그는 자신이 이런 일을 했다고 말했습니다. 그는 "나의 목젖이 병들었는데, 오랫동안 그 병 때문에 약해졌습니다. 나는 고통 때문에, 그리고 모든 원로의 충고

에 따라 그것을 베어냈습니다'라고 말했습니다.

2. "이 병 때문에 나는 수실에 담요를 두어야 했습니다. 그리고 갑자기 주위에 세상 사람들이 많이 모여들었기 때문에 어쩔 수 없이 기름을 축성하여 부탁한 사람에게 주었습니다(이것은 주제넘은 마음에서 생겨난 것으로 판단했기 때문에 무엇보다 하기 싫은 일이었습니다). 만일 그들이 나에게 준 작은 단지에 손을 얹고 십자성호를 그으라고 하면서 억지를 부리지 않았다면, 그들을 내게서 떠나게 할 수 없었을 것입니다. 그들은 축성된 기름을 얻었다고 생각하고서 나를 혼자 있게 내버려 두었습니다.

3. "이 모든 것으로 말미암아 나는 수도사가 다른 사람에게 있다고 판단하는 악덕 및 그들과 같은 상황에 휘말려 있다는 것을 분명히 깨달았습니다. 그러므로 '네가 어찌하여 네 형제를 비판하느냐 남의 하인을 비판하는 너는 누구냐 그가 서 있는 것이나 넘어지는 것이 자기 주인에게 있으매'(롬 14:10, 4); '비판을 받지 아니하려거든 비판하지 말라 너희가 비판하는 그 비판으로 너희가 비판을 받을 것이요 너희가 헤아리는 그 헤아림으로 너희가 헤아림을 받을 것이니라'(마 7:1~2)라는 가르침대로 각 사람은 자기 자신만 판단하며, 매사에 다른 사람의 생활방식과 행동을 분석하지 않도록 조심해야 합니다."

4. "위에서 말한 이유 외에 우리에게는 불쾌하지만 하나님이 보시기에는 바르거나 용서할 만한 행동을 하는 동기나 필요성을 알지 못한 채 사람들을 성급하게 판단하는 것은 위험합니다. 그렇게 함으로써 형제들을 생각함으로 말미암아 적지 않은 죄를 범합니다."

~ 31 ~
사부 마케테스는 영적 담화를 하는 동안 잠자던 형제들이 한담할 때 깨어있는 것을 보고 책망했다.

1. 사부 마케테스는 다음과 같은 조짐에 기초를 두고서 마귀가 항상 어리석은 한담을 조장하며 영적 담화를 대적하는 원수라고 선언했습니다. 그는 영적으로 중요한 문제에 대해 형제들과 이야기하다가 그들이 망각의 잠에 빠졌고 잠의 무게를 떨쳐 버리지 못한다는 것을 눈치채고서 즉시 어리석은 이야기를 시작했습니다. 그들이 즉시 깨어나 그 이야기의 즐거움을 놓치지 않으려 했으므로, 그는 신음하면서 이렇게 말했습니다: "지금까지 거룩한 것에 관해 이야기하는 동안 여러분은 눈을 감고 깊이 잠들어 있었습니다. 그런데 어리석을 이야기를 하니 모두가 잠에서 깨어났습니다. 이를 근거로 여러분은 영적 담화의 원수가 누구였으며, 이 육적인 헛된 이야기를 선동한 자가 누구인지 신중히 고려해 보아야 합니다. 그것은 악을 즐거워하며 쉬지 않고 악을 조장하며 영적 담화를 대적하는 자입니다."

~ 32 ~
읽지 않고 태워버린 편지

1. 마음의 청결함에 몰두하고 신적 관상에 깊은 관심을 기울인 형제에 대해 이야기할 필요가 있다고 생각합니다. 15년 동안 폰투스에 사는 부모님과

친구들이 그에게 많은 편지를 보내왔는데, 그는 편지 다발을 들고 한참 생각한 후 다음과 같이 혼잣말을 했습니다:

2. "이 편지들을 읽으면 많은 생각이 나를 헛된 즐거움이나 무익한 슬픔으로 몰아갈 것이다. 편지를 쓴 사람들을 회상하면서 보내는 많은 날 때문에 나는 이제 시작한 관상에 집중하지 못할 것이다. 그로 말미암아 발생한 정신적 혼동을 평온하게 만들려면 얼마나 오랜 시간이 필요할 것이며, 얼마나 노력해야 이 편지 때문에 생긴 감정으로 흔들린 내 영을 되찾을 것인가? 오래전에 헤어진 사람들의 얼굴과 말을 생각함으로써 정신과 생각으로 그들을 다시 만나고 함께 살기 시작할 것이다. 만일 내가 마음 안에서 이미 떠나온 사람을 보기 시작하고, 이 세상을 버린 사람이 죽은 사람인 듯이 거부해온 기억을 되살리고 다시 받아들인다면, 몸으로 그들을 버리고 떠나온 것이 무익할 것이다."

3. 그는 편지를 쓴 사람의 이름을 보고 얼굴을 생각함으로써 자신의 영적 결심이 해이해질까 염려하여 편지 다발을 풀지도 않고 한 통도 개봉하지 않았습니다. 그는 묶여 있는 편지 다발을 불에 태우면서 "안녕, 내 고향 생각이여, 잘 가거라. 다시는 이미 버리고 떠나온 것에게 돌아가게 하려 하지 말아라"라고 말했습니다.

~ 33 ~
사부 테오도르가 질문에 대해 기도하여 얻은 답변

1. 우리는 사부 테오도르를 만났는데, 그는 실질적인 문제에서만 아니라 성경에 대해서 가장 큰 지식과 거룩함의 은사를 받은 사람이었습니다. 그것은 열정적인 독서나 세상의 학문에서 얻은 것이 아니라 마음의 청결함에서 얻은 것이었습니다. 그는 그리스어를 몇 마디만 이해하고 말했습니다. 그는 특별히 애매한 질문에 대답할 때면 일주일 내내 기도하여 주님의 계시로 해답을 얻었습니다.

~ 34 ~
수도사가 어떻게 해야 성경에 대한 지식을 얻을 수 있는지에 대해 사부 테오도르가 가르친 것

1. 사부 테오도르의 명쾌한 지식에 놀란 형제들이 성경 해석에 대해 질문했는데, 그는 다음과 같이 대답했습니다: "성경 지식을 획득하기를 원하는 수도사는 주석가들의 저서를 열심히 공부할 필요가 없습니다. 그보다 마음과 정신을 집중하여 육체의 악덕을 정화하는 데 힘써야 합니다. 악덕이 몰려나가고 정념의 베일이 걷히면, 그는 마음의 눈으로 성경의 신비를 자연스럽게 묵상할 것입니다. 성령의 은혜로 전해진 성경의 신비는 우리가 알 수 없는 애매한 것이 아니며, 악한 구름의 베일이 우리 마음의 눈을 덮을 때 우

리의 악덕 때문에 모호해집니다. 마음의 눈이 본래의 건강을 회복하면, 성경을 읽음으로써 충분히 참지식을 관상할 수 있을 것이며, 육체의 눈이 멀거나 염증이 생기지 않는 한 사물을 보기 위해 다른 사람의 가르침이 필요하지 않듯이, 주석가들의 가르침이 필요하지 않을 것입니다. 많은 사람이 정신을 정화하는 데 주목하지 않고 성경을 해석하며, 마음이 더럽고 둔하기 때문에 믿음과 성경 자체와 다른 견해를 고안하므로 진리의 빛을 파악하지 못합니다."

~ 35 ~

사부 테오도르가 한밤중에 수실에 와서 나를 책망한 것

1. 사부 테오도르가 아직 미숙한 은수사인 내가 혼자서 무엇을 하고 있는지 궁금하여 밤중에 불현듯 나의 수실에 왔는데, 그 때 나는 저녁 예배를 마치고 갈대로 만든 멍석에 누워 쉬고 있었습니다. 그분은 한숨을 쉬면서 내 이름을 부르며 "요한아, 이 시간에 하나님을 포옹하면서 함께 이야기하는 사람이 얼마나 많으냐! 그런데 너는 피곤하다고 쉼으로써 이 큰 빛을 포기하고 있구나!"라고 말씀하셨습니다.

교부들의 덕과 은혜 때문에 우리가 주제에서 벗어나 이런 종류의 이야기를 하게 되었으므로, 여기서 위대한 아르케비우스의 환대로 말미암아 우리가 경험한 사랑의 행위를 언급할 필요가 있다고 생각합니다. 아름답고 감동적인 것을 배경으로 할 때 사랑의 행위에 접목된 금욕이 더 밝게 빛날 것입니다. 하나님은 사랑의 열매로 덮인 금식을 받으십니다.

~ 36 ~
은수사들이 거주하는 디올코스(Diolcos) 지방 사막에 대한 묘사

1. 아직 미숙한 우리는 팔레스타인의 수도원을 떠나 이집트의 디올코스라는 마을에 도착했습니다. 그곳에서는 많은 사람이 공주수도원의 규율 아래 수도사들의 체계에 대한 가르침을 받고 있었습니다. 그것은 우리가 보려 했던 바 탁월하다고 간주되는 은수사들의 체계였습니다. 은수사들은 먼저 오랫동안 공주수도원에서 살면서 인내와 신중의 규칙을 철저히 배우고, 겸손과 가난의 덕을 통달하고 모든 악덕을 완전히 죽인 후에 마귀들과 싸우기 위해 사막 깊은 곳에 들어갑니다.

2. 우리는 이러한 삶을 선택한 사람들이 한쪽 면은 나일강에 접하고 다른 면은 큰 바다에 접하여 마치 섬 같아서 (땅에 소금기가 있고 모래가 많아서 경작에 적합하지 않으므로) 독거를 추구하는 수도사들 외에 다른 사람들이 살 수 없는 지역에 살고 있다는 것을 알게 되었습니다. 나는 간절한 마음으로 서둘러 그들에게 갔는데, 그들이 독거를 사랑하며 덕을 배양하기 위해 행하는 노역을 보고 매우 놀랐습니다. 그들에게는 물이 매우 부족했기 때문에 인색한 사람이 귀한 포도주를 아끼는 것보다 더 신중하게 물을 분배했습니다. 그들은 약 5km 떨어진 나일강에서 물을 길어왔습니다.

~ 37 ~
사부 아르케비우스(Archebius)가 우리에게 제공한 수실과 그 안에 있는 것들에 관하여

1. 우리는 그들을 보고 본받고 싶은 갈망이 생겼습니다. 그들 중에서 가장 덕망이 있는 사부 아르케비우스는 우리를 환대하여 자기의 수실로 안내했습니다. 우리의 갈망을 알아챈 그는 자신이 수실을 떠나야 할 일이 있는 체하면서 우리에게 자기의 수실을 제공하겠다고 말했습니다. 우리는 그곳에 머물고 싶었고 또 그 위대한 분의 말을 믿었으므로, 그분의 제안을 받아들여 그분의 수실 및 가구와 집기를 받았습니다. 그분은 경건한 마음에서 우리를 속이는 데 성공하고서 며칠 동안 그곳을 떠나 있으면서 수실을 지을 자금을 얻었고, 돌아오자마자 수실을 짓기 시작했습니다. 얼마 후 그는 우리에게 했던 것과 같은 사랑의 속임수를 사용하여 이곳을 찾아왔다가 머물려는 마음을 품은 사람에게 이 수실과 집기를 넘겼습니다. 그는 지칠 줄 모르고 사랑으로 행하면서 자신이 살기 위해 세 번째 수실을 지었습니다.

~ 38 ~
사부 아르케비우스가 노동하여 갚은 어머니의 빚

1. 사부 아르케비우스가 사랑의 행위로써 우리 지역 출신의 수도사들이 엄격한 금욕과 성실한 사랑의 성향을 유지하도록 가르친 일도 언급할 필요

가 있다고 생각합니다. 그는 유서 깊은 가문 출신이었음에도, 어려서부터 세상과 부모의 사랑을 경멸하여 그곳에서 약 6km 떨어진 디올코스에 있는 수도원으로 도망쳤습니다. 그곳에서 50년 동안 사는 동안 고향에 가거나 바라보지 않았고 어머니를 비롯하여 여자의 얼굴을 바라보지 않았습니다. 한편 그의 부친이 금화로 100 솔리두스의 빚을 남기고 사망했습니다. 그는 아버지의 재산 전체를 포기했을 만큼 전혀 걱정을 모르는 사람이었지만, 어머니가 빚쟁이들에게 시달리고 있다는 것을 알게 되었습니다.

2. 그는 부모님이 부유하게 지내실 때는 세상에서 자기에게 아버지도 없고 어머니도 없다고 여긴 기준이었던 엄격한 복음을 완화했습니다. 그는 자기에게 어머니가 있다고 인정하고, 스스로 부과한 엄격함을 완화하지 않으면서 고통 중에 있는 어머니를 도우려 했습니다. 그는 수도원에 머물면서 자신의 일상적인 일을 세 배로 증가해달라고 요청했고, 일 년 동안 밤낮 일하여 채무자들의 빚을 갚고 어머니를 걱정에서 벗어나게 했습니다. 가족에 대한 의무 때문에 자신이 선택한 생활의 엄격함을 완화하지 않으면서 어머니를 빚에서 해방한 것입니다. 그는 생활의 엄격함을 유지하면서도 어머니를 공경하는 행위를 거부하지 않았고, 과거에는 그리스도를 향한 사랑 때문에 어머니를 멸시했지만, 이제는 그리스도에 대한 믿음 때문에 어머니를 인정했습니다.

~ 39 ~

사부 시므온에게 할 일이 없을 때 어느 원로가 노동을 제공하기 위해 사용한 방안

1. 시므온(Symeon)이라는 형제는 우리가 귀히 여기는 사람이었는데, 그리스어를 전혀 알지 못했습니다. 그가 이탈리아를 떠나 이집트에 도착했을 때 방문객인 그에게 사랑의 행위를 베풀려는 원로는 거래인 체 하면서 그가 수실에서 아무 일도 하지 않고 지내는 이유를 물었습니다. 이는 만일 그가 스스로 노동하여 생계를 유지하는 데 만족하지 않는다면 수실에서 활동하지 않는 데서 생기는 분심과 필요한 물건의 부족 때문에 사막에서 벌어지는 공격을 견뎌낼 수 없으므로 수실에 머물 수 없다는 것을 암시하는 말이었습니다.

2. 시므온은 이집트에 라틴어 문서가 필요한 사람이 있다면 그를 위해 필사하는 일 외에 그곳 형제들이 하는 일을 할 수 없고 그 방법도 알지 못한다고 대답했습니다. 원로는 이 말을 듣고서 거래인 것처럼 가장하여 다음과 같이 말했습니다: "이것은 하나님이 주신 기회이군요. 나는 오랫동안 나를 위해 바울서신을 라틴어로 필사해줄 사람을 찾고 있었습니다. 나에게는 라틴어에 능한 형제가 있는데, 그는 지금 군 복무 중입니다. 그에게 읽을 성경을 보내주고 싶습니다."

3. 시므온은 하나님이 주신 기회로 여겨 감사하면서 이 일을 맡았습니다. 원로 역시 상대방을 부끄럽게 하지 않으면서 친절을 베풀 기회로 여겨 기꺼이 그 계책을 받아들이고, 즉시 시므온에게 일 년 동안의 삯으로 그가 생활

하는 데 필요한 것을 공급해주었을 뿐만 아니라 필사하는 데 필요한 도구와 양피지를 가져다주었습니다. 나중에 문서가 완성되었을 때 그는 (그 지방에는 라틴어를 아는 사람이 없었으므로) 자신에게 소용이 없고 도움이 되지 않음에도 불구하고 그것을 가져갔습니다. 그리하여 시므온은 부끄럽거나 수치스럽지 않게 자신이 노동함으로써 생계에 필요한 것을 얻었고, 원로는 마땅히 해야 할 일인 듯이 행한 친절한 행동으로써 방문객에게 생필품뿐만 아니라 일할 기회와 도구를 제공했습니다.

~ 40 ~
사막에 사는 병자에게 무화과를 전달하려다가 굶어 죽은 청년들

1. 원래 엄격한 금식과 금욕에 대해 말하려 계획했었는데, 사랑과 사랑의 행위에 대한 이야기를 다루었습니다. 이제 다시 원래의 계획대로 나이는 어리지만 지혜에서는 어리지 않았던 소년들의 훌륭한 행동에 대해 말하겠습니다. 어떤 사람이 리비아의 마레오티스(Mareotis)에서 스케테 사막의 회계담당자인 사부 요한에게 약간의 무화과를 가져왔습니다(그곳에서는 무화과를 본 적이 없기 때문에 사람들은 아주 놀라워했습니다). 페프누티우스 사제가 사부 요한에게 교회의 재정을 맡겼었습니다. 요한은 즉시 두 명의 청년에게 교회에서 약 30km 떨어진 깊은 사막에서 살고 있는 병든 노인에게 가져다주라고 했습니다.

2. 그들은 무화과를 가지고 노인의 수실을 향해 출발했는데, 도중에 갑자기 안개가 짙어져서 길을 잃었습니다. 이것은 그곳에서 흔히 있는 일이었습니다. 그들은 온종일 넓은 사막을 사방으로 헤매고 돌아다녔지만 병든 노인의 수실을 찾지 못했습니다. 배고프고 목이 말라 지친 그들은 무릎을 꿇고 기도하면서 자기의 영을 주님께 맡겼습니다.

3. 그들은 (그 모래 지역에 눈 위에 생긴 것처럼 깊이 새겨진) 자기들의 발자국을 따라 한참 찾아다니다가 미풍에도 퍼져 버릴 듯한 가는 모래밭에서 숨을 거두었습니다. 그들은 무화과를 손에 대지 않은 채 가지고 있었습니다. 그들은 자신에 대한 신뢰를 포기하기보다 영혼을, 그리고 윗사람의 명령을 범하기보다 목숨을 잃는 편을 택한 것입니다.

~ 41 ~

오래 살아야 하는 동시에 날마다 죽어야 하는 수도사의 행위에 관한 사부 마카리우스의 가르침

1. 복된 마카리우스의 유익한 명령을 언급하려 합니다. 이 위대한 사람의 말로써 금식과 금욕에 관한 제5권을 마치겠습니다. 그는 수도사는 마치 백 년 동안 몸 안에 살 것처럼 금식에 주목해야 하며, 날마다 죽는 사람처럼 정신의 움직임을 억제하고 모욕을 잊고 서러움을 거부하고 슬픔과 방해를 멸시해야 한다고 말했습니다. 전자의 경우 분별이 유익합니다. 왜냐하면, 그것은 한결같은 엄격함으로 수도사가 항상 전진하게 하며, 육체적 약함 때문

에 어려움을 당할 때 재난을 당하지 않게 해주기 때문입니다. 그러나 후자의 경우에는 관대함이 유익합니다. 왜냐하면, 그것은 현세에서 행운인 것처럼 보이는 것을 멸시할 뿐만 아니라 역경과 슬픔 때문에 상심하지 않으며, 그것들을 작고 하찮게 여겨 멸시할 수 있게 해주기 때문입니다. 그것은 자신이 부르심을 받을 것이라고 여기는 날과 시간에 정신의 시선을 집중하게 합니다.

제6권

음란의 영

차례

1. 음란의 영을 대적한 이중의 싸움 / 159
2. 음란의 영을 정복하는 방법 / 159
3. 음란 극복에서 금욕과 독거의 효과 / 160
4. 금욕과 순결의 차이점, 그리고 이 두 가지가 항상 함께 존재하는지에 관하여 / 161
5. 인간의 노력만으로 음란의 공격을 극복할 수 없다 / 162
6. 순결과 관련된 하나님의 특별한 은혜 / 163
7. 바울의 말에 따른 세상 경기의 예 / 163
8. 세상 경기와 씨름에 참여하려는 사람들의 깨끗함 비교 / 164
9. 하나님 앞에서 항상 추구해야 하는 마음의 깨끗함 / 165
10. 완전하고 필수적인 깨끗함의 표식 / 166
11. 밤에 일어나는 망상의 근원 / 166
12. 마음이 깨끗하지 않으면 육체의 깨끗함을 얻을 수 없다 / 167
13. 육체적 정화의 첫째 관리자 / 168
14. 순결을 상세히 설명하며 찬양하기보다 그것의 효과를 제시해야 한다 / 169
15. 바울은 순결을 거룩함이라고 말한다 / 169
16. 순결의 거룩함에 관한 바울의 증언 / 171

17. 더 큰 상을 향한 소망이 순결에 대한 관심을 증대한다 / 171
18. 겸손이 없으면 순결을 얻을 수 없고, 순결이 없으면 지식을 얻을 수 없다 / 172
19. 자신의 순결의 본질에 관한 바실 주교의 말 / 172
20. 참된 완전과 순결의 목적 / 173
21. 완전히 깨끗한 상태를 유지하는 방법 / 173
22. 몸을 얼마나 완전하게 해야 하며, 완전히 정화된 정신의 표식은 무엇인가? / 174
23. 마음과 몸의 깨끗함을 완전하게 유지하도록 도와주는 것 / 174

~ 1 ~
음란의 영을 대적한 이중의 싸움

1. 교부들의 전통에 의하면, 우리가 감당해야 하는 두 번째 싸움은 음란의 영을 대적하는 것입니다. 이 맹렬한 싸움은 다른 싸움보다 더 오래 지속하며, 완전히 승리하는 사람은 소수에 불과합니다. 왜냐하면, 이 싸움은 사춘기가 시작되면서부터 시작되지만 다른 악덕들이 모두 정복된 후에 마치기 때문입니다. 두 배나 악하게 무장한 이중 공격이 시작되므로 두 배의 힘으로 저항해야 합니다. 이는 몸과 영혼의 약함으로 말미암아 그것이 힘을 얻기 때문에, 이 두 영역에서 씨름하지 않으면 그것을 극복할 수 없기 때문입니다. 먼저 통회하며 이 부정한 영을 대적하여 꾸준히 기도하지 않는 한 육체의 금식만으로는 완전한 순결을 획득하고 소유할 수 없습니다. 그다음에 꾸준히 성경을 묵상해야 하며, 거기에 손노동과 영적 지식이 추가되어야 합니다. 손노동은 마음의 방황을 억제합니다. 무엇보다 참된 겸손을 기초로 놓아야 하는데, 그것이 없으면 어떤 악덕도 정복할 수 없습니다.

~ 2 ~
음란의 영을 정복하는 방법

음란을 정복하는 교정책은 주로 마음의 완전함에서 나옵니다. 주님의 말씀에 의하면 이 병의 독이 그곳에서 만들어집니다. 주님은 "마음에서 나오는 것은 악한 생각과 살인과 간음과 음란과 도둑질과 거짓 증언과 비방이니"(마 15:19)라고 말씀하십니다. 그러므로 먼저 이것을 바로잡아야 합니다. 솔로몬이 "모든 지킬 만한 것 중에 더욱 네 마음을 지키라 생명의 근원이 이에서 남이니라"(잠 4:23)라고 말했듯이, 생명과 죽음의 샘이 여기서부터 흐르기 시작한다고 알려져 있습니다. 이는 육체가 자체의 뜻과 명령을 수반하기 때문입니다. 이런 까닭에 만일 육신이 과식하여 영혼의 유익한 교훈을 대적하며 자기 영의 지배를 거부하는 일이 없으려면 열심히 금식을 실천해야 합니다. 우리가 몸의 훈련만 강조할 뿐 영혼이 다른 악덕들을 삼가지 않고 거룩한 묵상과 영적인 일에 전념하지 않는다면, 참된 완전의 고지에 올라갈 수 없을 것입니다. 이는 우리 안에 있는 매우 중요한 것이 몸의 깨끗함을 방해하기 때문입니다.

~ 3 ~
음란 극복에서 금욕과 독거의 효과

1. 일반적으로 다른 악덕들은 매일의 훈련과 접촉으로 몰아낼 수 있으며, 악덕 자체를 혐오함으로써 어느 정도 치료할 수 있습니다. 예를 들어 분노, 우울, 조급 등은 묵상하는 마음으로 항상 깨어 지킴으로써, 그리고 형제들과의 관계와 그들의 지속적인 도전으로 치료됩니다. 그리고 그것들이 빈번하게 활동하여 자주 책망받을 때, 신속하게 건강해지는 길을 발견합니다. 그러나 음란을 치료하려면 몸의 고통과 마음의 통회 뿐만 아니라 독거와

(공간이나 시간적인) 거리가 필요합니다. 그리하여 동요하는 감정의 위험한 열이 사라지면, 안전한 건강 상태를 획득할 수 있을 것입니다. 병을 앓는 사람이 해로운 음식을 먹고 싶은 마음을 없애려면 그것을 보지 않아야 하듯이, 정적과 독거는 특히 음란을 몰아내는 데 도움이 됩니다. 여러 가지 심상의 공격을 받지 않고 더 순수한 관상적 비전을 향해 가는 정신은 해로운 욕망의 뿌리를 쉽게 뽑아버릴 수 있을 것입니다.

~ 4 ~

금욕과 순결의 차이점, 그리고 이 두 가지가 항상 함께 존재하는지에 관하여

1. 형제들의 공동체 안에 금욕적인 사람들도 있다는 것을 우리가 부인한다고 생각하지 마십시오. 이것은 우리가 거리낌 없이 고백하는 것입니다. 금욕하는 것과 순결하며 완전함과 청렴결백한 성향으로 넘어가는 것은 각기 다른 일입니다. 이것은 육체적으로나 정신적으로 처녀로 남아 있는 사람들에게만 특별한 방식으로 주어지는 덕입니다. 신약성경의 요한과 구약성경의 엘리야, 예레미야, 다니엘 등이 여기에 해당한다고 알려져 있습니다. 그들도 부패를 경험한 후에 오랫동안 수고하고 노력하고 몸과 정신의 완전함으로 말미암아 비슷한 단계의 깨끗함을 얻은 사람들, 그리고 저급한 욕망의 공격이라는 형태로 육체의 가시를 느끼는 것이 아니라 본성의 움직임이라는 형태로 느끼는 사람들로 간주될 것입니다.

2. 많은 사람이 매우 어렵게 이 상태를 획득합니다. 그것이 불가능한지 아닌지는 각 사람이 자기의 양심 성찰을 통해 알아야 합니다. 어쨌든 우리는 금욕하면서 육체의 공격을 제거하고 억제하는 사람이 많다는 것을 의심하지 않습니다. 그들은 날마다 지옥에 대한 두려움과 천국을 향한 갈망 때문에 육체의 공격을 참고 견딥니다. 원로들은 이런 사람들이 악덕의 충동에 완전히 제압되지는 않지만 영원히 안전한 것은 아니라고 말합니다. 전쟁에 참전한 사람은 종종 적을 정복하지만 때로는 동요하고 흔들릴 것입니다.

~ 5 ~
인간의 노력만으로 음란의 공격을 극복할 수 없다.

1. 이런 까닭에 바울처럼 우리 마음 안에서 정당하게 영적 싸움을 하려면 (딤후 4:7), (인간의 노력으로는 성취할 수 없으므로) 자기의 힘을 믿지 말고 주님의 도우심을 신뢰하면서 이 더러운 영을 정복하기 위해 정신의 힘을 다해 싸워야 합니다. 이 싸움이 영혼의 능력을 능가한다는 것, 그리고 주님의 도우심과 보호가 없이 자신의 수고와 노력으로 승리할 수 없다는 것을 깨닫지 않는 한 영혼은 이 악덕의 공격을 피할 수 없습니다.

~ 6 ~
순결과 관련된 하나님의 특별한 은혜

 덕 안에서 모든 악덕을 정복하는 데서 진보하는 사람들 안에 있는 은혜와 승리가 주님의 것이지만, 교부들의 말과 정화의 경험에서 보면 하나님이 자격 있는 사람에게 주시는 특별한 은총과 은사가 있습니다. 왜냐하면, 몸 안에 있는 사람에게 있어서 이것은 어느 정도 육체를 떠나는 것이며, 약한 육체에 둘러싸인 사람이 육체의 고통을 느끼지 않는 것은 본성을 넘어서는 일이기 때문입니다. 그러므로 사람이 순결 덕분에 주님의 은혜로 세상의 진흙탕에서 벗어나지 않는 한 스스로 노력하여 하늘나라의 상을 얻을 수 없습니다. 육적인 사람은 결코 천사 같은 영들의 생활 방식에 접근하거나 모방할 수 없습니다. 바울의 말처럼 세상에 살고 있지만 시민권이 하늘에 있는 사람은 거룩한 사람들이 순결의 공로와 은혜 때문에 육체적인 부패를 벗어버린 후 내세에서 소유할 것이라고 약속된 것을 현세에서 약한 육체 안에 소유합니다.

~ 7 ~
바울의 말에 따른 세상 경기의 예

 1. 바울의 말을 들어보십시오: "이기기를 다투는 자마다 모든 일에 절제하나니"(고전 9:25). 육적인 경기와 비교함으로써 영적 경기에 대해 가르침을

얻으려면 "모든 일"이 무엇을 의미하는지 생각해보아야 합니다. 세상의 경기에서 정당하게 싸우려고 노력하는 사람은 쾌락을 향한 욕망이 제안하는 음식을 먹지 않으며, 경기 훈련이 허락하는 음식만 먹습니다. 날마다 훈련하고 꾸준히 묵상함으로써 힘을 키우려면 금지된 음식, 술, 그리고 온갖 종류의 취하게 하는 것을 삼갈 뿐만 아니라 게으름, 나태, 태만을 피해야 합니다.

2. 그들은 승리에 대한 상으로서 경기를 주관하는 사람으로부터 그날 몫의 음식과 영광의 면류관을 받기만 바라기 때문에 세상의 관심사에 개입하지 않으며 훈련 외에 다른 것을 알지 않기 위해서 모든 걱정과 우울과 세상의 일, 그리고 부부간의 친밀감과 부부관계도 포기합니다. 그들은 성관계를 멀리할 만큼 깨끗함을 지키기 때문에, 경기에 참여할 준비가 되면, 밤에 꿈 속에서 환상에 미혹되어 오랜 기간에 걸쳐 쌓은 힘을 잃을까 염려하여 편편한 납으로 배꼽을 덮는데, 생식기에 덮은 딱딱한 납이 정액을 억제합니다. 그들은 자신의 힘이 감소하거나 해롭고 잘못된 쾌락의 심상이 자신이 준비해온 순결을 해친다면 경기에서 패배할 수밖에 없다는 것을 압니다.

~ 8 ~
세상 경기와 씨름에 참여하려는 사람들의 깨끗함 비교

1. 바울이 훈련이 얼마나 엄격한지 가르치기 위해 예로 사용한 세상의 경기 규율을 파악했다면, 구약의 율법에서 부정한 사람은 만지지 말라고 명령

한 거룩한 양의 살을 먹을 때 몸과 영혼의 순결을 얼마나 부지런하고 신중하고 깨끗이 지켜야 할까요! 레위기는 "그 고기는 깨끗한 자만 먹을 것이니 만일 몸이 부정한 자가 여호와께 속한 화목제물의 고기를 먹으면 그 사람은 자기 백성 중에서 끊어질 것이요"(레 7:19~20)라고 명합니다. 이처럼 깨끗함은 대단히 큰 은사입니다. 그것이 없으면 구약 시대의 사람도이 희생제사에 참여할 수 없었고, 이 세상 사람이 면류관을 얻을 수 없었습니다.

~ 9 ~
하나님 앞에서 항상 추구해야 하는 마음의 깨끗함

1. 그러므로 우선 마음 깊은 곳을 정화해야 합니다. 사람들이 몸의 깨끗함과 관련하여 획득하고자 하는 것을 우리는 양심 깊은 곳에 소유해야 합니다. 주님은 그곳에 관찰자요 심판자로 앉아 끊임없이 우리의 경기를 관찰하십니다. 그러므로 우리는 경솔하게 생각하여 공공연하게 허락하려 하지 않는 것이 우리의 내면에 뿌리내리는 것을 허락하지 말아야 하며, 공개적으로 알려질 때 수치스러운 일을 은밀하게 묵인하지 말아야 합니다. 그것이 사람들의 시선을 피할 수 있을지 모르나, 거룩한 천사들과 전능하신 하나님에게 그것을 감출 수 없습니다.

~ 10 ~
완전하고 필수적인 깨끗함의 표식

1. 누워서 쉬거나 잠들었을 때 좋지 않은 심상이 떠오르지 않는 것, 또는 그러한 심상이 생겼어도 욕망이 전혀 움직이지 않는 것은 이러한 깨끗함을 보여주는 분명한 표식이요 완전한 증거입니다. 이런 종류의 동요를 완전히 나쁘고 악한 것으로 여길 수 없겠지만, 그것은 아직 불완전한 마음의 표식이요 이런 종류의 망상이 미혹하는 심상에 의해 발생할 때 완전히 정화되지 못한 악덕을 보여주는 징후입니다.

~ 11 ~
밤에 일어나는 망상의 근원

1. 낮에 분심된 상태에서는 다소 주의하는 데 태만한 특성을 지닌 우리의 생각은 밤의 평온 속에서 시험됩니다. 그러므로 이런 종류의 망상이 발생할 때 그 책임이 잠에 있다고 간주해서는 안 됩니다. 그것은 이전의 태만의 결과이며, 내면에 감추어져 있는 병의 징후입니다. 밤이 망상을 낳는 것이 아니라 잠자는 동안의 휴식 때문에 영혼의 은밀하고 깊은 곳에 있던 망상이 겉으로 드러나는 것입니다. 그것은 우리가 종일 해로운 생각을 품고 있을 때 감염된 끓는 감정의 열병을 드러냅니다. 이런 점에서 그것은 몸의 병이 증세가 나타날 때 감염되는 것이 아니라, 과거에 어리석게도 건강에 좋지 않

은 음식을 먹거나 기분이 언짢았던 일의 결과로 감염되는 것과 흡사합니다.

~ 12 ~
마음이 깨끗하지 않으면 육체의 깨끗함을 얻을 수 없다.

1. 인간을 지으신 창조주 하나님은 자신의 작품의 본성을 누구보다 잘 아시며 그것의 잘못을 어떻게 고칠 수 있는지도 잘 아시므로, 먼저 병의 원인이 되는 곳에 약을 바르시고 "음욕을 품고 여자를 보는 자마다 마음에 이미 간음하였느니라"(마 5:28)라고 말씀하십니다. 주님은 우리의 음탕한 눈을 지켜 보시면서 육체의 눈이 아니라 그 눈으로 보는 내면의 감각을 책망하셨습니다. 음욕을 위해 보는 마음은 아주 약하여 쾌락의 화살에 상처를 입습니다. 그것은 자체의 악함 때문에 창조주께서 주신 시각을 악한 행위에 사용하며 은밀한 욕망을 만들어내기 위해서 시각을 이용합니다. 이런 까닭에 바라본다는 핑계로 가장 악한 병을 일으키는 악한 사람에게 이 유익한 명령이 주어집니다. 주님은 신중하게 눈을 지키라고 말씀하시지 않습니다. 정욕이 눈에서 생겨난다면, 특별히 눈을 지켜야 할 것입니다. 그러나 눈은 영혼에 볼 가능성을 제공할 뿐이므로 "모든 지킬 만한 것 중에 더욱 네 마음을 지키라"라고 말씀하십니다. 눈의 기능이 잘못된 곳에 약을 바릅니다.

~ 13 ~
육체적 정화의 첫째 관리자

1. 정화를 증진하는 첫 번째 수단은 이것입니다: 마귀의 교활한 선동 때문에 어머니나 누이나 친척, 또는 거룩한 여성을 기억함으로써 여성에 대한 생각이 슬그머니 마음에 들어오는 즉시 그것을 내면에서 몰아내야 합니다. 그렇지 않고 잠시라도 어물거리고 지체한다면, 성적으로 유혹하여 악한 행동을 하게 만들 기회를 포착한 자는 교묘하게 우리의 정신이 악한 생각을 심어줄 사람에게 빠지게 합니다. 이런 까닭에 항상 "모든 지킬 만한 것 중에 더욱 네 마음을 지키라"라는 교훈을 염두에 두어야 합니다. 그리고 하나님의 최초 명령대로 뱀의 머리(창 3:15), 즉 마귀가 우리 영혼 안에 기어들어 오려 할 때 사용하는 악한 생각의 발단을 조심해야 합니다. 또 조심성없이 뱀의 나머지 부분이 들어오는 것을 허락하지 말아야 합니다. 즉 독사에게 물린 정신을 죽이게 될 쾌락에 동의하지 말아야 합니다.

2. 우리 땅의 악인, 즉 육적인 감정을 태어나는 순간에 죽여야 하며(시 101:8), 바벨론의 어린 것들을 바위에 메어쳐야 합니다(시 137:9). 그것들을 어릴 때 죽이지 않으면 우리의 묵인하에 강한 어른이 되어 해를 끼칠 것이며, 수고하고 노력하지 않으면 그것을 극복할 수 없을 것입니다. 무장한 강한 사람, 즉 우리의 영이 집을 지키고 하나님을 경외함으로 마음 깊은 곳을 안전하게 지킨다면 그의 재산, 즉 그가 수고하여 얻은 이익과 오랜 기간에 걸쳐 획득한 덕이 안전할 것입니다. 그러나 더 강한 자가 그를 공격하여 정복한다면, 즉 마귀가 우리 생각의 동의를 받아 공격한다면, 그는 우리가 신

뢰하는 무기, 즉 성경 묵상과 하나님에 대한 경외심을 빼앗아 갈 것이며, 전리품을 나눌 것입니다. 즉 그의 덕의 공덕을 반대되는 악덕으로 흩뜨릴 것입니다.

~ 14 ~
순결을 상세히 설명하며 찬양하기보다 그것의 효과를 제시해야 한다.

1. 이 책의 목적은 순결을 상세히 설명하며 찬양하는 것이 아니라 교부들의 전통을 따라 그것의 특성, 그것을 획득하고 유지하는 방법, 그리고 그것의 목적을 설명하는 데 있습니다. 그러므로 성경에서 순결의 덕을 찬양한 부분을 무시하고, 바울 서신 중 한 구절만 언급하려 합니다. 그 구절을 통해서 바울이 데살로니카 교회에 편지를 쓸 때 다른 덕보다 순결을 우위에 두고 가장 고귀한 표현으로 그것을 추천했음을 분명히 알 수 있을 것입니다.

~ 15 ~
바울은 순결을 거룩함이라고 말한다.

1. 바울은 "하나님의 뜻은 이것이니 너희의 거룩함이라"(살전 4:3)라고 말합니다. 그가 말한 거룩함이 의나 사랑이나 겸손이나 인내일지라도 우리가 그 의미를 의심하거나 애매하게 여기지 않게 하려고, 거룩함의 의미를 말하

고 분명하게 지적합니다: "하나님의 뜻은 이것이니 너희의 거룩함이라 곧 음란을 버리고 각각 거룩함과 존귀함으로 자기의 아내 대할 줄을 알고 하나님을 모르는 이방인과 같이 색욕을 따르지 말고"(살전 4:3~5). 바울은 그것을 우리 몸의 영광이요 거룩함이라고 언급하면서 찬양합니다. 이런 까닭에 정욕 안에 있는 사람은 수치와 음란 안에 서며, 거룩함을 모르는 사람입니다.

2. 그는 조금 뒤에 다시 "하나님이 우리를 부르심은 부정하게 하심이 아니요 거룩하게 하심이니 그러므로 저버리는 자는 사람을 저버림이 아니요 너희에게 그의 성령을 주신 하나님을 저버림이니라"(살전 4:7~8)라고 말합니다. 그는 이 교훈에 범할 수 없는 권위를 결합하여 "이것(거룩함이라고 말한 것)을 저버리는 자는 사람을 저버림이 아니요 내 안에서 말씀하시는"(고후 13:3) 하나님, 즉 우리 마음을 성령의 거처로 정하신 분을 저버리는 것이라고 말합니다.

바울이 얼마다 단순하고 순수한 말로 그것을 권하고 칭찬했는지 알 수 있습니다. 그는 첫째로 특히 거룩함이 이 덕의 결과라고 말합니다. 그다음에 그것에 의해서 우리 몸이 더러움에서 벗어나야 한다고 선언하며, 세 번째로 수치스럽고 책망받아야 할 행위를 버린 후에 이것이 영예와 거룩함 안에 거할 것이라고 말하며, 마지막으로 그리하여 성령이 우리 마음에 거하실 것인데, 그것이 가장 완전한 상이요 보상이라고 지적합니다.

~ 16 ~
순결의 거룩함에 관한 바울의 증언

1. 앞서 말한 바울의 증언에 추가하여 그와 비슷한 것을 언급하겠습니다. 바울은 히브리서에서 "모든 사람과 더불어 화평함과 거룩함을 따르라 이것이 없이는 아무도 주를 보지 못하리라"(히 12:14)라고 말합니다. 여기에서도 그는 보통 정신의 온전함과 몸의 깨끗함을 언급하는 거룩함이 없으면 아무도 하나님을 보지 못한다고 분명히 말합니다. 그는 자신의 의도를 설명하면서 "음행하는 자와 혹 한 그릇 음식을 위하여 장자의 명분을 판 에서와 같이 망령된 자가 없도록 살피라"(히 12:16)라고 덧붙여 말합니다.

~ 17 ~
더 큰 상을 향한 소망이 순결에 대한 관심을 증대한다.

1. 순결의 상이 거룩하고 고귀할수록, 한층 더 무서운 적이 매복하여 공격합니다. 그러므로 육체의 금욕뿐만 아니라 자주 신음하고 기도하면서 통회하는 마음에 매달리는 것이 유익합니다. 성령의 이슬이 우리 마음에 내려올 때 바벨론의 왕이 끊임없이 육욕적 제안으로 자극하여 가열하는 육체의 용광로가 꺼질 것입니다.

~ 18 ~
겸손이 없으면 순결을 얻을 수 없고,
순결이 없으면 지식을 얻을 수 없다.

1. 원로들은 먼저 우리 마음에 겸손의 기초가 놓이지 않으면 순결을 붙잡을 수 없다고 말하며, 또 문제가 되는 악덕의 뿌리가 영혼 깊은 곳을 점유하고 있는 한 참 지식의 근원에 이를 수 없다고 말합니다. 지식의 은혜가 없어도 완전함을 발견할 수 있지만, 완전한 순결이 없으면 영적 지식을 소유할 수 없습니다. 왜냐하면, 은사는 여러 가지이며, 모든 사람에게 같은 성령의 은혜가 주어지는 것이 아니라 각 사람의 노력과 수고에 따라 합당한 은사가 주어지기 때문입니다. 바울이 지적으로 수고하고 노력함으로써 능력을 갖추었기 때문에 그에게 지식의 은사가 넘치도록 충만했지만, 모든 거룩한 사도들 안에 완전함의 덕이 완전하게 있다고 생각됩니다.

~ 19 ~
자신의 순결의 본질에 관한 바실 주교의 말

1. 가이사랴의 주교 바실은 순결에 관해 "나는 여자를 알지 못하지만 동정녀가 아닙니다"라고 말했습니다. 그는 육체의 깨끗함이 여자를 멀리하는 데 있는 것이 아니라 마음의 완전함에 있다는 것을 이해했습니다. 그것이 하나님 경외와 순결을 향한 사랑으로 몸의 거룩함을 영원히 참되게 보존합

니다.

20.
참된 완전과 순결의 목적

1. 완전함의 목적이요 그것의 완전함 증거는 다음과 같습니다 : 우리가 잠자는 동안 쾌락의 기분 좋은 자극이 기어 올라오지 않으며, 무의식 상태에 있을 때 본성의 요구에 따라 더러운 것이 생성되지 않는 것. 이것을 영구히 완전히 제거하는 것은 본성을 넘어서는 것이며, 피할 수 없는 본성의 욕구를 제한하는 것은 덕의 문제입니다. 본성의 욕구는 두 달에 한 번 습관적으로 수도사를 공격합니다. 이것이 원로들의 견해가 아니라 우리의 경험과 일치한다는 것을 이해해주십시오. 원로들은 두 달이라는 간격도 짧다고 여깁니다. 만일 우리가 그들에게서 받은 것을 발표한다면, 태만하거나 열정이 부족하여 이러한 깨끗함을 경험하지 못한 사람들은 우리가 불가능하거나 신뢰할 수 없는 것을 말하고 있다고 여길 것입니다.

~ 21 ~
완전히 깨끗한 상태를 유지하는 방법

1. 만일 하나님을 우리가 밤낮으로 행하는 은밀한 행위뿐만 아니라 생각도 아시고 감독하시는 분이라고 생각한다면, 그리고 우리의 행위와 행동뿐

만 아니라 마음속에서 진행되는 모든 것에 대해 하나님께 해명해야 한다고 믿는다면, 우리는 한결같이 이 상태를 유지하며 본성이 정한 방법과 시간을 넘지 않을 수 있습니다.

~ 22 ~
몸을 얼마나 완전하게 해야 하며,
완전히 정화된 정신의 표식은 무엇인가?

1. 우리의 의무는 이것입니다: 우리는 육체의 상태가 본성의 요구에 복종하여 쾌락을 일으키지 않을 때까지 육체의 충동과 영혼의 움직임에 맞서 싸우며, 음탕함이 없이 지나친 것을 몰아내며, 순결을 대적하지 말아야 합니다. 그러나 잠잘 때 정신이 망상에 시달리는 한 완전하고 완전한 순결에 이른 것이 아님을 알아야 합니다.

~ 23 ~
마음과 몸의 깨끗함을 완전하게 유지하도록
도와주는 것

1. 잠자는 동안 이러한 망상이 기어들지 못하게 하려면, 항상 규칙적으로 절제 있게 금식해야 합니다. 엄격함이 지나친 사람은 휴식도 지나치게 취할 것이며, 이렇게 무절제한 사람은 균형 잡힌 평온한 상태에서 떨어질 것입니

다. 그는 어떤 때는 지나친 금식으로 배고픔을 느끼고, 어떤 때는 너무 많이 먹어 배부를 것입니다. 음식 먹는 습관이 변하면, 순결의 본질도 변합니다.

그러므로 항상 겸손하고 인내하는 마음을 유지하며, 낮에 분노를 비롯한 정념들과 관련하여 조심하고 주의해야 합니다. 분노의 독이 침투하는 곳에 음탕의 불이 들어옵니다. 밤에는 깨어 지켜야 합니다. 낮 동안의 깨끗함과 신중함이 밤의 순결을 준비하듯이, 밤에 깨어 지키면 마음의 상태가 강하고 안전하게 되며 낮에 바르게 활동하게 됩니다.

제7권

탐욕의 영

차례

1. 외부에서 공격하는 탐욕은 다른 악덕들처럼 본성적인 것이 아니다 / 179
2. 탐욕은 매우 해로운 병이다 / 179
3. 본성적인 악덕 안에 있는 유익 / 180
4. 창조주를 모독하지 않으며 본성적인 것으로 여길 수 있는 악덕이 있다 / 181
5. 본성적인 움직임이 없이 우리의 악함 때문에 생기는 악덕에 관하여 / 181
6. 한번 품은 탐욕은 몰아내기 어렵다 / 182
7. 탐욕이 발생하는 초기 단계, 그리고 그것이 만들어내는 많은 폐해 / 182
8. 탐욕은 덕을 방해한다 / 185
9. 돈을 가지고 있는 수도사는 공주수도원에 머물지 못한다 / 185
10. 작은 노역에 대해서 불평하다가 수도원을 떠난 사람은 탐욕 때문에 무척 노력해야 한다 / 186
11. 돈을 보호하기 위해 여자와의 교제가 필요하다 / 187
12. 탐욕에 빠진 게으른 수도사 / 188
13. 악덕을 제거하는 것에 관하여 젊은이들에게 준 원로들의 교훈 / 188

14. 탐욕의 세 가지 측면을 보여주는 예 / 189
15. 제대로 금욕하지 않는 사람과 전혀 금욕하지 않는 사람이 다른 점 / 191
16. 재산을 버리려 하지 않는 사람이 자신을 변호하기 위해 하는 말 / 191
17. 사도들과 초대 교회의 금욕 / 192
18. 사도들을 본받으려면 우리의 견해가 아니라 사도들의 모범을 따라야 한다 / 195
19. 바실 주교가 신클레티우스(Syncletius)에게 한 말 / 195
20. 탐욕에 정복되는 것은 무척 수치스러운 일이다 / 197
21. 탐욕을 정복하는 방법 / 197
22. 돈이 없어도 탐욕적인 사람이 있다 / 197
23. 유다의 예 / 198
24. 가난하지 않으면 탐욕을 극복할 수 없다/ 199
25. 탐욕 때문에 죽은 아나니아, 삽비라, 그리고 유다의 죽음에 관하여 / 199
26. 탐욕은 영적 문둥병을 초래한다 / 200
27. 완전함을 원한다면 포기하고 버렸던 것을 다시 취하지 말라는 성경의 증언 / 200
28. 가난하지 않으면 탐욕과 싸워 이길 수 없다/ 201
29. 수도사가 가난을 유지하는 방법 / 201
30. 탐욕의 치료법 / 202
31. 공주수도원에 머물지 않으면 탐욕을 정복할 수 없다는 것, 그리고 어떻게 공주수도원에 머물 수 있는지에 관하여 / 202

~ 1 ~
외부에서 공격하는 탐욕은 다른 악덕들처럼 본성적인 것이 아니다.

1. 세 번째로 싸워야 할 악덕은 탐욕인데, 우리는 그것을 금전욕이라고 부릅니다. 그것의 공격은 본성적인 것이 아니라 외부에서 오는 것이며, 그 근원이 수도사에게 있는 것이 아니라 부패하고 게으른 정신의 연약함 안에, 종종 제대로 파악하지 못한 채 시작한 금욕과 하나님을 향한 미지근한 사랑을 기초로 삼는 데 있습니다. 악을 부추기는 다른 선동은 인간 본성의 일부이며, 그 근원이 본성적으로 우리 안에 있는 듯합니다. 그것은 육체 안에 깊이 뿌리 내리고 있고, 사람이 태어나는 순간부터 존재하며, 선과 악을 구분하는 능력보다 선행합니다. 그것은 우선적으로 사람을 공격하는 것이며, 오래 수고해야만 정복할 수 있습니다.

~ 2 ~
탐욕은 매우 해로운 병이다.

1. 탐욕은 늦게 도착하여 밖에서 영혼을 공격합니다. 그것은 쉽게 경계하고 배격할 수 있지만, 우리가 태만하여 마음에 받아들인다면 다른 악덕보다 더 위험하고 제거하기 어렵습니다. 이는 그것이 많은 악덕의 싹을 내는 일만 악의 뿌리로 변하기 때문입니다(딤전 6:10).

~ 3 ~
본성적인 악덕 안에 있는 유익

1. 선악을 구분하는 능력보다 천진함이 앞서는 소년들뿐만 아니라 어린아이와 유아에게서도 육체의 단순한 움직임을 볼 수 있습니다. 그들의 내면에서 음란이 시작되지 않지만, 그들은 본성적 선동으로 말미암은 육체의 움직임을 지닙니다. 마찬가지로 어린아이가 인내의 덕을 의식하기 전에 이미 잔인한 분노가 작용하며, 농담으로라도 모욕적인 말을 들을 때 화를 냅니다. 때때로 그들은 힘이 부족한데도 분노의 충동을 받으면 복수하려 합니다.

2. 이것은 그것들의 본성적 상태가 악하다는 말이 아니라, 우리에게서 나오는 이러한 움직임 중 일부는 우리의 유익을 위해 우리 안에 배치되었고, 다른 것들은 외부에서 도입된 것으로서 태만이나 악한 의지의 결정에서 나온 것이라는 말입니다. 앞에서 언급한 육적인 움직임은 선한 목적을 위해 창조주의 섭리로 우리 몸 안에 놓였습니다. 그것은 법으로도 정죄 되는 방탕과 간음을 영속화하기 위한 것이 아니라 인류를 갱신하고 후손을 위해 자식을 보게 하려고 몸 안에 있습니다.

3. 우리는 악덕을 불쾌하게 여기며 하나님을 사랑하고 형제에 대해 인내함으로써 덕과 영적인 일에 몰두하게 하려는 선한 이유로 분노가 주어졌다고 이해합니다. 악덕 중의 하나인 근심(sadness)도 반대의 성향으로 변형된다면 매우 가치가 있습니다. 하나님에 대한 경외와 부합될 때 그것이 필요하며, 세상을 따를 때 매우 해롭습니다. 바울은 "하나님의 뜻대로 하는 근심은 후회할 것이 없는 구원에 이르게 하는 회개를 이루는 것이요 세상 근심은

사망을 이루는 것이니라"(고후 7:10)라고 말합니다.

~ 4 ~

창조주를 모독하지 않으며
본성적인 것으로 여길 수 있는 악덕이 있다.

1. 만일 창주조가 이러한 움직임을 우리 안에 두셨다고 말한다면, 우리가 그것을 악하게 사용하며 해로운 행위로 전환하는 것, 우리 자신의 악덕을 회개하고 고치기 위해서가 아니라 세상의 유익 때문에 슬퍼하고 근심하는 것, 그리고 자신에게 화를 내는 것이 아니라 형제에게 화를 내는 것 때문에 창조주를 탓할 수 없을 것입니다. 유익한 목적을 위해 고안된 철을 무죄한 사람을 죽이는 데 사용하려 하는 경우, 한 사람이 바르게 사는 데 필요하다고 여기는 것을 다른 사람이 살인을 위해 사용한다고 해서 그 물질을 만든 창조주가 좋지 않게 인식되지 않을 것입니다.

~ 5 ~

본성적인 움직임이 없이
우리의 악함 때문에 생기는 악덕에 관하여

1. 그러나 시기와 탐욕처럼 선행하는 본성적 충동이 없이 부패하고 악한 의지의 결정으로 형성되는 악덕이 있습니다. 이것은 그 근원이 우리 내면의

본성적인 움직임에 있지 않으므로, 외부로부터 감염되는 것입니다. 그러나 이것을 쉽게 경계하고 거부할 수 있으므로, 이것은 정신을 점령한 후에 불행하게 만들고 건강의 수단을 획득하기 어렵게 합니다. 이는 무시하거나 피하거나 쉽게 극복할 수 있는 것에 상처를 입은 사람은 신속하게 치료받을 자격이 없기 때문이거나, 기초가 튼튼하지 못하기 때문에 덕과 완전함의 정상에 올라갈 자격이 없기 때문입니다.

~ 6 ~
한번 품은 탐욕은 몰아내기 어렵다.

1. 이런 까닭에 탐욕을 하찮게 여기거나 무시하지 말아야 합니다. 그것은 아주 쉽게 거부할 수 있지만, 한번 그것을 품은 사람이 건강의 수단을 획득하기는 어렵습니다. 그것은 모든 악덕을 넣는 자루요 온갖 악의 근원이며, 제거할 수 없는 악의 싹입니다. 바울은 "돈을 사랑함이 일만 악의 뿌리가 되나니"(딤전 6:10)라고 말합니다.

~ 7 ~
탐욕이 발생하는 초기 단계,
그리고 그것이 만들어내는 많은 폐해

1. 수도사의 미온적이고 해이해진 정신을 사로잡은 탐욕은 그를 아주 적

은 액수의 돈에 관심을 품게 하며, 자신을 위해 돈을 감추고 보관하는 데 대한 정당하고 합리적인 근거를 그에게 제시하기 시작합니다. 그는 수도원에서 제공하는 것으로는 몸을 건강하게 유지하기 어렵다고 불평합니다. 만일 그가 건강이 좋지 않은데 병을 치료하는 데 필요할 것을 비축할 수 없다면 어떻게 될까요?

2. 수도원에서 제공하는 용돈은 빈약하며, 병자가 제대로 돌봄을 받지 못합니다. 만일 그가 몸의 건강을 회복하는 데 사용할 개인적인 것이 없다면, 비참하게 죽을 것입니다. 수도원에서 공급해주는 옷도 부족하므로 입을 것을 얻을 수 있는 곳을 스스로 찾아내야 합니다. 마지막으로 그는 수도원 같은 장소에 오래 머물지 못하는데, 여행과 항해에 필요한 경비를 스스로 마련하지 않으면 자신이 원하는 때에 출발할 수 없을 것입니다. 그는 지독한 가난에 둘러싸였기 때문에, 조금도 진보하지 못한 채 비참하게, 항상 가난하고 궁핍하게 살며, 사람들의 조롱을 참으면서 아쉬운 대로 그들의 재산을 사용해야 할 것입니다.

3. 이런 종류의 생각에 사로잡힌 사람은 한 데나리온이라도 손에 넣을 방법을 생각합니다. 그다음에 사부 몰래 할 수 있는 일을 찾습니다. 그는 몰래 이것을 팔며, 원하는 만큼 돈을 벌면 그것을 두 배로 만들 방법을 찾으려고 노력하며, 그것을 어디에 두어야 하며 누구에게 맡겨야 하는지 확신하지 못합니다. 그다음에 그것으로 무엇을 살 것이며 무슨 장사를 해야 그것을 증식할 수 있는지에 대한 염려 때문에 분심됩니다. 이것 역시 계획대로 유리하게 이루어지면, 금을 향한 욕심이 발동하는데, 돈이 모일수록 점점 더 탐욕스러워집니다. 이는 돈이 많아지면 탐심도 뜨거워지기 때문입니다.

4. 그는 늙을 때까지 병약하게 오랫동안 살 것이므로, 젊어서 많은 돈을 모아 두어야 늙어서 견뎌낼 수 있을 것입니다. 불안한 영혼은 해로운 관계에 휘말려 한층 더 해로운 태도로 연명할 수단을 증식하려 하면서 내면을 한층 더 심하게 감염시킬 수 있는 병을 일으킵니다. 그는 이익만 생각하며, 되도록 빨리 수도원에서 벗어나기 위해서 돈을 벌 수 있는 장소를 찾아내는 데 마음을 둡니다. 이익을 얻을 수 있다는 희망이 나타날 때마다 그의 믿음은 사라집니다.

5. 그는 이것을 위해서라면 거짓말이나 위증죄를 범하는 것, 믿음을 버리는 것, 불같이 화를 내는 것도 두려워하지 않습니다. 조금이라도 이익을 낼 수 있다는 희망이 보이면, 두려움 없이 정직과 겸손의 한계를 넘어섭니다. 어떤 사람들이 배를 자기의 신으로 삼듯이(빌 3:19), 그는 금과 이익을 자기의 신으로 삼습니다. 바울은 탐욕의 해로움을 알기 때문에 "탐심은 우상 숭배니라"(골 3:5)라고 말하면서 그것이 모든 악의 뿌리일 뿐만 아니라 우상숭배라고 선언합니다.

6. 점점 증가하는 탐욕은 큰 파멸을 가져옵니다. 그것은 경건하게 하나님을 섬기는 사람이 내면에 보존해야 하는 하나님의 형상과 모양을 건너뛰고, 하나님 대신에 금으로 만든 인간의 형상을 사랑하고 바라보는 편을 택하기 때문에 바울은 그것을 우상숭배라고 선언합니다.

~ 8 ~
탐욕은 덕을 방해한다.

1. 그런 사람은 악 안에서 나아가므로 겸손이나 사랑이나 순종의 그림자를 붙잡는 데 만족하지 못합니다. 그는 매사에 화를 내고 불평하며 모든 행동에 대해 한숨을 쉽니다. 그는 길들이지 않은 말처럼 공손하게 행동하지 않으며, 고삐 풀린 말처럼 절벽으로 돌진합니다. 그는 일상생활을 유지하기 위한 기본적인 음식이나 옷에 만족하지 못하여 거기에 만족할 수 없다고 선언하며, 하나님이 그곳에만 계시는 것이 아니며 자신의 종살이가 그곳에만 달린 것이 아니라고 말합니다. 이런 까닭에 그는 자신이 속히 다른 곳으로 가지 않으면 당장 죽을 것이라며 탄식합니다.

~ 9 ~
돈을 가지고 있는 수도사는
공주수도원에 머물지 못한다.

1. 방랑 생활을 위한 자금을 현금으로 소유한 사람은 떠날 준비가 되었으므로 어떤 명령에든지 무례하게 반응합니다. 그는 나그네나 이방인처럼 행동하면서 잘못을 고쳐야 할 필요가 있다고 여기는 모든 것을 무시하고 경멸합니다.

2. 그는 돈을 숨겨두고 있으면서도 자기에게 신발과 옷이 없다고 불평하

며, 그것들이 늦게 지급되면 짜증을 냅니다. 혹시 윗사람의 지시로 아무것도 없다고 알려진 사람에게 먼저 그것이 지급된다면, 그는 한층 뜨겁게 화를 내면서 자신이 이방인 취급을 받고 있다고 생각합니다. 그는 어떤 종류든 일을 하는 데 만족하지 못하고 수도원의 복지를 위해 해야 하는 모든 일에 트집을 잡습니다. 그는 자신이 하찮은 이유로 수도원을 떠난 것처럼 보이지 않으려고 분명히 기분이 상하여 성낼 기회를 찾습니다.

3. 그는 자신이 악덕에 영합하고 있다는 판단을 받지 않으려고 혼자 도망치는 데 만족하지 않고 항상 은밀하게 불평하여 되도록 많은 사람을 비틀리게 합니다. 날씨가 좋지 않아 육로나 항로로 떠나지 못한다면, 그는 불안한 마음으로 머물면서 자신의 출발이 정당하며 자신에게 진지함이 부족한 원인은 수도원에 잘못이 있고 평판이 나쁘기 때문이라고 생각하면서 불화를 일으킵니다.

~ 10 ~
작은 노역에 대해서 불평하다가 수도원을 떠난 사람은
탐욕 때문에 무척 노력해야 한다.

1. 그는 자신이 소유한 돈의 선동 때문에 동요하고 더 격분합니다. 돈을 소유한 수도사는 수도원에 머물거나 규칙을 지키며 살려 하지 않습니다. 돈 때문에 들짐승처럼 회중에서 떨어져나온 사람은 동료를 빼앗기고 쉽게 먹이감이 됩니다. 그는 동료가 없기 때문에 쉽게 잡아먹힙니다. 수도원에서

작은 임무 수행을 멸시하던 사람은 이익을 바라면서 밤낮으로 끊임없이 노동해야 합니다. 이 때문에 그는 기도 시간, 금식의 분량, 철야 규칙 등을 지키지 않으며, 중보의 임무를 수행하지도 않습니다. 그는 자신의 탐욕과 일상적인 욕구에 영합하여 더 많은 것을 획득하면 꺼질 것이라고 믿는 탐욕의 불에 연료를 공급합니다.

~ 11 ~
돈을 보호하기 위해 여자와의 교제가 필요하다.

1. 여기에서 가파른 절벽에서 미끌어 떨어져 죽음에 이른 사람들이 있습니다. 그들은 전에 소유하지 못했지만 악하게 모은 돈을 소유하는 데 만족하지 못하여 그것을 지키는 책임을 맡기기 위해 여인과 교제하려 합니다. 그들은 이렇게 해롭고 위험하게 행동하여 지옥에 떨어지면서도 수도원에서 지급하는 변변치 않은 "먹을 것과 입을 것이 있은즉 족한 줄로 알 것이니라"(딤전 6:8)라는 바울의 말에 주목하지 않습니다. 그들은 부자가 되기를 원하여 유혹과 올무와 여러 가지 어리석고 해로운 욕심에 떨어지는데, 이런 것들은 사람을 파멸과 멸망에 빠뜨립니다. 돈을 사랑하는 것은 모든 악의 뿌리입니다. 돈을 따르다가 믿음에서 떠나 헤매고, 많은 고통을 겪은 사람이 더러 있습니다(딤전 6:9~10).

~ 12 ~

탐욕에 빠진 게으른 수도사

1. 자신이 수도사라고 주장하며 설상가상으로 완전한 하는 사람이 있었습니다. 공주수도원 원장은 그를 수도원에 받아들이면서 그가 포기하고 버린 것을 생각하지 말며, 모든 악의 뿌리인 탐욕과 세상의 덫에 빠지지 않아야 하며, 매 순간 무겁게 짓누르는 듯한 과거의 정념을 씻어내려면 전에 소유한 적이 없었던 것을 바라지 말아야 하는데, 만일 그가 이런 것들에 묶인다면, 악덕을 씻어버릴 수 없을 것이라고 경고했습니다. 그는 약간 반항하면서 "만일 당신에게 사람들의 욕구를 충족시켜줄 돈이 있다면, 내가 그렇게 하지 못하게 하는 것은 무슨 이유에서입니까?" 라고 대꾸했습니다.

~ 13 ~

악덕을 제거하는 것에 관하여
젊은이들에게 준 원로들의 교훈

1. 이 이야기를 불필요하다거나 짜증스럽게 여기지 않기 바랍니다. 만일 여러 종류의 상처에 관해 설명하고 병의 근원과 원인을 조사하지 않았다면, 병자에게 알맞은 치료를 할 수 없을 것이며 건강한 사람에게 완전하게 건강을 유지하는 수단을 전해줄 수 없을 것입니다. 많은 사람의 몰락과 파멸을 목격한 경험을 가진 원로들은 젊은이들을 가르치기 위해 회의에서 이것에

~ 12 ~

탐욕에 빠진 게으른 수도사

1. 자신이 수도사라고 주장하며 설상가상으로 완전한 하는 사람이 있었습니다. 공주수도원 원장은 그를 수도원에 받아들이면서 그가 포기하고 버린 것을 생각하지 말며, 모든 악의 뿌리인 탐욕과 세상의 덫에 빠지지 않아야 하며, 매 순간 무겁게 짓누르는 듯한 과거의 정념을 씻어내려면 전에 소유한 적이 없었던 것을 바라지 말아야 하는데, 만일 그가 이런 것들에 묶인다면, 악덕을 씻어버릴 수 없을 것이라고 경고했습니다. 그는 약간 반항하면서 "만일 당신에게 사람들의 욕구를 충족시켜줄 돈이 있다면, 내가 그렇게 하지 못하게 하는 것은 무슨 이유에서입니까?"라고 대꾸했습니다.

~ 13 ~

악덕을 제거하는 것에 관하여
젊은이들에게 준 원로들의 교훈

1. 이 이야기를 불필요하다거나 짜증스럽게 여기지 않기 바랍니다. 만일 여러 종류의 상처에 관해 설명하고 병의 근원과 원인을 조사하지 않았다면, 병자에게 알맞은 치료를 할 수 없을 것이며 건강한 사람에게 완전하게 건강을 유지하는 수단을 전해줄 수 없을 것입니다. 많은 사람의 몰락과 파멸을 목격한 경험을 가진 원로들은 젊은이들을 가르치기 위해 회의에서 이것에

대해 말하곤 합니다. 우리는 같은 정념에 시달리는 원로들의 설명과 토론 덕분에 우리 안에 이런 것들이 많다는 것을 인정하며, 우리도 침묵 속에서 우리를 공격하고 있는 악덕의 원인과 치료법을 배울 때 부끄러워하거나 당황하지 않고 치료됩니다. 우리가 형제들의 집단을 두려워하기 때문에 이것을 감추거나 묵인하는 것이 아니라, 완전함의 정상에 오르기 위해 수고하고 노력하는 사람에게만 드러내야 하는 것을 수도생활에 미숙한 사람에게 드러내지 않기 위해서입니다.

~ 14 ~
탐욕의 세 가지 측면을 보여주는 예

1. 모든 교부가 한결같이 정죄하는바 우리를 약하게 하는 탐욕이라는 병에는 세 가지 측면이 있습니다. 하나는 불쌍한 사람을 속여 세속에 있을 때 가져본 적이 없는 것을 쌓아두도록 유도하는 것입니다. 둘째는 세상을 버리고 수도원에 들어오면서 버렸던 것을 다시 바라고 취하라고 권하는 것입니다. 셋째는 악하고 좋지 못한 출발의 결과로 감염되는 것으로서 사람들의 출발을 불완전하게 하는 것입니다. 미온적인 정신을 가진 사람과 가난에 대한 두려움에 사로잡힌 사람과 믿음이 부족하여 세상의 물건을 버리지 못하는 사람, 수도원에 들어올 때 포기해야 하는 돈과 소유물을 감추어둔 사람은 복음적 완전함에 이르지 못합니다. 이 세 종류의 몰락의 예를 성경에서 발견할 수 있으며, 그들에게 큰 벌이 주어졌다는 것을 알 수 있습니다.

2. 소유한 적이 없는 것을 소유하려 했던 게하시는 스승에게서 유산으로 받게 될 예언의 은사를 받지 못했을 뿐만 아니라, 엘리사의 저주를 받아 영원히 문둥병에 걸렸습니다(왕하 5:27). 그리스도를 따르면서 버렸던 돈을 다시 취하려 한 유다는 주님을 배반하고 사도의 지위를 잃었을 뿐만 아니라 정상적으로 죽을 자격을 얻지 못하여 자살했습니다(마 27:5). 아나니아와 삽비라는 재산을 판 대금의 일부를 감추었기 때문에 베드로의 말에 따라 죽었습니다(행 5:5).

~ 15 ~
제대로 금욕하지 않는 사람과
전혀 금욕하지 않는 사람이 다른 점

1. 이 세상을 버렸다고 주장하지만 나중에 믿음이 부족하여 세상 물건 빼앗기는 것을 두려워하는 사람들에 관한 말이 신명기에 있습니다: "두려워서 마음이 허약한 자가 있느냐 그는 집으로 돌아갈지니 그의 형제들의 마음도 그의 마음과 같이 낙심될까 하노라"(신 20:8). 이 말씀은 매우 명백합니다. 여기서는 악한 제안과 본보기 때문에 사람들을 복음적 완전함에서 멀어지게 하며 믿음의 부족과 두려움으로 약하게 하지 말고 차라리 수도생활을 시작하지 않는 편이 낫다고 말합니다.

2. 그러므로 그들에게 전쟁터를 떠나 집으로 돌아가라고 명령합니다. 왜냐하면, 두 마음을 품은 사람은 마음이 헷갈려 행동이 불안정하기 때문입니

다(약 1:8). 복음서의 비유에서 이만 명을 거느리고 오는 적을 만 명으로 대적하려 한 사람(눅 14:31~32)을 생각해본다면, 적이 아직 멀리 있을 때 평화를 요청해야 합니다. 즉 미온적으로 대처하여 더 큰 위험에 빠지기보다 차라리 수도생활을 시작조차 하지 말아야 합니다. 서원하고 지키지 않는 것보다 서원하지 않는 편이 낫습니다(전 5:4).

3. 한 임금은 일만 명을 거느렸고, 상대방은 이만 명을 거느렸습니다. 우리를 위해 싸우는 덕보다 우리를 공격하는 악덕이 더 많습니다. 한 사람이 두 주인을 섬기지 못하며(마 6:24), 손에 쟁기를 잡고 뒤를 돌아보는 자는 하나님의 나라에 합당하지 못합니다(눅 9:62).

~ 16 ~

재산을 버리려 하지 않는 사람이
자신을 변호하기 위해 하는 말

1. 이런 사람들은 성경을 빙자하여 자신의 탐욕을 정당화하려고 바울의 말을 거짓으로 해석하며, 심지어 자기의 목적에 맞추어 주님의 말씀을 왜곡하고 변질시킵니다. 그들은 성경의 의미에 맞추어 자신의 삶과 사고방식을 조정하지 않습니다. 그들은 성경을 자신의 견해에 맞추려 하며 "주는 것이 받는 것보다 복이 있다"(행 20:35)라고 말함으로써 자신의 방탕한 욕구에 성경의 능력을 맞추려 합니다. 그들은 이처럼 악하게 해석함으로써 "네가 온전하고자 할진대 가서 네 소유를 팔아 가난한 자들에게 주라 그리하면 하늘

에서 보화가 네게 있으리라 그리고 와서 나를 따르라"(마 19:21)라는 주님의 말씀을 약화한다고 생각합니다. 그들은 이 말씀을 구실로 재산을 버리지 말아야 한다는 견해를 내세우며 과거의 재산을 기초로 하여 많은 것으로 사람을 구제하면 더 큰 복을 받을 것이라고 언명합니다. 그들은 그리스도를 위해 영광스러운 가난을 취하기를 부끄럽게 여기기 때문에 바울처럼 수도원의 노동이나 검약함에 만족하기를 거부합니다. 그런 사람들은 자신이 부정 행위를 하고 있다는 것, 과거의 재산에 집착하여 이 세상을 버린 적이 없다는 것, 그리고 정말 수도사가 되기를 원한다면 아무것도 남기지 않고 모든 것을 기부해야 한다는 것, 바울처럼 주리며 목마르고 여러 번 굶고 춥고 헐벗어야 한다는 것(고후 11:27)을 알아야 합니다.

~ 17 ~
사도들과 초대 교회의 금욕

1. 만일 이것이 더 완전함으로 이어질 것이라고 판단했다면, 자신이 나면서부터 로마 시민권을 얻었다고 언명하면서 이 세상의 표준으로도 특별한 사람이라고 증언한 바울이(행 22:8) 과거의 재산으로 생계를 유지할 수 없었을 것입니다. 예루살렘 사람들은 자신을 위해 아무것도 남기지 않고 밭과 집을 팔아 그 돈을 사도들의 발 앞에 두었는데(행 4:34~35), 만일 사도들이 개인 재산으로 몸에 필요한 것을 공급하는 것이 더 완전할 것이라고 판단하고 그것이 더 유익하다고 판단했다면, 그렇게 할 수 없었을 것입니다. 그들

은 즉시 재산을 포기하고 노동이나 이방인의 헌금으로 생계를 유지하는 편을 택했습니다.

2. 바울은 로마서에서 자신의 사역에 대해 말하면서 그들에게 헌금할 것을 권합니다: "이제는 내가 성도를 섬기는 일로 예루살렘에 가노니 이는 마게도냐와 아가야 사람들이 예루살렘 성도 중 가난한 자들을 위하여 기쁘게 얼마를 연보하였음이라 저희가 기뻐서 하였거니와 또한 저희는 그들에게 빚진 자니 만일 이방인들이 그들의 영적인 것을 나눠 가졌으면 육적인 것으로 그들을 섬기는 것이 마땅하니라"(롬 15:25~27).

3. 바울은 고린도교회 보낸 편지에서도 이 문제에 비슷한 관심을 나타내면서 자신이 그곳에 도착하기 전에 헌금을 거두라고 권면합니다: "성도를 위하는 연보에 관하여는 내가 갈라디아 교회들에게 명한 것 같이 너희도 그렇게 하라 매주 첫날에 너희 각 사람이 수입에 따라 모아 두어서 내가 갈 때에 연보를 하지 않게 하라 내가 이를 때에 너희가 인정한 사람에게 편지를 주어 너희의 은혜를 예루살렘으로 가지고 가게 하리니"(고전 16:1~3). 그리고 더 후하게 헌금하라고 권하기 위해 다음과 같이 덧붙입니다: "만일 나도 가는 것이 합당하면 그들이 나와 함께 가리라"(고전 16:4). 다시 말해서 바울이 가지고 갈 만큼 그들의 헌금이 귀하다고 말합니다.

4. 바울은 갈라디아서에서 자신이 사도들과 함께 전도 사역을 할 때 이방인을 대상으로 전도하겠지만 예루살렘에 있으면서 그리스도를 위하여 재산을 버리고 자발적으로 궁핍해진 사람들에 관심을 두고 돌보는 일을 거부하지 않기로 베드로와 야고보와 요한과 협의했다고 증언합니다. 그는 "기둥 같이 여기는 야고보와 게바와 요한도 내게 주신 은혜를 알므로 나와 바나

바에게 친교의 악수를 하였으니 우리는 이방인에게로, 그들은 할례자에게로 가게 하려 함이라 다만 우리에게 가난한 자들을 기억하도록 부탁하였으니"(갈 2:9~10)라고 말합니다. 그는 "이것은 나도 본래부터 힘써 행하여 왔노라"라고 말하면서 자신이 이 일을 신중하게 행할 것이라고 증언합니다.

5. 누가 더 복됩니까? 갓 개종하여 복음의 완전함에 오를 수 없으며 아직 재산에 집착하는 이방인, 야고보가 우상의 더러운 것과 음행과 목매어 죽인 것과 피를 멀리하고(행 15:20) 재산을 보유하면서도 그리스도에 대한 믿음을 받아들이는 것을 큰 열매를 맺은 것이라고 간주한 사람입니까? 아니면 날마다 복음의 말씀을 지키고 주님의 십자가를 지면서 자신을 위해 재산을 소유하려 하지 않는 사람입니까?

6. 쇠사슬에 묶이고 감옥에 갇히거나 여행의 어려움 때문에 스스로 일하여 생계를 유지할 수 없게 된 바울을 생각해 보십시오. 그는 자신이 궁핍할 때 마케도니아에서 온 형제들의 도움을 받았다고 언명합니다: "마게도냐에서 온 형제들이 나의 부족한 것을 보충하였음이라"(고후 11:9). 바울은 빌립보서에서 "빌립보 사람들아 너희도 알거니와 복음의 시초에 내가 마게도냐를 떠날 때에 주고 받는 내 일에 참여한 교회가 너희 외에 아무도 없었느니라 데살로니가에 있을 때에도 너희가 한 번뿐 아니라 두 번이나 나의 쓸 것을 보내었도다"(빌 4:15~16)라고 말합니다. 이 사람들이 미온적인 정신으로 형성한 견해로 볼 때 이들이 자기 재산으로 바울에게 쓸 것을 공급한 것처럼 보인다고 해서 바울보다 더 복됩니까? 어리석은 사람이라도 그렇게 말하지 않을 것입니다.

~ 18 ~
사도들을 본받으려면 우리의 견해가 아니라
사도들의 모범을 따라야 한다.

1. 이런 까닭에 만일 우리가 복음의 가르침에 순종하며 바울을 비롯하여 초대 교회, 그리고 우리 시대에 그들의 덕과 완전함을 계승한 교부들을 본받으려 한다면, 현재의 미지근하고 비참한 상태에서 복음의 완전함을 약속함으로써 자신의 견해를 고수해서는 안 됩니다. 우리 자신을 속이려 하지 말고 그분들의 발자취를 따라가야 합니다. 우리는 수도원의 훈련과 가르침을 추구하여 이 세상을 버려야 합니다. 그리고 이미 정죄한 것을 감추어두지 않으며, 비축해둔 돈을 사용하지 않고 손수 노동함으로써 일용할 양식을 확보해야 합니다.

~ 19 ~
바실 주교가 신클레티우스(Syncletius)에게 한 말

1. 가이사랴의 주교 바실은 앞에서 말한 미지근한 상태에 빠져 있는 신크레티우스에게 몇 마디 했다고 합니다. 그는 이 세상을 버렸다고 말했지만 재산 일부를 계속 가지고 있었습니다. 이는 자신이 노동하여 생계를 유지하거나 수도원에서 가난과 노력과 복종함으로써 참된 겸손을 획득하고 싶지 않았기 때문이었습니다. 바실은 "신크레티우스, 당신은 원로원 의원을 죽

였지만, 그를 수도사로 만들지 못했습니다"라고 말했습니다.

~ 20 ~
탐욕에 정복되는 것은 무척 수치스러운 일이다.

1. 영적 경기에서 정당하게 씨름하려면, 마음에서 이 위험한 적을 몰아내야 합니다. 적을 정복하는 것은 그리 큰 덕이 아니며, 적에게 정복되는 것은 치욕스럽고 수치스러운 일입니다. 강한 사람에게 패할 때 승리하지 못하여 신음하고 슬퍼하지만, 적의 힘을 고려해보면 정복된 사람에게 약간의 위로가 있습니다. 그러나 만일 원수가 약하고 싸움에 열의가 없다면, 패배의 슬픔 외에도 큰 수치와 심각한 치욕을 느낄 것입니다.

~ 21 ~
탐욕을 정복하는 방법

1. 탐욕과 관련하여 작은 동전 때문이라도 양심이 더럽혀지지 않을 때 수도사는 가장 크게 영속적으로 승리할 것입니다. 적은 액수의 돈에 대한 욕망을 마음에 심고 그것에 정복된 사람은 더 큰 욕망의 불에 즉각적으로 타 버릴 것입니다. 악한 탐욕의 영이 그리스도의 군사의 마음에 이러한 욕망의 씨를 뿌리지 않는 한 그는 승리할 것이며 탐심의 공격에서 안전할 것입니다. 이런 까닭에 일반적으로 모든 종류의 악덕 안에 있는 뱀의 머리를 조심

해야 하지만, 특히 이 영을 주의해야 합니다. 만일 그것을 받아들인다면, 강하게 자라서 더 치열한 불이 될 것입니다. 그러므로 돈을 소유하는 것을 경계할 뿐만 아니라 그러한 욕망을 마음에서 철저히 몰아내야 합니다. 우리가 피해야 할 것은 탐욕의 결과가 아닙니다. 탐욕을 향하는 성향을 근절해야 합니다. 우리 안에 돈을 소유하려는 욕망이 있는 한 돈을 소유하지 않는 것이 무익합니다.

~ 22 ~
돈이 없어도 탐욕적인 사람이 있다.

1. 탐욕을 품지 않았지만 시기심을 제거하지 못하여 가난이 무가치하며, 가난의 유익을 누리지 못하며, 지치고 피곤한 마음으로 결핍이라는 짐을 지는 사람이 있습니다. 음욕을 품고 여자를 보는 것은 마음으로 이미 간음한 것이라는 말씀처럼(마 5:28), 돈에 짓눌리지 않은 사람이 그 성향과 태도 때문에 탐욕을 품은 것으로 정죄될 수 있습니다. 왜냐하면, 그들에게 부족한 것은 욕망이 아니라 기회인데, 하나님은 욕구가 아니라 기회를 중시하시기 때문입니다. 그러므로 어리석은 이유로 수고의 상을 잃지 않도록 노력해야 합니다. 가난과 궁핍의 결과를 참고 견뎠지만 헛되고 악한 욕망 때문에 그 열매를 잃는 것을 불행한 일입니다.

~ 23 ~
유다의 예

1. 탐욕이 얼마나 악하고 해롭게 발아하여 그것을 품은 사람을 멸망하게 하는지, 그리고 그것을 제거하지 않으면 온갖 종류의 악한 가지를 낸다는 것을 알아보겠습니다. 주님의 제자였지만 이 치명적인 뱀의 머리를 짓밟지 않은 유다를 생각해보십시오. 그것은 욕망의 올무로 그를 얽어매고 은 삼십에 세상의 구세주를 팔아넘기라고 설득하면서 악한 목적으로 몰고 갔습니다(마 26:14~16). 만일 그가 탐욕에 빠지지 않았다면 배반이라는 악행을 하지 않았을 것이며, 만일 자신이 맡은 돈궤에서 돈을 훔치는 습관이 없었다면 주님을 부인하는 죄를 범하지 않았을 것입니다(요 12:6).

~ 24 ~
가난하지 않으면 탐욕을 극복할 수 없다.

1. 사로잡은 영혼이 의로운 규칙을 지키거나 수입이 증가하는 데 만족하는 것을 허락하지 않는 이 포악한 악덕의 분명한 예는 유다로 충분합니다. 탐욕은 부가 아닌 가난으로 멈추어야 합니다. 마지막으로, 유다는 가난한 사람에게 나누어주어야 할 돈궤를 맡아 많은 돈을 재량으로 사용하게 되었을 때 욕망에 한계를 두지 않고 많은 것을 중시하였으므로 더 많은 것을 바라게 되었고, 그 결과 돈궤에서 비밀리에 훔치기보다 주님을 팔려 했습니

다. 탐욕은 사람이 축적할 수 있는 것보다 더 많은 것을 원합니다.

~ 25 ~
탐욕 때문에 죽은 아나니아, 삽비라, 그리고 유다의 죽음에 관하여

1. 사도들의 지도자는 이러한 예를 통해서 탐욕을 품은 사람을 억제할 수 없다는 것, 그리고 많든지 적든지 돈으로는 탐욕을 멈출 수 없고 가난의 덕으로만 억제할 수 있다는 것을 깨달아 알았기 때문에 아나니아와 삽비라를 정죄하여 죽게 했습니다. 왜냐하면, 그들은 재산을 판 돈 얼마를 감추었기 때문입니다. 그들은 탐욕 때문에 거짓말하였고, 주님을 배반하는 큰 죄를 범한 유다처럼 멸망했습니다. 이런 점에서 죄와 벌은 매우 유사합니다. 유다의 경우에는 배반이 탐욕을 따라왔고, 아나니아와 삽비라의 경우에는 거짓말이 따라왔습니다. 그들의 행위의 결과는 다르게 나타났지만, 목적은 같습니다.

2. 유다는 가난을 버리고 이미 버렸던 것을 다시 취하려 했고, 아나니아와 삽비라는 가난해지지 않으려고 사도들에게 바치거나 형제들에게 나누어주어야 할한 재산 일부를 감추려 했습니다. 각각의 죄가 탐욕의 뿌리에서 솟아났기 때문에 두 경우 모두 죽음의 형벌이 따릅니다. 다른 사람의 재산을 탐낸 것이 아니라 자기 것을 아끼려 한 사람과 이익을 원한 것이 아니라 무엇인가를 감추려 한 사람에게 이처럼 가혹한 선고가 내렸다면, 자기가 소유

해본 적이 없는 돈을 축적하려 하며 공개적으로 가난한 체하지만 탐욕적인 성향 때문에 하나님 보시기에 부자로 입증되는 사람은 어떻게 될까요?

~ 26 ~

탐욕은 영적 문둥병을 초래한다.

1. 이런 사람은 이 세상의 헛된 재물을 갈망하다가 문둥병에 걸린 게하시처럼 영과 정신이 문둥병에 걸린 사람입니다. 그런 점에서 게하시는 탐욕에 얼룩진 영혼이 악덕이라는 영적 문둥병에 걸리며, 영원한 저주 때문에 하나님 앞에서 더럽다고 간주된다는 것을 보여주는 예입니다.

~ 27 ~

완전함을 원한다면 포기하고 버렸던 것을
다시 취하지 말라는 성경의 증언

1. 만일 당신이 완전함을 향한 갈망 때문에 모든 것을 버리며, "네가 온전하고자 할진대 가서 네 소유를 팔아 가난한 자들에게 주라 그리하면 하늘에서 보화가 네게 있으리라 그리고 와서 나를 따르라"라고 말씀하신 그리스도를 따랐다면, 어찌하여 손에 쟁기를 잡고 뒤를 돌아봄으로써 하나님의 나라에 합당하지 못하다는 말을 듣습니까? 복음의 집 지붕에서 안전한 곳을 발견했는데, 왜 전에 거부했던 것을 가지러 내려갑니까(눅 19:31)? 당신은 밭에

서 고결하게 행동하고 있으면서 왜 이미 버리고 포기했던 세상 물건을 가지려고 집으로 돌아갑니까? 만일 당신이 가난하여 포기할 것이 없다면, 과거에 소유하지 못했던 것을 얻으려 하지 말아야 합니다. 주님은 당신이 금전적인 장애물의 방해를 받지 않고 서둘러 주님에게 갈 수 있도록 예비해주십니다. 그러나 이런 점에서 궁핍한 사람은 흔들리지 말아야 합니다. 왜냐하면, 포기할 것이 없는 사람은 없기 때문입니다. 이 세상 물건을 포기한 사람은 소유하려는 욕구의 뿌리를 잘라버린 사람입니다.

~ 28 ~
가난하지 않으면 탐욕과 싸워 이길 수 없다.

1. 적은 금액이라도 돈의 불씨가 내면에서 자라는 것을 내버려 둔다면 나중에 그것을 끌 수 없으리라고 확신하고 그것이 마음에 머무는 것을 허락하지 않을 때 탐욕을 정복하고 승리할 수 있습니다.

~ 29 ~
수도사가 가난을 유지하는 방법

1. 만일 우리가 수도원 안에 있으면서 자신이 가진 음식과 옷에 만족하지 못한다면, 가난의 덕을 흠 없이 유지할 수 없을 것입니다.

~ 30 ~
탐욕의 치료법

1. 그러므로 아나니아와 삽비라에게 내린 정죄를 기억하고, 우리가 이미 버리고 완전히 버리기로 서원한 것을 보유하지 말아야 합니다. 탐욕 때문에 문둥병자가 된 게하시를 보고 두려워하며, 과거에 소유한 적이 없는 것을 획득하지 않도록 조심해야 합니다. 유다의 마지막은 두려운 것입니다. 우리는 이미 포기한 돈을 다시 취하지 말아야 합니다. 이 모든 것을 염두에 두고서 주의 날이 밤에 도둑 같이 임하여(살전 5:4) 우리의 양심이 은화 한 잎에라도 더럽혀진 것을 발견하지 않으려면, 우리의 약하고 불확실한 상태에 주목해야 합니다. 그것은 우리의 금욕의 열매를 무효화하고, 복음서에서 주님이 부자에게 하신 말씀이 우리에게 적용되게 할 것입니다: "어리석은 자여 오늘 밤에 네 영혼을 도로 찾으리니 그러면 네 준비한 것이 누구의 것이 되겠느냐"(눅 12:20). 우리는 내일 일을 염려하지 말고, 공주수도원의 규율에서 벗어나지 말아야 합니다.

~ 31 ~
공주수도원에 머물지 않으면 탐욕을 정복할 수 없다는
것, 그리고 어떻게 공주수도원에 머물 수 있는지에 관하
여

1. 겸손에 기초를 두는 인내의 덕이 먼저 우리 안에 확고하게 세워지지 않

으면 이것을 성취할 수 없고 가르침의 규칙 아래 거할 수 없습니다. 왜냐하면, 인내는 다른 사람에게 짐을 지우는 방법을 알지 못하며, 자신에게 지워진 짐을 관대하게 참고 견디기 때문입니다.

제8권

분노의 영

차례

1. 네 번째 싸움은 분노를 대적한 것인데, 이것이 많은 폐해를 발생한다 / 207
2. 하나님이 악인에게 분노하시므로, 나쁜 짓을 한 사람에게 발하는 분노가 해롭지 않다고 말하는 사람에 관하여 / 208
3. 하나님 안에 있는 것으로서 우리의 본성이 지적하는 것들에 관하여 / 208
4. 인간의 성향이요 육적인 것이라고 생각하는 것을 불변하시고 영원하신 하나님의 것으로 간주해야 한다 / 209
5. 수도사가 지녀야 할 평화로운 성향에 관하여 / 211
6. 불의한 분노와 의로운 분노에 관하여 / 212
7. 유일하게 분노가 필요한 경우 / 212
8. 의롭다고 간주된 다윗의 분노 / 213
9. 우리 자신에게 발해야 할 분노에 관하여 / 214
10. 해가 지도록 분을 품지 말아야 한다 / 215
11. 해가 지도록 분을 품은 사람들에 관하여 / 216
12. 슬픔과 분노의 목적은 사람이 가능한 한도까지 그것을 품게 하는 데 있다 / 216
13. 잠시도 분노를 품지 말아야 한다 / 217
14. 우호적인 화해 / 218
15. 행동뿐만 아니라 생각으로도 화를 내지 말라는 옛 법 / 219

16. 부절적한 습관을 버리지 못한 사람의 은둔이 헛되다는 것에
　　관하여 / 219
17. 마음의 평정은 다른 사람의 의지가 아닌 우리 자신의 행동에
　　의존해야 한다 / 220
18. 사막을 찾아가는 사람의 열정, 그리고 그곳에서 이루는
　　진보 / 220
19. 다른 사람이 자신을 화나게 하지 않을 때만 인내하는 사람에
　　게 적용되는 비교 / 221
20. 복음에 따라 분노를 제거하는 것에 관하여 / 222
21. "형제에게 노하는 자마다"에 "이유없이"라는 말을 더해야 하
　　는지에 관하여 / 224
22. 마음에서 분노를 제거하는 데 사용하는 치료법 / 224

~ 1 ~
네 번째 싸움은 분노를 대적한 것인데, 이것이 많은 폐해를 발생한다.

1. 네 번째 싸움에서 영혼 깊은 곳에서 제거해야 할 것은 분노의 치명적인 독입니다. 그것이 마음속에 있으면서 어둠으로 정신의 눈을 멀게 하는 한 우리는 바른 분별의 판단을 획득하지 못하고, 선한 관상적 시각을 소유하지 못하며, 성숙한 지혜를 소유하지 못할 것이며, 생명을 소유하지 못할 것이고, 의를 고수하지 못할 것이며, 참된 영적 빛을 받지 못할 것입니다. 성경에 "내가 근심 때문에 눈과 영혼과 몸이 쇠하였나이다"(시 31:9)라고 기록되어 있습니다.

2. 분노는 어리석은 사람의 품에 머무는 것이므로(전 7:9), 모든 사람이 우리를 지혜롭게 여기는 듯해도 우리는 지혜에 관여하지 못할 것입니다. 과격한 말은 노를 격동하므로(잠 15:1), 비록 사람들이 우리를 신중하다고 여겨도 우리는 불멸의 생명을 획득할 수 없을 것입니다. 또 노하는 사람은 하나님의 의를 이루지 못하므로(약 1:20), 모든 사람이 우리를 완전하고 거룩하다고 평가해도 마음이 명석하고 분별력이 있어도 의를 획득할 수 없을 것입니다. 또 "악인의 소망은 진노를" 이루므로(잠 11:25) 우리가 명문가 출신이기 때문에 고귀하고 고결하다고 생각된다 해도 이 세상 사람들도 흔히 지니는 영예를 소유하지 못할 것입니다.

3. "노하기를 속히 하는 자는 어리석은 일을 행하므로"(잠 14:17), 지식이 많아도 성숙한 충고를 얻을 수 없을 것입니다. "노하는 자는 다툼을 일으키고

성내는 자는 범죄함이 많으므로"(잠 29:22), 다른 사람이 성가시게 하지 않아도 우리는 죄와 소란함에서 벗어나지 못할 것입니다.

~ 2 ~
하나님이 악인에게 분노하시므로, 나쁜 짓을 한 사람에게 발하는 분노가 해롭지 않다고 말하는 사람에 관하여

1. 어떤 사람은 성경을 가증하게 해석하여 분노라는 파괴적인 병의 폐해를 줄이려 합니다. 그들은 "여호와여 주의 분노로 나를 책망하지 마시오며 주의 진노로 나를 징계하지 마옵소서"(시 6:1), "여호와께서 자기 백성에게 맹렬히 노하시며"(시 106:40)라는 시편 기자의 말씀을 근거로 하나님을 알려 하지 않거나 알면서도 하나님을 업신여기는 사람에게 하나님이 화를 내신다는 이유로, 잘못을 범한 형제에게 화내는 것이 해롭지 않다고 말합니다. 그들은 자신이 사람들을 악덕에 넘겨주면서 신적인 무한함과 정결함의 근원에 육체적 정념의 불의를 섞고 있다는 것을 알지 못합니다.

~ 3 ~
하나님 안에 있는 것으로서
우리의 본성이 지적하는 것들에 관하여

1. 만일 하나님에 관하여 언급되는 말씀을 육적이고 조야하게 이해하여

문자적으로 이해한다면, "주여 깨소서 어찌하여 주무시나이까"(시 44:23)라고 기록되었으므로 "이스라엘을 지키시는 이는 졸지도 아니하시고 주무시지도 아니하시리로다"(시 121:4)라고 언급된 분도 주무실 것입니다. "하늘은 나의 보좌요 땅은 나의 발판이니"(사 66:1)라고 기록되었으므로, "손바닥으로 바닷물을 헤아렸으며 뼘으로 하늘을 재신"(시 40:12) 분이 앉고 서실 것입니다. "주께서 잠에서 깨어난 것처럼 포도주를 마시고"(시 78:65)라고 기록되었으므로 "오직 그에게만 죽지 아니함이 있고 가까이 가지 못할 빛에 거하시는"(딤전 6:16) 주님이 앉고 서실 것입니다.

성경에서 종종 하나님의 속성으로 언급되는 무지와 망각, 그리고 인간적인 형태와 처리 방식으로 묘사되는 육체적인 부위, 즉 머리털, 머리와 코, 눈과 얼굴, 손과 팔, 손가락, 배, 발 등에 대해서는 언급하지 않겠습니다. 만일 이 모든 것을 문자적으로 이해하려 한다면, 하나님이 육체적인 형태와 육체적인 부위들로 이루어졌다고 생각해야 할 것입니다. 우리는 그러한 악한 말을 하지 않습니다.

~ 4 ~
인간의 성향이요 육적인 것이라고 생각하는 것을
불변하시고 영원하신 하나님의 것으로 간주해야 한다.

1. 성경에서 눈에 보이지 않고 형언할 수 없고 이해할 수 없고 단순하다고 선언된 분을 문자적으로 이해하는 것은 끔찍한 신성모독이므로, 분노를 하

나님의 불변의 속성으로 간주하는 것은 신성모독입니다. 이런 종류의 육체적인 부위를 언급할 때 이처럼 육체의 부위를 나타내는 친숙한 용어로 암시될 수 밖에 없는 하나님의 신적 능력과 불가해한 솜씨를 생각해야 합니다.

2. 예를 들어 "입"은 우리 영혼의 가장 깊은 곳에서 부드럽게 이루어지는 하나님의 대화, 또는 우리 조상들과 선지자들에게 하신 말이라고 이해해야 합니다. "눈"은 하나님이 만물을 보고 살피시는 예리한 시선으로, 우리가 하나님 몰래 아무것도 행하지 못한다는 사실을 나타낸다고 이해할 수 있습니다. "손"은 만물을 지으신 창조주의 섭리와 행위로 이해해야 합니다. "팔"은 만물을 유지하고 인도하고 다스리시는 하나님의 통치와 능력을 언급합니다. 하나님의 흰머리는 시작이 없이 영원전부터 있었고 모든 피조물을 초월하시는 분의 장수를 의미합니다.

3. 그러므로 하나님의 분노와 진노에 대한 말씀을 대할 때 그것을 저급한 인간의 장애로 생각하지 말고 온갖 장애에서 자유로우신 하나님에게 합당한 방식으로 생각해야 합니다. 다시 말해서, 이 세상의 모든 악을 심판하시고 복수하시는 분을 볼 수 있어야 하며, 우리의 행동에 대해 무섭게 되갚으시는 분으로 여겨 두려워해야 하며, 그분의 뜻을 거스리는 행위를 두려워해야 합니다.

4. 인간의 본성은 화를 낸다고 생각되는 사람을 두려워하며 그의 기분을 상하게 하려 하지 않습니다. 양심의 가책을 받는 사람은 공정한 판사를 두려워합니다. 공정하게 재판할 사람의 영혼 안에서 이것이 발견되는 것이 아니라, 법의 집행을 지향하는 성향, 즉 죄의 경중을 재는 기준이 발견됩니다. 그를 두려워하는 사람은 신중하고 사려깊음을 느낍니다. 아무리 온유하고

관대한 정신으로 재판해도, 벌받을 사람은 그것을 큰 진노요 분노라고 여길 것입니다.

5. 성경에서 하나님에 대해 인간의 용어로 상징적으로 말한 것을 이 책에서 모두 설명할 수 없으므로, 여기에서는 현재의 관심사인 분노와 관련된 것을 무지로 말미암아 거룩함과 영생과 구원의 약을 얻어야 할 곳에서 병과 영원한 죽음으로 이어질 것을 끌어내지 않도록 이만큼만 다루겠습니다.

~ 5 ~
수도사가 지녀야 할 평화로운 성향에 관하여

1. 완전함을 향해 가며 정당하게 영적 씨름을 하려는 수도사는 모든 면에서 분노와 진노를 멀리해야 합니다. 그는 택한 그릇(행 9:15)인 바울이 "모든 악독과 노함과 분냄과 떠드는 것과 비방하는 것을 모든 악의와 함께 버리라"(엡 4:31)라고 한 말에 귀를 기울여야 합니다. (그는 "노함과 분냄을 버리라"라고 말하면서 불가피한 것과 공익사업도 배제하지 않습니다.) 그는 필요한 경우 잘못을 행하는 형제를 고쳐주되, 열이 나는데도 일하는 사람의 일을 덜어주면서 화냄으로써 자신에게 눈을 보지 못하는 해로운 병을 초래하지 않도록, 형제의 눈 속에 있는 티를 보면서 자기 눈 속에 있는 들보를 보지 못하는 일이 없게 해야 합니다. 다른 사람의 상처를 고쳐주면서 "의사야 너 자신을 고치라"(눅 4:23)는 말을 듣지 않으려면, 병에 걸리지 않고 건강해야 합니다. 눈 속에 진노의 들보를 넣고 다니는 사람이 어떻게 형제의 눈에

있는 티를 보고 빼겠습니까?

~ 6 ~
불의한 분노와 의로운 분노에 관하여

1. 어떤 이유에서든지 진노가 끓어올라 마음의 눈을 멀게 하며, 한층 격렬하고 치명적인 들보로 시각을 방해하고 의의 해를 보지 못하게 할 수 있습니다. 눈에 들어간 것이 금이든지 납이든지 다른 금속이든지 무관합니다. 금속의 가치가 눈이 멀어 보지 못한다는 사실을 바꾸지 못합니다.

~ 7 ~
유일하게 분노가 필요한 경우

1. 그러나 우리의 내면에 적절하게 놓인 분노의 기능이 있는데, 이 목적을 위해 사용할 때만 분노가 유익한 것이 됩니다. 즉 마음의 악의적인 움직임에 분개하고, 사람들 앞에서 말하거나 행동하기 부끄러운 것이 마음 속에 들어와 있을 때 화내는 것은 유익합니다. 이는 어디서나 모든 것을 꿰뚫어 보시므로 우리의 양심이 그 앞에서 아무 것도 감출 수 없는 분이신 하나님과 천사들 앞에서 우리가 두려워 떠는 것과 같습니다.

~ 8 ~
의롭다고 간주된 다윗의 분노

1. 형제에 대한 분노가 끓어오를 때 그 분노 때문에 불안을 느끼고 화를 내며 그것의 치명적인 제안을 몰아내며, 그것이 우리 마음 속에 둥지를 트는 것을 허락하지 말아야 합니다. 마음에서 분노를 제거하였으므로 하나님이 넘겨주신 원수에게 복수하려 하지 않았던 다윗은 "너희는 분노하여도 죄 짓지 말아라"(시 4:5)라고 말하면서 이 방식을 가르쳤습니다.

2. 그는 베들레헴 성문 곁에 있는 우물 물을 마시고 싶었습니다. 세 용사가 블레셋 사람의 진영을 돌파하고 지나가서 베들레헴 성문 곁 우물 물을 길어 가지고 다윗에게 왔으나 다윗이 마시려 하지 아니하고 그 물을 여호와께 부어 드리며 "여호와여 내가 나를 위하여 결단코 이런 일을 하지 아니하리이다 이는 목숨을 걸고 갔던 사람들의 피가 아니니이까"(삼하 23:17)라고 말했습니다.

3. 다윗 왕의 모든 부하와 용사가 좌우에 서서 왕을 호위하고 가는데 시므이가 다윗과 그의 모든 신하에게 돌을 던지고 저주했습니다. 그러자 스루야의 아들 아비새가 분개하여 그의 머리를 베어버리겠다고 말했습니다. 다윗은 이 무서운 제안에 거룩한 분노를 느꼈고, 겸손히 인내하면서 다음과 같이 말했습니다: "스루야의 아들들아 내가 너희와 무슨 상관이 있느냐 그가 저주하는 것은 여호와께서 그에게 다윗을 저주하라 하심이니 네가 어찌 그리하였느냐 할 자가 누구겠느냐 하고 또 다윗이 아비새와 모든 신하들에게 이르되 내 몸에서 난 아들도 내 생명을 해하려 하거든 하물며 이 베냐민 사

람이랴 여호와께서 그에게 명령하신 것이니 그가 저주하게 버려두라 혹시 여호와께서 나의 원통함을 감찰하시리니 오늘 그 저주 때문에 여호와께서 선으로 내게 갚아 주시리라"(삼하 16:10~12).

~ 9 ~
우리 자신에게 발해야 할 분노에 관하여

우1. 리는 건강한 방식으로 우리 자신과 악한 제안에 화를 내며, 그것들이 해로운 결과를 만들어내도록 방치하는 죄를 범하지 말아야 한다는 명령을 받고 있습니다. 다음 구절은 더 분명하게 이러한 이해를 제공합니다: "자리에 누워 심중에 말하고 잠잠할지어다"(시 4:5). 다시 말해서 예기치 않게 속이는 제안이 밀려올 때 마음으로 생각하는 것을 유익한 가책으로 수정하고 바로잡으며, 평화롭게 침대에 누워있듯이 온건한 지혜로 분노의 소동과 소음을 제거해야 합니다.

바울은 이 구절에 다음과 같이 덧붙여 말합니다: "분을 내어도 죄를 짓지 말며 해가 지도록 분을 품지 말고 마귀에게 틈을 주지 말라"(엡 4:26~27). 의의 해가 지도록 분을 품는 것, 그리고 화났을 때 마음을 마귀에게 내주는 것이 위험한 일이라면, 왜 "분을 내어도 죄를 짓지 말며"라고 명령했습니까? 이것은 우리가 분노 때문에 어두워지고, 우리의 어두워진 정신 안에서 의의 해이신 그리스도가 지기 시작하여 즉시 떠나가시며 우리가 마귀에게 틈을 주지 않으려면, 우리의 악덕과 격분에 화를 내야 한다는 의미입니다.

~ 10 ~
해가 지도록 분을 품지 말아야 한다.

1. 하나님은 선지자를 통해서 "공의로운 해가 떠올라서 치료하는 광선을 비추리니"(말 4:2)라고 말씀하시면서 이 해를 언급하십니다. 반면에 "내가 해를 대낮에 지게 하여 백주에 땅을 캄캄하게 하며"(암 8:9)라고 말하면서 죄인과 거짓 선지자와 화내는 사람들에게는 해가 대낮에 진다고 말합니다.

마음의 생각과 판단을 조사하기 때문에 해라고 불리는 정신(누스 또는 이성)이 분노 때문에 제거되면 안 됩니다. 그것이 지고 소란이라는 어둠이 그 창시자인 마귀와 함께 마음의 이해를 점령하여며, 우리가 깊은 밤같은 분노의 어둠에 둘러싸인다면, 어떻게 행동해야 할지 알지 못할 것입니다. 이것이 원로들이 분노에 대한 자기의 생각을 알아야 한다고 생각했기 때문에 우리를 가르쳐 준 바울의 이 구절에 대한 이해입니다. 그들은 잠시라도 그것이 우리 마음에 들어오는 것을 허락하지 않고 모든 면에서 "형제에게 노하는 자마다 심판을 받게 되고"(마 5:22)라는 말씀을 굳게 붙들었습니다. 해가 지도록 분을 품는 것이 정당한 일이라면, 분노와 진노가 가득하면 해롭고 성가신 마음 상태가 해질 때까지 증가할 것입니다.

~ 11 ~
해가 지도록 분을 품은 사람들에 관하여

1. 해가 지도록 노여움을 풀지 않고 여러 날 동안 분을 품은 사람들에 대해서 무슨 말을 해야 할까요? 그들은 자신이 못마땅해 하는 사람에 대해 계속 원한을 품으며, 입으로는 화가 나 있다는 것을 부인하지만 행동으로 깊은 분노를 표현합니다. 그들은 그에게 적절한 말로 접근하지 않고 공손하게 말을 걸지 않습니다. 이 점에서 그들은 자신이 성가심에 대한 복수를 요구하지 않으므로 잘못되었다고 여기지 않습니다. 그러나 그들은 그것을 공개하지 않으며, 공개할 수 없기 때문에 마음으로 그것에 대해 곰곰이 생각하고 침묵하며 내면에서 그것을 소화시켜 그 독을 자신의 멸망으로 되돌립니다. 그것은 단번에 정신의 힘으로 자신의 슬픔을 몰아내지 않고 숙고하며, 결국 시간이 흐르면 그것을 똑같이 다룹니다.

~ 12 ~
슬픔과 분노의 목적은 사람이 가능한 한도까지
그것을 품게 하는 데 있다.

1. 어떤 사람들에게는 이것이 복수의 마지막이 아닙니다. 분노의 선동을 받아 가능한 한도까지 가야만 격분과 짜증이 충족되는 사람들이 있습니다. (평화로운 감정으로 충동을 억제하는 것이 아니라, 공손하게 말하지 않는

것 외에는 달리 할 일이 없기 때문에 복수할 기회가 없어서 억제하는 사람들이 이렇게 행동한다고 알려져 있습니다.) 진노를 그 증세의 관점에서 억제할 뿐이지 마음 깊은 곳에서 근절하지 않으며, 그 결과 그 어둠으로 우리의 눈이 멀며 유익한 권고와 지식의 빛을 들여보내지 못하며, 악한 영이 우리 안에 거하므로 성령의 전이 되지 못하는 듯합니다. 마음 속에서 억제된 격분은 이웃의 기분을 상하게 하지 않지만, 성령의 빛을 배제합니다.

~ 13 ~
잠시도 분노를 품지 말아야 한다.

1. 주님은 우리에게 화를 품은 사람이 있다는 것을 알면 기도의 영적 제사를 드리지 말라고 하시면서 잠시도 분을 품지 않을 것을 원하셨습니다. 주님은 다음과 같이 말씀하십니다: "예물을 제단에 드리려다가 거기서 네 형제에게 원망들을 만한 일이 있는 것이 생각나거든 예물을 제단 앞에 두고 먼저 가서 형제와 화목하고 그 후에 와서 예물을 드리라"(마 5:23~24). 우리를 원망하는 형제가 있으면 우리가 하나님께 기도하는 것이 허락되지 않는데, 하물며 해가 지도록 형제에게 분을 품는 것이 허락되겠습니까? 바울은 "쉬지 말고 기도하라"(살전 5:17), "각처에서 남자들이 분노와 다툼이 없이 거룩한 손을 들어 기도하기를 원하노라"(딤전 2:8)라고 말합니다. 그러므로 이런 종류의 독을 마음에 품고 기도하지 않음으로써 각처에서 쉬지 말고 기도하라는 교훈에 복종하지 않든지 자신을 속이고 그의 명령을 어기며 기도한다

면, 우리가 주님께 기도하는 것이 아니라 배반하는 고집센 영에게 기도하는 것입니다.

~ 14 ~
우호적인 화해

1. 우리는 가끔 상처를 입거나 피해를 당한 형제를 멸시하며, 그가 우리의 부당한 행동 때문에 그렇게 된 것이 아니라고 말하며 멸시하므로, 영혼의 의원이시요 감추어진 것을 감독하시는 분은 우리 마음에서 진노의 원인을 완전히 뽑아내려 하십니다. 그분은 만일 우리가 상처를 입었다면 형제를 용서하고 화해하며 그들의 악행이나 상처의 기억을 품지 말라고 명령하십니다. 또 제단에 예물을 드리다가 형제가 정당한 것이든지 부당한 것이든지 우리에게 불만을 품고 있다는 것이 생각이 나거든 그 제물을 제단 앞에 놓아두고 먼저 가서 형제나 자매와 화해한 다음에 돌아와서 제물을 드리라고 명령하십니다. 이는 모든 사람의 주님이 우리의 예배를 흡족해하신다는 것이 아닙니다. 즉 그분이 멸시받기 때문에 한 사람에게서 얻은 것을 다른 사람에게서 잃는다는 것이 아닙니다. 모든 종이 똑같은 방식으로 구원받기를 바라고 기대하시는 분은 누군가 불이익을 당할 때 손해를 당하십니다. 그러므로 우리를 원망하는 형제가 있을 때 드리는 기도는 우리가 형제에게 앙심을 품고 진노의 영이 가득한 상태로 드리는 기도와 마찬가지로 효력이 없을 것입니다.

~ 15 ~

행동뿐만 아니라 생각으로도 화를 내지 말라는 옛 법

1. 그리 요구가 많지 않은 것처럼 보이는 옛 법이 똑같은 것에 대해 경고하는데, 왜 우리는 복음서와 바울의 가르침을 이처럼 오래 다루고 있습니까? 그 법은 이렇게 말합니다: "너는 네 형제를 마음으로 미워하지 말며"(레 19:17), "원수를 갚지 말며 동포를 원망하지 말라"(레 19:18). 착하게 살면 생명에 이르고 그릇된 길을 가면 죽음에 이른다고도 말합니다(잠 12:28). 그리고 행동뿐만 아니라 은밀한 생각 안에 있는 악도 억제해야 하며, 미움과 복수심뿐만 아니라 불쾌한 기억까지도 마음에서 제거하고 몰아내라고 명령합니다.

~ 16 ~

부절적한 습관을 버리지 못한 사람의 은둔이
헛되다는 것에 관하여

1. 때로 우리가 교만이나 조급함에 사로잡혀 꼴사납고 버릇없는 행위를 고치려 하지 않을 때면 마치 괴롭히는 사람이 없는 곳에서 덕을 발견하려는 듯이 독거가 필요하다고 불평하며, 우리가 태만하고 흥분한 원인이 우리의 조급함에서 비롯된 것이 아니라 형제의 잘못에서 비롯되었다고 변명합니다. 우리 자신의 잘못의 원인을 다른 사람에게 돌리는 한 인내와 완전함에

가까이 가지 못할 것입니다.

~ 17 ~
마음의 평정은 다른 사람의 의지가 아닌
우리 자신의 행동에 의존해야 한다.

1. 우리의 진보와 평온함이 다른 사람의 의지에 좌우되어서는 안 됩니다. 이는 우리가 다른 사람의 의지를 좌우할 수 없기 때문입니다. 그것은 우리의 능력 안에 있습니다. 그러므로 우리가 다른 사람의 완전함으로 말미암아 화내지 않는 것이 아니라 우리 자신의 덕으로 말미암아 화내지 않아야 합니다. 그것은 다른 사람의 인내가 아니라 우리의 참고 견딤으로 말미암아 이루어집니다.

~ 18 ~
사막을 찾아가는 사람의 열정,
그리고 그곳에서 이루는 진보

1. 악덕을 모두 제거한 완전한 사람들은 사막을 찾아내며, 형제들의 공동체에서 악을 몰아낸 후에 자신의 약한 정신의 도피처로 사막에 들어가는 것이 아니라 거룩한 관상을 목적으로, 그리고 완전한사람들만 독거함으로써 획득할 수 있는 더 깊은 통찰을 얻기 위해서 사막에 들어갑니다. 만일 우리

가 처리하지 못한 악덕을 가진 채 사막에 간다면, 그것은 없어지는 것이 아니라 우리 안에 숨겨질 것입니다. 잘못된 행위를 고치고 깨끗한 관점에서 영적 신비의 지식을 드러내는 사람에게 독거가 가장 순수한 관상을 드러낼 수 있듯이, 잘못을 고치지 않은 사람의 악덕은 보존될 뿐만 아니라 과장됩니다. 다른 사람과의 관계가 없는 사람은 인내하고 겸손한 것처럼 보이겠지만, 성가신 일이 발생하면 곧 이전의 본성을 드러낼 것입니다. 숨어 있던 악덕이 즉시 모습을 드러내며, 오랫동안 활동하지 않던 억제 되지 않은 말처럼 속박를 깨려 하며 한층 더 사납게 마부를 위협합니다. 다른 사람과의 접촉 및 그들이 제공하는 훈육이 멈추면, 우리 안의 악덕은 마치 한번도 제거된 적이 없는 듯이 더 사나워지며, 우리는 게으른 안도감으로 말미암아 형제들과 함께 살 때 자신의 평판과 형제를 존중하기 위해서 소유한 체했던 인내라는 구실마저 상실합니다.

~ 19 ~

다른 사람이 자신을 화나게 하지 않을 때만
인내하는 사람에게 적용되는 비교

1. 해로운 독사와 야생짐승이 그렇듯이, 악덕은 홀로 굴 속에 머물어도 해가 없지 않습니다. 그것이 아무도 해치지 않는다고 해서 무해하다고 말할 수 없습니다. 왜냐하면 그것은 그의 선한 성향의 결과가 아니라 독거의 규제에 따른 결과이기 때문입니다. 그런 사람은 해를 가할 기회를 발견하면

즉시 내면에 숨어 있는 독을 끌어내고 흉포한 본성을 드러냅니다. 이런 까닭에 인내를 추구하는 사람은 다른 사람에게 화를 내지 않는 것만으로 충분하지 못합니다.

  2. 사막에서 살고 있을 때 우리의 펜이 닳아서 무뎌질 때, 독서하려 할 때 주머니칼이 둔해져서 잘 베어지지 않을 때, 그리고 책을 읽으려 하는 데 제대로 불꽃을 일으키지 않을 때 격한 감정이 슬그머니 다가온다는 것을 기억합니다. 그것이 매우 격하기 때문에 감각이 없는 사물이나 마귀를 저주하지 않고서는 정신의 소동을 없애거나 제거할 수 없습니다.

  3. 그러므로 완전함의 기초로서 화낼 대상이 없는 것만으로는 부족합니다. 먼저 인내를 획득하지 못한다면, 성내는 성향이 무감각한 사물에 발산될 수 있으며, 만일 그것이 우리 마음에 거주한다면 우리가 지속적으로 평정 상태를 소유하는 것을 허락하지 않으며 악덕과 무관하게 지내는 것을 허락하지 않을 것입니다. 반대로 감각이 없는 사물은 우리의 저주와 진노에 반응하지 않으며 우리의 무절제한 마음을 한층 더 큰 격분하게 하지 않으므로, 그런 식으로 화내는 것이 우리에게 유익하거나 치유의 효과를 유발할 수 있습니다.

~ 20 ~
복음에 따라 분노를 제거하는 것에 관하여

  1. 이런 까닭에 만일 우리가 "마음이 청결한 자는 복이 있나니 그들이 하

나님을 볼 것임이요"(마 5:8)라고 기록된 거룩한 상 받기를 원한다면, 우리의 행동에서 분노를 잘라버릴 뿐만 아니라 영혼 깊은 곳에서 뿌리를 뽑아버려야 합니다. 만일 마음의 은밀한 것을 보시는 하나님께서 분노가 우리 마음 은밀한 곳에 있는 것을 보신다면, 분노를 말로 억제하고 행동으로 표현하지 않아도 무익합니다.

2. 복음서는 악덕의 열매보다 뿌리를 잘라버리라고 명령합니다(마 3:10). 싹을 뽑아버리면 열매가 자라지 못할 것입니다. 우리의 행동과 행위의 표면에서가 아니라 생각 깊은 곳에서 싹을 뽑아버리면, 정신이 완전히 거룩하고 인내하는 상태에 머물 수 있을 것입니다. 그러므로 살인을 영속시키지 않으려면, 분노와 미움을 잘라버려야 합니다. 그것들이 없으면 결코 살인죄를 범할 수 없습니다. "형제에게 노하는 자마다 심판을 받게 되고"(마 5:22), "그 형제를 미워하는 자마다 살인하는 자"입니다(요일 3:15)입니다.

3. 그가 마음으로 형제를 죽이려 한다는 점에서 비록 그가 손이나 무기로 형제를 죽이는 것을 본 사람이 없어도 각 사람의 행동뿐만 아니라 마음의 소원과 의도에 따라 상과 벌을 주시는 주님은 그의 노하는 성향 때문에 그를 살인자라고 선언하십니다. 주님은 선지자를 통해서 이렇게 말씀하십니다: "내가 그들의 행위와 사상을 아노라 때가 이르면 뭇 나라와 언어가 다른 민족들을 모으리니"(사 66:18); "이런 이들은 그 양심이 증거가 되어 그 생각들이 서로 혹은 고발하며 혹은 변명하여 그 마음에 새긴 율법의 행위를 나타내느니라 곧 나의 복음에 이른 바와 같이 하나님이 예수 그리스도로 말미암아 사람들의 은밀한 것을 심판하시는 그 날이라"(롬 2:15~16).

~ 21 ~
"형제에게 노하는 자마다"에
"이유없이"라는 말을 더해야 하는지에 관하여

1. 자신이 이유없이 화를 낸다고 말할 사람이 없으므로 정당한 이유로 분노를 제거해야 한다고 생각하지 않는 사람들은 "형제에게 노하는 자마다 심판을 받게 되고"에 "이유없이"라는 말을 추가했습니다. 이렇게 말하는 사람은 성경의 의도를 이해하지 못한 사람입니다. 성경은 분노의 성장을 완전히 저지하고, 우리가 이유가 있어서 화를 내도록 하여 이유없이 화낼 기회를 제공하지 않으려고 분개의 원인 유지를 막으려 합니다. 인내의 목표가 의로운 분노 안에서 달성되는 것이 아니라 전혀 화내지 않는 데서 달성됩니다. "이유없이"라는 말은 이유없이 화낸 사람에게는 복수하는 것이 허락되지 않는다는 의미로 해석됩니다.

~ 22 ~
마음에서 분노를 제거하는 데 사용하는 치료법

1. 정당하게 경주하는 그리스도의 경주자는 진노의 움직임을 근절해야 합니다. 진노를 치료하는 약은 다음과 같습니다. 먼저 정당한 이유가 있든지 없든지 화를 내서는 안 된다는 것을 깨닫는 것입니다. 만일 우리 마음의 주도적 원리가 어둠 때문에 흐려진다면 그 즉시 선 및 의로운 규제뿐만 아니라

분별의 빛과 확고하고 바른 권고를 잃게 된다는 것을 알아야 합니다. 두번째로 분노의 영이 우리 안에 있는 한 정신의 깨끗함이 몰려나가며 정신이 결코 성령의 전이 될 수 없을 것입니다. 마지막으로 화가 나 있을 때는 하나님께 기도하거나 청원하는 것이 허락되지 않음을 알아야 합니다. 무엇보다 날마다 우리가 장차 죽는다는 것, 그리고 만일 우리의 진노와 미움 때문에 심판관이 우리를 위해 영원한 벌을 준비하고 계시다면, 우리의 금욕, 재산을 멸시하고 버린 것, 금식과 철야 등이 우리에게 아무것도 주지 못한다는 것을 깨닫고 항상 인간의 불확실한 상태에 주목해야 합니다.

제9권

슬픔의 영

차례

1. 다섯째 싸움은 슬픔의 영을 대적한 싸움이라는 것, 그리고 그것 때문에 정신이 잃는 것 / 229
2. 슬픔이라는 병은 신중하게 치료해야 한다 / 229
3. 슬픔에 싸인 영혼을 무엇에 비유할 것인가? / 230
4. 슬픔은 어디에서 어떤 방식으로 생겨나는가? / 231
5. 우리 안에 슬픔이 일어나는 것은 다른 사람의 잘못이 아닌 자신의 잘못 때문이다 / 231
6. 갑자기 멸망하는 것이 아니라 오랫동안 부주의함으로 점진적으로 멸망한다 / 232
7. 완전함을 얻으려면 형제들과 함께 있는 것을 피하지 말고, 끊임없이 인내를 배양해야 한다 / 232
8. 우리가 잘못된 행동을 고치면, 모든 사람과 잘 지낼 수 있다 / 233
9. 구원에 대해 절망하게 하는 슬픔에 관하여 / 233
10. 슬픔이 우리에게 유익을 주는 유일한 방법 / 234
11. 하나님의 뜻대로 하는 유익한 슬픔과 악하고 치명적인 슬픔을 식별하는 방법 / 234
12. 세 가지 방식으로 임하는 유익한 슬픔 외에 모든 슬픔을 해로운 것으로 여겨 거부해야 한다 / 235
13. 마음에서 슬픔을 제거하는 수단 / 235

~ 1 ~
다섯째 싸움은 슬픔의 영을 대적한 싸움이라는 것, 그리고 그것 때문에 정신이 잃는 것

1. 다섯째 싸움에서는 슬픔의 강한 충동을 억제해야 합니다. 만일 슬픔이 무작위한 개별적인 공격과 우연의 결과로 우리 영혼을 장악한다면, 그것은 우리를 신적 관상에서 완전히 잘라냅니다. 영혼이 내면에 완전히 보유하고 있던 깨끗함의 상태에서 벗어나면 슬픔이 정신을 억압합니다. 그것은 영혼이 늘 하던대로 간절한 마음으로 기도하는 것을 허락하지 않으며, 거룩한 독서의 치료약을 곱씹는 것도 허락하지 않습니다. 그것은 영혼이 형제들을 관대하게 대하고 화평하게 지내는 것을 참아내지 못하며, 작업과 예배의 의무와 관련하여 참을성이 없고 퉁명스럽게 만듭니다. 그것은 유익한 권고를 파괴하고 꾸준함을 마음에서 몰아낸 후에 살인적인 절망으로 지성을 파괴하고 압도합니다.

~ 2 ~
슬픔이라는 병은 신중하게 치료해야 한다.

1. 이런 까닭에 정당하게 영적 경기에 참여하기를 원한다면, 선견지명을 가지고 이 병을 치료해야 합니다. 마음이 상한 자에게 노래를 불러주는 것은 추운 날 그의 옷을 벗기거나 그의 상처에 소금을 치는 것과 같습니다(잠

25:20). 성령은 이 해롭고 위험한 악덕의 힘을 매우 분명하게 적절하게 표현하셨습니다.

~ 3 ~
슬픔에 싸인 영혼을 무엇에 비유할 것인가?

1. 좀먹은 옷은 가치가 없고 제대로 사용할 수 없으며, 벌레 먹은 나무는 건물을 짓는 데 사용할 수 없고 장작으로 사용됩니다. 마찬가지로 슬픔에 잡힌 영혼은 다윗의 예언에 따라 성령의 기름부음을 받는다고 언급되는 제사장의 옷으로 사용할 수 없습니다. 성령의 기름은 먼저 아론의 수염을 적시고 그다음에 옷깃을 적셨습니다. "머리에 있는 보배로운 기름이 수염 곧 아론의 수염에 흘러서 그의 옷깃까지 내림 같고"(시 133:2). 그것은 지혜로운 건축가 바울이 다음과 같이 말하면서 기초를 놓은 영적 성전의 일부가 될 수 없습니다: "우리는 살아 계신 하나님의 성전이라"(고후 6:16), "하나님의 성령이 너희 안에 계시는 것을 알지 못하느냐"(고전 3:16). 그것의 목조부는 아가서의 신부가 "우리 집은 백향목 들보, 잣나무 서까래로구나"(아 1:17)라고 말한 것과 비슷합니다. 향기롭고 썩지 않으며 세월이 흘러도 부패하거나 벌레에 먹히지 않는 이런 종류의 목재가 하나님의 성전 건축을 위해 선택됩니다.

~ 4 ~

슬픔은 어디에서 어떤 방식으로 생겨나는가?

  1. 때때로 사람이 마음에 두고 바라던 것을 얻지 못했을 때 얻지 못한 이익에 대한 욕망에서 슬픔이 솟아나거나, 분노의 뒤를 이어 슬픔이 솟아납니다. 이따금 우리는 분명한 이유 없이 이러한 불행에 빠지는데, 그때 갑자기 교활한 원수의 선동 때문에 큰 슬픔에 빠져 소중한 사람이나 친척이 찾아와도 공손하게 환영하지 못하며, 그들이 악의없이 대화하면서 하는 말을 부적절하고 불필요한 말로 여겨 자애롭게 응대하지 않습니다. 이는 우리 마음 깊은 곳에 앙심의 쓸개가 가득하기 때문입니다.

~ 5 ~

우리 안에 슬픔이 일어나는 것은
다른 사람의 잘못이 아닌 자신의 잘못 때문이다.

  1. 이런 까닭에 그와 같이 충격적인 충동이 다른 사람의 잘못 때문에 우리의 내면에서 생기는 것이 아님이 분명합니다. 내면에 모욕의 원인과 악덕의 씨앗을 쌓아두어 유혹의 소나기가 내려 마음을 적시는 즉시 싹을 내고 열매를 맺게 한 우리 자신을 탓해야 합니다.

~ 6 ~
갑자기 멸망하는 것이 아니라
오랫동안 부주의함으로 점진적으로 멸망한다.

1. 다른 사람의 악덕 때문에 화가 났어도 마음에 악행의 재료가 쌓여있지 않으면 결코 죄를 범하지 않습니다. 또 여인을 보고서 갑자기 악한 욕망의 구덩이에 빠져 미혹되는 것이 아니라, 여인을 보았을 때 내면 깊이 감추어져 있는 병이 표면으로 나오는 것입니다.

~ 7 ~
완전함을 얻으려면 형제들과 함께 있는 것을 피하지 말
고, 끊임없이 인내를 배양해야 한다.

1. 만물을 지으신 하나님은 피조물의 잘못을 바로잡는 방법, 그리고 우리의 범죄의 원인이 다른 사람에게 있는 것이 아니라 우리에게 있다는 것을 아시므로 형제들과 함께 거하는 일을 그만두지 말고, 우리가 상처를 준 사람이나 우리에게 상처를 주었다고 생각하는 사람을 피하지 말라고 명하십니다. 그분은 사람들을 멀리함으로써 마음의 완전함을 얻는 것이 아니라 인내의 덕으로 완전함을 얻는다는 것을 알고 계시므로, 그들을 설득하여 우리 편으로 만들라고 명령하십니다. 이런 태도가 확고하게 형성되면, 평화를 미워하는 사람들과도 화평할 수 있습니다. 같은 이유로, 만일 이러한 태도를 획득하지 못했다면, 우리는 항상 우리보다 선하고 완전한 사람들과 불화할

것입니다. 인간사에는 우리가 함께 지내는 사람들에게서 도망하려 하는 이유인 성가심이 없을 수 없으며, 그러므로 이전의 동료들을 멀리하게 된 원인인 슬픔에서 도망하는 것이 아니라 슬픔의 원인을 바꿉니다.

~ 8 ~
우리가 잘못된 행동을 고치면,
모든 사람과 잘 지낼 수 있다.

1. 우리는 자신의 잘못을 고치고 행동을 개선하기 위해 노력해야 합니다. 그렇게 되면 사람들뿐만 아니라 들짐승과도 잘 지낼 수 있을 것입니다. 이것은 욥기의 말씀과 일치합니다: "들짐승이 너와 화목하게 살 것이니라"(욥 5:23). 밖에서 오는 불쾌한 일을 두려워하지 말아야 합니다. 외부에 있는 장애물이 우리 안에 들어와 심기는 것을 허락하지 않으면, 그것이 우리에게 영향을 미치지 못할 것입니다. "주의 법을 사랑하는 자에게는 큰 평안이 있으니 그들에게 장애물이 없으리이다"(시 119:165).

~ 9 ~
구원에 대해 절망하게 하는 슬픔에 관하여

1. 한층 더 혐오스러운 또다른 종류의 슬픔이 있습니다. 그것은 범죄자가 삶을 고치거나 악덕을 바로잡게 하는 것이 아니라 가장 위험한 영혼의 절망

을 불어넣습니다. 그것은 동생을 죽인 가인을 뉘우치게 않았고, 예수님을 배반한 유다로 하여금 회개하고 보상하게 하지 않고 절망하여 목매어 자살하게 했습니다.

~ 10 ~
슬픔이 우리에게 유익을 주는 유일한 방법

1. 이런 까닭에 슬픔이 유익하다고 판단되는 경우는 오직 하나입니다. 즉 우리의 죄를 회개하고 완전함을 간절히 원할 때, 그리고 장래의 복을 관상함으로써 품게 되는 슬픔은 유익합니다. 이것이 대해 바울은 이렇게 말합니다: "하나님의 뜻대로 하는 근심은 후회할 것이 없는 구원에 이르게 하는 회개를 이루는 것이요 세상 근심은 사망을 이루는 것이니라"(고후 7:10).

~ 11 ~
하나님의 뜻대로 하는 유익한 슬픔과 악하고 치명적인 슬픔을 식별하는 방법

1. "구원에 이르게 하는 회개를 이루는" 슬픔은 하나님 사랑에서 오기 때문에 순종하고 공순하고 겸손하고 온유하고 관대하고 인내합니다. 그것은 완전함을 갈망하기 때문에 지치지 않고 몸의 고통과 영의 통회로 뻗어나갑니다. 그것은 내면에 성령의 열매를 가지고 있기 때문에 진보의 희망으로

기운을 얻고 기뻐하면서 공손하며 인내합니다. 바울은 성령의 열매를 다음과 같이 열거합니다: "오직 성령의 열매는 사랑과 희락과 화평과 오래 참음과 자비와 양선과 충성과 온유와 절제니"(갈 5:22~23). 한편 악한 슬픔은 모질고 조급하며 원한이 가득한 절망입니다. 그것은 비이성적인 것이므로 사로잡은 사람을 짓밟으며, 유익한 슬픔을 느끼거나 노력하지 못합니다. 또 그것은 기도의 효험을 제거할 뿐만 아니라 유익한 슬픔이 줄 수 있는 모든 영적 열매를 제거합니다.

~ 12 ~
세 가지 방식으로 임하는 유익한 슬픔 외에
모든 슬픔을 해로운 것으로 여겨 거부해야 한다.

1. 그러므로 유익한 회개를 위해서, 완전함을 추구하면서, 또는 장래 임할 것을 향한 소망에서 느끼는 것 외에 모든 슬픔을 현세의 것이요 치명적인 것으로 여겨 배격하며, 음란이나 탐욕이나 분노처럼 즉시 마음에서 몰아내야 합니다.

~ 13 ~
마음에서 슬픔을 제거하는 수단

1. 그러므로 정신이 항상 영적 묵상에 전념한다면, 자신에게서 이 위험한

정념을 몰아낼 수 있습니다. 그때 장래 일에 대한 희망과 약속된 복에 대한 관상으로 그것을 들어올릴 것입니다. 우리가 장차 임할 영원한 것들을 보고 즐거워할 때, 그리고 현재의 사건 때문에 낙심하지 않으며 행운 때문에 흥분하지도 않고 그것들 모두를 무상하고 헛된 것으로 여길 때, 과거의 분노에서 생긴 것이든지 돈을 잃거나 어떤 불이익 때문에 느끼는 슬픔, 부당한 일을 당했을 때 느끼는 슬픔, 또는 정신적으로 짜증이 나서 느끼는 슬픔, 치명적인 절망을 가져오는것 등 온갖 종류의 슬픔을 극복할 수 있을 것입니다.

제10권

권태의 영

차례

1. 여섯째 싸움은 권태의 영을 대적하는 싸움이라는 것, 그리고 그것의 본성에 관하여 / 239
2. 권태에 대한 묘사, 그리고 그것이 수도사의 마음 안에 어떻게 숨어 있으면서 정신을 해롭게 하는지에 관하여 / 239
3. 권태가 수도사를 사로잡는 방식 / 241
4. 권태는 정신이 덕을 관상하지 못하게 방해한다 / 242
5. 권태의 공격은 두 가지이다 / 242
6. 권태에 정복되기 시작한 사람은 어느 정도까지 몰락하는가? / 242
7. 권태의 영에 관한 바울의 글 / 243
8. 육체 노동에 만족하려 하지 않는 사람은 어쩔 수 없이 동요한다 / 247
9. 바울을 비롯하여 그와 함께 한 사람들은 육체 노동을 했다 / 249
10. 바울은 본을 보여주기 위해서 육체 노동을 했다 / 249
11. 바울은 일의 모범을 보였을 뿐만 아니라 말로 전하고 가르쳤다 / 250
12. "누구든지 일하기 싫어하거든 먹지도 말게 하라"는 말에 관하여 / 247
13. "너희 가운데 게으르게 행하여 도무지 일하지 아니하고 일을 만들기만 하는 자들이 있다"라는 말에 관하여 / 252

14. 육체 노동은 많은 악덕을 죽인다 / 252
15. 게으르고 부주의한 사람을 환대해야 한다 / 253
16. 바른 길에서 벗어난 사람을 미워하지 말고 사랑으로 바로잡아야 한다 / 254
17. 바울이 일하라고 명령하고 스스로 일하는 것을 보여준 것에 관한 본문 / 255
18. 바울은 일하여 얻은 소득으로 자신뿐만 아니라 함께 있는 사람들을 부양했다 / 255
19. "주는 것이 받는 것보다 복이 있다"라는 말을 어떻게 이해해야 하는가? / 257
20. 수도원을 떠나라고 형제들을 선동한 게으른 형제에 관하여 / 257
21. 권태에 관한 솔로몬의 말 / 258
22. 이집트 전역의 형제들은 노동으로 자신에게 필요한 것을 공급했을 뿐만 아니라 감옥에 있는 사람들을 보살폈다 / 260
23. 서방에 공주수도원이 없는 것은 게으름의 결과이다 / 261
24. 매년 자신이 손으로 만든 것을 모두 태워버린 사부 폴에 관하여 / 261
25. 권태를 고치는 것에 관한 사부 모세의 말 / 262

~ 1 ~
여섯째 싸움은 권태의 영을 대적하는 싸움이라는 것, 그리고 그것의 본성에 관하여

1. 여섯번째 싸움은 그리스인들이 아케디아(ακηδια)라고 부르는 것입니다. 그것을 따분하거나 불안한 마음이라고 언급할 수 있습니다. 그것은 슬픔과 유사하며, 독수도사들의 특이한 상태인데, 특별한 사막에 거주하는 사람들을 빈번하게 위협하는 위험한 적입니다. 그것은 특히 제6시경에 수도사를 괴롭히며, 일종의 열병처럼 몰려오고, 약해진 영혼을 규칙적으로 일정한 간격으로 맹렬하게 공격합니다. 일부 원로들은 이것이 시편에 언급된 "밝을 때 닥쳐오는 재앙"(시 91:6)이라고 말합니다.

~ 2 ~
권태에 대한 묘사, 그리고 그것이 수도사의 마음 안에 어떻게 숨어 있으면서 정신을 해롭게 하는지에 관하여

1. 그것은 불쌍한 정신을 사로잡은 후 그 사람이 있는 장소에서 두려움을 느끼고 수실에 혐오감을 느끼게 하며, 함께 사는 형제들을 부주의하고 경건하지 못하다고 여겨 경멸하고 멸시하게 합니다. 또 그것은 그가 거처에서 해야 하는 모든 일에 대해 나태하고 몸을 움지이지 않게 합니다. 그것은 그가 수실에 잠잠히 머물거나 독서하는 것을 허락하지 않습니다. 그는 그곳에 오래 머무는 것이 자신에게 유익하지 않으며, 자신이 그 집단에 속해 있는

한 영적 열매를 거두지 못할 것이라고 불평합니다. 그는 자신이 사람들을 지도하고 많은 사람에게 유익을 줄 수 있음에도 아무도 가르치지 못하여 많은 사람에게 도움을 주지 못하고 있기 때문에 그곳에서 모든 영적 유익을 박탈당하고 있다고 불평하고 탄식합니다.

2. 그는 멀리 떨어진 곳의 수도원을 중요하게 여기면서 그곳이 자신이 발전하는 데 유익하며 구원에 도움이 된다고 말하며, 그곳의 형제들의 교제가 즐겁고 영적인 것이라고 묘사합니다. 반면에 가까이에 있는 모든 것은 냉혹하며, 그곳에 거주하는 형제들 사이에 덕을 함양해주는 것이 없을 뿐만 아니라 엄청나게 노력하지 않으면 생활 필수품조차 얻을 수 없다고 말합니다. 그리하여 그는 자신이 그곳에 머물면 구원받을 수 없다고, 수실에 조금이라도 더 머물면 멸망할 것이므로 되도록 빨리 그곳을 떠나야 한다고 말합니다.

3. 제5시와 제6시에 무기력함과 식욕이 일어나는데, 그때 그는 마치 오랜 여행과 중노동으로 지친 사람처럼, 또는 2~3일 동안 금식한 사람처럼 느낍니다. 그다음에 그는 여기저기 불안하게 둘러보며, 자기를 만나러 오는 형제가 없다고 한숨 짓습니다. 그는 해가 너무 늦게 운행한다는 듯이 바라보면서 수실을 들락날락합니다. 그는 정신적으로 비이성적인 혼란에 빠져 있으며, 영적 활동을 하지 않고 한가하게 지내기 때문에 형제가 찾아오거나 잠자는 것 외에 그것을 치료할 방법이 없다고 생각합니다.

4. 이 권태의 병은 형제들을 존경하며 조금 떨어져 있거나 멀리 있는 병자를 방문하라고 제안합니다. 경건한 종교적 의무를 처방하기도 합니다: 친척들을 보살피고, 더 자주 그들에게 문안하는 것; 하나님께 서원한 여인, 친척

들의 지원을 전혀 받지 못하며 친척에게 버림받고 멸시받는 사람에게 필요한 거룩한 것을 공급받지 못하는 여인을 방문하는 것. 수실에 머물면서 전혀 진보하지 못하는 것보다 그러한 일을 위해 경건하게 노력하는 것이 그에게 적합하다고 제안합니다.

~ 3 ~
권태가 수도사를 사로잡는 방식

1. 원수의 이러한 속임수에 넘어가 동요하는 불행한 영혼은 권태의 영 때문에 힘센 숫양의 공격을 받은 것처럼 녹초가 되며, 잠을 자거나 수실의 규제를 떨쳐버리고 형제를 방문함으로써 위로를 발견하려 합니다. 그러나 이 미봉책을 사용하면 곧 한층 더 권태를 느끼게 될 것입니다. 싸움이나 승리가 아니라 도피하는 데서 안전함의 소망을 보는 사람을 원수는 더 빈번히 가혹하게 시험합니다. 마침내 그는 수실에서 끌려나오며, 자신이 수도원에 들어온 이유, 즉 수실에 머물고 침묵하며 묵상함으로써 얻을 수 있는 바 신적 깨끗함을 보는 관상의 목표를 잊기 시작합니다. 그리하여 군대에서 탈영한 그리스도의 군사는 자기 생활에 얽매여 병사로 모집한 자를 기쁘게 하지 않습니다(딤후 2:4).

~ 4 ~
권태는 정신이 덕을 관상하지 못하게 방해한다.

1. 다윗은 권태의 폐해를 다음과 같이 표현했습니다: "나의 영혼이 눌림으로 말미암아 녹사오니"(시 119:28). 몸만 아니라 영혼이 잠들었다는 것은 바른 말입니다. 권태라는 무기에 상처입은 영혼은 덕의 관상 및 영적 감각이 제공하는 통찰과 관련한 면에서 잠들어 있습니다.

~ 5 ~
권태의 공격은 두 가지이다.

1. 그러므로 완전함을 위한 싸움에 정당하게 참여하려는 그리스도의 경주자는 영혼 깊은 곳에서 권태를 몰아내려고 노력해야 하며, 또 잠과 주저앉음이라는 칼에 베이지 않고, 외관상 경건한 이유에서라도 수도원에서 몰려나거나 수도원을 떠나 도망가지 않으면서 이 악한 영과 싸워야 합니다.

~ 6 ~
권태에 정복되기 시작한 사람은
어느 정도까지 몰락하는가?

1. 권태는 어떤 사람을 정복하기 시작하면, 그가 영적 진보 없이 아무 활

동도 하지 않는 상태로 수실에 머무는 것을 허락하거나, 불안정하고 무기력하게 하여 수실에서 몰아냅니다. 또 작업과 관련하여 나태하게 만들고, 별다른 이유없이 그저 먹을 것을 찾기 위해서 수도원이나 형제들의 수실을 찾아 돌아다니게 합니다. 나태한 사람의 정신은 먹을 것만 생각하여 똑같이 게으르고 미온적인 사람을 친구로 삼은 후에 그들의 일에 개입하는데, 점차 그들의 해로운 관심사에 얽매이게 되며, 그때부터는 거기서 벗어나지 못합니다.

~ 7 ~
권태의 영에 관한 바울의 글

1. 바울은 참되고 영적인 의사처럼 슬그머니 기어들어오는 권태의 영에서 비롯되는 이 질병을 알았거나, 성령의 계시로 말미암아 그것이 발생할 것을 예견하고서 서둘러 교훈이라는 치료법으로 그것을 몰아냈습니다. 그는 데살로니가전서에서 노련한 의사처럼 환자들의 병든 곳과 관련하여 온유하게 말하고, 사랑으로 그들을 칭찬하여 분노로 부어오른 부분이 가라앉은 후에 치명적인 상처가 가혹한 치료를 견딜 수 있게 합니다. 그는 이렇게 말합니다: "형제 사랑에 관하여는 너희에게 쓸 것이 없음은 너희들 자신이 하나님의 가르치심을 받아 서로 사랑함이라 너희가 온 마게도냐 모든 형제에 대하여 과연 이것을 행하도다 형제들아 권하노니 더욱 그렇게 행하고"(살전 4:9~10).

2. 그는 먼저 칭찬하는 위로의 말을 하여 그들의 귀를 진정시키고, 그들이 건강에 유익한 말을 들을 준비를 갖추게 합니다. 그리고 말을 계속합니다: "형제들아 권하노니 더욱 그렇게 행하고." 이제까지는 그들이 완전한 치료를 받아들일 준비를 갖추게 하려고 온화하게 진정시키는 말을 했습니다. 바울은 무엇을 요구합니까? 그들에게 무엇을 더 풍부하게 행해야 합니까? 바울이 앞에서 말한 사랑입니다: "형제 사랑에 관하여는 너희에게 쓸 것이 없음은." 이 문제에 관하여 그들에게 더 쓸 필요가 없는데 왜 "형제들아 권하노니 더욱 그렇게 행하고"라고 말합니까? 특히 바울은 "너희들 자신이 하나님의 가르치심을 받아 서로 사랑함이라"라고 말할 때, 그리고 그들이 하나님의 가르치심을 받았을 뿐만 아니라 가르침을 받은 것을 행동으로 실천하고 있다고 말하면서 그들에게 이것이 필요 없는 이유를 밝히지 않았습니까? 그는 그들이 한두 명을 사랑한 것이 아니며 동료 시민들과 지인들만 사랑한 것이 아니라 "온 마게도냐 모든 형제에 대하여 과연 이것을 행하도다"라고 말합니다.

3. 왜 바울은 먼저 이런 말을 했습니까? 그는 계속해서 말합니다: "형제들아 권하노니 더욱 그렇게 행하고." 그는 마지막으로 전에 대단치히 않게 여겼던 것을 어렵게 이야기합니다(살전 4:11): "조용히 살기를 힘쓰고." 그는 자기의 우선적인 관심사를 제시하고 나서 두번째 관심사를 추가합니다: "자기 일에 전념하라." 세번째는 "너희 손으로 일하기를 힘쓰라"입니다. 네번째는 "바깥 사람들을 대하여 품위있게 살아가야 하며"이며, 다섯째는 "아무에게도 신세 지는 일이 없도록 하라"입니다(살전 :12). 그는 매우 주저하면서 여러 예비 단계를 거친 후 자신이 염두에 두고 있는 것을 말합니다:

"조용히 살기를 힘쓰고." 이것은 수실에 있을 때 한가한 사람들의 한담에서 생겨나는 유언비어 때문에 동요하지 말고, 사람들을 동요하게 하지 말라는 의미입니다.

4. "자기 일에 전념하라." 이것은 호기심 때문에 세상의 행위를 조사하려 하거나, 자신의 발전과 덕을 추구하기 위해 노력하지 않고 다른 사람의 생활방식을 조사하면서 형제를 비방하려 하지 말라는 의미입니다. "너희 손으로 일하기를 힘쓰라." 바울이 앞에서 경고한 일, 즉 그들이 동요하거나 다른 사람의 일에 관심을 두거나, 바깥 사람들을 대하여 품위없게 행동하는 일이 발생하지 않게 하려고, 그는 "너희 손으로 일하기를 힘쓰라"라고 말합니다.

5. 바울은 앞에서 비난한 일들이 발생하는 이유가 게으름이라는 것을 분명하게 나타냈습니다. 자기 손으로 일하는 데 만족하는 사람이 다른 사람의 일에 관심을 두거나 동요할 수 없습니다. 그는 게으름에서 비롯되는 네번째 병, 즉 품위있게 살지 않는 것과 관련하여 다음과 같이 말합니다: "바깥 사람들을 대하여 품위있게 살아가야 하며." 수실의 규제와 육체노동을 고수하는 데 만족하지 않는 사람은 품위있게 살 수 없고 세상에 속한 사람들과 어울릴 수 없습니다. 그는 품위없게 생활 필수품을 찾으며, 아첨에 빠지며, 최근의 이야기를 찾으려 하며, 친척들과 소문에 접할 기회를 찾으면서 다른 사람의 집에 들어갈 계기와 자금을 마련하려 합니다.

6. "아무에게도 신세 지는 일이 없도록 하라." 헌신적으로 조용히 수고하여 일용할 양식을 마련하는 것을 기뻐하지 않는 사람은 다른 사람의 선물과 직무를 동경하지 않을 수 없습니다.

부끄러운 악덕은 심각하고 악한 여러 가지 상태로 나타납니다.

마지막으로 바울은 첫번째 편지에서 데살로니가 교인들을 기분좋고 아첨하는 말로 격려했습니다. 그러나 그들이 온화한 치료에 반응하지 않았으므로, 두번째 편지에서 더 가혹하고 따가운 약으로 치료하려 합니다. 그는 위로의 말로 부드럽게 말하지 않고 "형제들아 우리 주 예수 그리스도의 이름으로 너희를 명하노니 게으르게 행하고 우리에게서 받은 전통대로 행하지 아니하는 모든 형제에게서 떠나라"(살후 3:6)라고 말합니다.

7. 첫째 편지에서는 온건하게 부탁하였고, 둘째 편지에서는 엄하게 위협적으로 명령합니다. "형제들아, 명하노니." 우리가 부탁했을 때 당신들이 듣기를 거부했으니, 이제는 우리의 명령에 복종하십시오. 바울은 흔한 표현을 사용하지 않고 우리 주 예수 그리스도의 이름으로 명령합니다. 이는 그들이 이번에는 단순한 말을 인간의 말로 여겨 무시하지 않고 중요하게 여겨 따르게 하기 위해서입니다. 그는 노련한 의사처럼 진정시키는 약을 사용하여 치료하지 못한 환부를 영적인 칼로 치료하기 시작합니다. 그는 "게으르게 행하고 우리에게서 받은 전통대로 행하지 아니하는 모든 형제에게서 떠나라"라고 말합니다.

8. 바울은 일에 전념하지 않는 사람을 게으름이라는 괴저(壞疽)로 썩어가는 지체로 여겨 떠나라고 명령합니다. 그렇게 하지 않으면 나태라는 병이 치명적인 전염병처럼 건강한 지체까지 감염시킬 수 있습니다. 바울은 일하려 하지 않거나 조용히 음식을 먹으려 하지 않는 사람, 형제들에게서 떠나라고 명령했던 사람들에 대해 말하려 하므로, 처음부터 뜨겁게 그들을 책망합니다. 그는 먼저 그들이 무절제하게 살고 그에게서 받은 전통을 따르지

않는다고 말합니다. 다시 말해서 그들이 그의 가르침에 따라 살려 하지 않는다고 말합니다. 또 그들이 부도덕하다고, 즉 적절한 시간에 외출하거나 방문하거나 말하지 않는다고 말합니다. 이는 무질서한 사람은 결국 악덕에 예속되기 때문입니다.

9. "우리에게서 받은 전통대로 행하지 아니하는 모든 형제에게서 떠나라." 여기서 바울은 그들이 바울에게서 받은 전통을 지키려 하지 않고 바울이 말로 가르쳤을 뿐만 아니라 행동으로 실천했다고 기억하는 것을 본받으려 하지 않았기 때문에 어떤 의미에서 바울을 멸시하고 반항한다고 말합니다. "어떻게 우리를 본받아야 할지를 너희가 스스로 아나니"(살후 3:7). 그는 그들이 기억하는 것 및 말로 가르침을 받았을 뿐만 아니라 행동의 본을 통해서 배운 것을 지키려 하지 않는다고 주장하면서 그들을 질책합니다.

~ 8 ~
육체 노동에 만족하려 하지 않는 사람은 어쩔 수 없이 동요한다.

1. "우리가 너희 가운데서 무질서하게 행하지 아니하며"(살후 3:7). 바울은 자신이 그들 가운데 있을 때 손수 일했기 때문에 불안하지 않았다는 것을 증명하려 했으므로, 일하기 싫어하는 사람들은 게으름 때문에 항상 불안하다고 분명히 언급합니다. "누구에게서든지 음식을 값없이 먹지 않고"(살후 3:8). 이방인의 교사는 계속 그들을 책망합니다. 복음의 전도자는 주님이

"복음 전하는 자들이 복음으로 말미암아 살리라"(고전 9:14), "일꾼이 자기의 먹을 것 받는 것이 마땅함이라"(마 10:10)라고 명령하셨음을 알고 있었기에 누구에게서도 빵을 거저 얻어 먹지 않았다고 말합니다.

2. 복음을 전하고 고귀하고 영적인 노동을 행한 바울은 주님의 명령의 권위에 기초를 두고 음식을 거저 얻어 먹으려 하지 않았습니다. 말씀을 전하는 책임을 맡지 않았고 자기 영혼 외에 다른 일을 돌보라는 명령을 받지 않은 우리는 어떻게 해야 할까요? 하나님의 택함을 받은 그릇인 바울이 육체 노동을 하지 않고는 먹으려 하지 않았는데, 어떻게 우리가 게을리 살면서 음식을 거저 먹으려 합니까? 바울은 "오직 수고하고 애써 주야로 일함은 너희 아무에게도 폐를 끼치지 아니하려 함이니"(살후 3:8)라고 말합니다.

3. 바울은 계속 책망합니다. 그는 단순히 "누구에게서든지 음식을 값없이 먹지 않고"(살후 3:8)라고 말하는 데 그친 것이 아닙니다. 그렇게 하면 그가 데살로니가 교인들의 헌금과 구제금으로 생활한 것이 아님에도 불구하고 마치 그 자신이나 다른 사람들의 개인의 돈과 감추어진 자금으로 생활한 것처럼 보이기 때문입니다. 그는 밤낮 수고하며 애써 노동을 했다고 말합니다. 즉 자신이 스스로 일하여 생계를 유지했다고 말합니다. 그는 이것이 육체의 휴식과 훈련이 암시하듯이 자신의 욕망이나 쾌락을 위한 것이 아니라 목숨을 부지하기 위한 것이었다고 말합니다. 그는 낮에만 아니라 육체의 쉼을 위한 시간인 밤에도 양식을 얻기 위해 쉬지 않고 육체 노동을 했습니다.

~ 9 ~
바울을 비롯하여 그와 함께 한 사람들은 육체 노동을 했다.

1. 바울은 혹시 이러한 방식을 자기만의 본보기로 제시하면 중요하고 규범적인 것으로 보이지 않을까 염려하여 이렇게 생활한 사람이 자기뿐만이 아니었다고 증언합니다. 그는 자기와 함께 복음의 사역을 한 모든 사람들, 즉 바울과 함께 편지를 쓴 실루아노와 디모데(살후 1:1)도 이런 방식으로 일했다고 말합니다. 그는가 "너희 아무에게도 폐를 끼치지 아니하려 함이니"라고 말하면서 그들에게 큰 망신을 줍니다. 복음을 전하고 이적과 기사로 그것을 권한 사람이 폐를 끼치지 않으려고 거저 얻어 먹지 않으려 했는데, 날마다 나태하고 게으르게 생활하는 사람이 거저 얻어 먹으면서 폐가 된다고 생각하지 않을 수 있습니까?

~ 10 ~
바울은 본을 보여주기 위해서 육체 노동을 했다.

1. "우리에게 권리가 없는 것이 아니요 오직 스스로 너희에게 본을 보여 우리를 본받게 하려 함이니라"(살후 3:9). 바울은 자신이 노동하는 이유를 제시합니다. 혹시 그들이 자주 들은 가르침을 잊는다면 눈으로 직접 본 생활 방식의 본을 기억하도록 하여 본받게 하려고 스스로 모범을 보인 것입니다.

바울이 누구에게도 폐를 끼치지 않으려고 밤낮 수고하며 애써 노동한 이유가 본을 보여 본받게 하려는 데 있다는 것, 그리고 그들이 가르침을 받으려 하지 않았다는 말은 결코 작은 책망이 아닙니다. 그는 자기들에게 권리가 있고 그들의 재산과 자원을 자유자재로 사용할 수 있다고 말합니다. 주님이 그것을 이용하도록 허락하셨지만, 자신이 정당하게 행한 것이 사람들에게 게으름의 본보기가 될까 염려하여 그 권리를 사용하지 않았습니다. 이런 까닭에 복음을 전할 때 손수 노동하여 생활함으로써 덕의 길을 따라가려는 사람들에게 완전함의 길을 열어주고, 자신의 노고를 통해서 모범적인 생활방식을 제공하려는 것입니다.

~ 11 ~

바울은 일의 모범을 보였을 뿐만 아니라 말로 전하고 가르쳤다.

1. 혹시 그가 본을 보여 가르치기를 원했기 때문에 조용히 일했고, 그들이 그의 구두 조언으로 가르침을 받지 않은 것처럼 보이지 않으려고, 그는 이어서 "우리가 너희와 함께 있을 때에도 너희에게 명하기를 누구든지 일하기 싫어하거든 먹지도 말게 하라 하였더니"(살후 3:10)라고 말합니다. 그의 가르침과 교훈 때문에 그를 선한 교사라고 알고 있으면서도 그의 육체 노동을 본받으려 하지 않는 사람들의 게으름을 강조하고, 그 자신이 그들과 함께 있을 때 본보기로 그들에게 제시했고 "누구든지 일하기 싫어하거든 먹지도 말

게 하라"라고 선포하면서 부지런함과 세심한 주의를 강조합니다.

~ 12 ~
"누구든지 일하기 싫어하거든 먹지도 말게 하라"는 말
에 관하여

1. 바울은 교사나 의사처럼 조언한 것이 아닙니다. 그는 법적 선언처럼 가혹하고 통렬히 그들을 비난하며, 자신의 사도의 권위를 재개하여 판사처럼 자기를 업신여기는 사람들에게 선고합니다. 그는 고린도 교회에 편지하면서 주님에게서 받았다고 주장한 권위로 말합니다. 그때 그는 고린도 교인들이 죄 속에 있으므로 자기가 도착하기 전에 스스로 잘못을 고치려 노력하라고 경고했습니다. 그는 다음과 같이 말했습니다: "너희와 함께 있을 때에 나로 하여금 이 담대한 태도로 대하지 않게 하기를 구하노라"(고후 10:2), "주께서 주신 권세는 너희를 무너뜨리려고 하신 것이 아니요 세우려고 하신 것이니 내가 이에 대하여 지나치게 자랑하여도 부끄럽지 아니하리라"(고후 10:8). 그는 그 권세로 다음과 같이 선언합니다: "누구든지 일하기 싫어하거든 먹지도 말게 하라." 그는 그들에게 육체적인 칼이라는 선고를 내린 것이 아니라, 성령의 권위로 현세에서 생명 유지를 위한 자양물을 금함으로써 그들이 장래의 죽음이라는 형벌에 대해 생각하지 않고 고집스럽게 게으름을 사랑한다면, 적어도 본성의 욕구나 현세의 멸망에 대한 두려움 때문에 바울의 유익한 교훈을 받아들이게 하려 했습니다.

~ 13 ~

"너희 가운데 게으르게 행하여 도무지 일하지 아니하고
일을 만들기만 하는 자들이 있다"라는 말에 관하여

1. 바울은 마지막으로 자신이 이렇게 말한 이유를 설명합니다: "우리가 들은즉 너희 가운데 게으르게 행하여 도무지 일하지 아니하고 일을 만들기만 하는 자들이 있다 하니"(살후 3:11). 그는 어디서도 일하지 않는 사람들이 단 한 가지 병에 걸렸다고 말하지 않습니다. 그는 앞에서 그들이 무질서하며 바울에게서 받은 전통대로 행하지 않는다고 말하며, 그들이 게으르며 값없이 얻어 먹는다고 말했습니다. 여기서도 "우리가 들은즉 너희 가운데 게으르게 행하는 자들이 있다 하니"라고 말합니다. 그리고 즉시 게으름의 뿌리에 놓여 있는 병을 더합니다: "도무지 일하지 아니하고." 그리고 여기에서 새싹처럼 솟아나오는 병도 언급합니다: "일을 만들기만 하는 자."

~ 14 ~

육체 노동은 많은 악덕을 죽인다.

1. 이제 그는 이 많은 악덕의 근본 원인에 알맞은 치료법을 적용합니다. 그는 앞에서 사용했던 사도의 권위를 내려놓고 다시 사랑많은 아버지나 친절한 의사처럼 불쌍히 여기는 태도를 취하며, 그들이 자기의 자녀나 환자인 것처럼 그들에게 유익한 처방을 제공합니다: "이런 자들에게 우리가 명하

고 주 예수 그리스도 안에서 권하기를 조용히 일하여 자기 양식을 먹으라 하노라"(살후 3:12). 그는 최초의 병의 근원을 제거하면 같은 흙에서 생겨나는 다른 병들도 제거된다는 것을 알고 있었기에 노련한 의사처럼 일에 대한 건전한 교훈으로 게으름이라는 뿌리에서 솟아나는 많은 상처의 원인을 치료했습니다.

~ 15 ~
게으르고 부주의한 사람을 환대해야 한다.

1. 그는 멀리 내다보는 신중한 의사처럼 환자의 질병 치료를 원할 뿐만 아니라 건강한 사람이 계속 건강을 유지하는 데 알맞은 교훈을 제공합니다. 그는 "형제들아 너희는 선을 행하다가 낙심하지 말라"(살후 3:13)라고 말합니다: 우리의 길을 따르며, 우리가 제공한 일을 본받고 다른 사람들의 게으름을 결코 따르지 않는 여러분은 낙심하지 말고 꾸준히 선한 일을 하십시오. 다시 말해서 우리가 말한 것을 소홀히하는 사람에게도 친절하십시오. 그는 게으름에 빠져 다른 사람의 일에 개입하고 동요하지 않게 하려고 병자들을 책망했었는데, 이제 건강한 사람에게 악인들이 건전한 가르침을 의지하지 않아도 주님의 가르침대로 그들에게 친절을 베풀며(마 5:43~45) 쉬지 말고 선을 행하고 위로와 교정의 말로 그들을 격려하라고 말합니다.

~ 16 ~
바른 길에서 벗어난 사람을 미워하지 말고
사랑으로 바로잡아야 한다.

1. 일부 사람들이 이러한 온화함 때문에 그의 교훈에 복종하지 않을까 염려하여, 그는 다시 사도의 엄격함을 나타냅니다: "누가 이 편지에 한 우리 말을 순종하지 아니하거든 그 사람을 지목하여 사귀지 말고 그로 하여금 부끄럽게 하라누가 이 편지에 한 우리 말을 순종하지 아니하거든 그 사람을 지목하여 사귀지 말고 그로 하여금 부끄럽게 하라"(살후 3:14). 그는 자신과 공익을 위해서 그들이 지켜야 할 것 및 사도의 명령을 얼마나 신중하게 지켜야 하는지에 관하여 경고한 후에 너그러운 아버지가 아들을 대하듯이 위에 말한 사람들에게 사랑으로 형제 우애의 성향을 유지하라고 온화하게 가르칩니다: "원수와 같이 생각하지 말고 형제 같이 권면하라"(살후 3:15). 그는 법적 엄격함에 부성애를 혼합했고, 사도의 엄격함으로 발언한 문장을 자애로움으로 완화합니다. 그는 자기의 가르침에 복종하기를 거부하는 사람에 주목하며 그와 사귀지 말라고 명령하면서도, 그를 원수처럼 여기지 말고 형제처럼 타이르라고 말합니다. 그의 가르침으로 잘못을 고치지 않은 사람이 공개적으로 형제들에게서 배제됨으로써 부끄러움을 느끼고 마침내 구원의 길로 돌아오게 하기 위해서 "그 사람을 지목하여 사귀지 말고 그로 하여금 부끄럽게 하라"라고 말합니다.

~ 17 ~
바울이 일하라고 명령하고 스스로 일하는 것을 보여준 것에 관한 본문

1. 바울은 에베소서에서도 일과 관련하여 이런 종류의 명령을 합니다: "도둑질하는 자는 다시 도둑질하지 말고 돌이켜 가난한 자에게 구제할 수 있도록 자기 손으로 수고하여 선한 일을 하라"(엡 4:28).

사도행전에서도 바울은 이렇게 가르칠 뿐만 아니라 그것이 사실임을 일로써 증명합니다. 그는 고린도에 갔을 때 생업이 서로 같으므로 아굴라와 브리스길라의 집에 묵으면서 함께 일을 하였습니다. "그 후에 바울이 아덴을 떠나 고린도에 이르러 아굴라라 하는 본도에서 난 유대인 한 사람을 만나니 글라우디오가 모든 유대인을 명하여 로마에서 떠나라 한 고로 그가 그 아내 브리스길라와 함께 이달리야로부터 새로 온지라 바울이 그들에게 가매 생업이 같으므로 함께 살며 일을 하니 그 생업은 천막을 만드는 것이더라"(행 18:1~3).

~ 18 ~
바울은 일하여 얻은 소득으로 자신뿐만 아니라 함께 있는 사람들을 부양했다.

1. 그다음에 바울은 밀레도로 갔는데, 밀레도에서 에베소로 사람을 보내어 교회 장로들을 불렀습니다. 그리고 자기가 없는 동안 하나님의 교회를

다스리는 방법에 관하여 교훈하면서 다음과 같이 말했습니다: "내가 아무의 은이나 금이나 의복을 탐하지 아니하였고 여러분이 아는 바와 같이 이 손으로 나와 내 동행들이 쓰는 것을 충당하여 범사에 여러분에게 모본을 보여준 바와 같이 수고하여 약한 사람들을 돕고 또 주 예수께서 친히 말씀하신 바 주는 것이 받는 것보다 복이 있다 하심을 기억하여야 할지니라"(행 20:33~35). 그는 자신에게 육체적으로 필요한 것을 위해서만 아니라 함께 있는 사람들, 즉 날마다 임무 행하는 데 전념하면서도 스스로 일하여 생계를 유지하지 못하는 사람들을 위해서 일한다고 증언하면서 자신의 생활방식의 본보기를 남겨주었습니다. 데살로니가 교인들에게 자신을 본받게 하기 위해 본보기를 보여주었듯이, 여기서도 비슷하게 행하면서 "여러분에게 모본을 보여준 바와 같이 수고하여 (육체와 정신이) 약한 사람들을 돕고"라고 말합니다. 이것은 비축해둔 돈이나 물건, 또는 다른 사람들의 재산으로 그들을 돌보라는 것이 아니라 스스로 수고하고 노력하여 필요한 자금을 확보함으로써 돌보라는 것을 의미합니다.

~ 19 ~

"주는 것이 받는 것보다 복이 있다"라는 말을 어떻게 이해해야 하는가?

1. 바울은 이것이 주님의 명령이라고 말합니다: "주 예수께서 친히 말씀하신 바 주는 것이 받는 것보다 복이 있다 하심을 기억하여야 할지니라." 받

는 사람의 가난보다 주는 사람의 아량이 더 복됩니다. 그것은 믿음이 부족하여 쌓아둔 돈에서 나오는 것이 아니며, 탐욕으로 모은 것으로 나누어주는 것이 아니라, 손수 일한 결과와 사랑의 수고에서 제공되는 것입니다. 주는 사람이 받는 사람만큼 가난해도 수고하여 자신에게 필요한 것을 확보할 뿐만 아니라 사랑의 배려로 궁핍한 사람에게 줄 것을 확보하므로, 주는 것이 받는 것보다 더 복됩니다. 그는 이중의 은혜를 받습니다. 그는 재산을 모두 버림으로써 그리스도의 완전한 가난을 소유하며, 노동과 성향으로 부자의 도량을 나타내기 때문입니다. 그는 의로운 노동으로 하나님을 공경하고 의의 열매를 드립니다. 그러나 무기력하고 게을러서 활동하지 않는 사람은 바울의 말처럼 음식을 먹을 자격이 없습니다. 왜냐하면 그는 게을러서 바울의 금령을 거스르기 때문입니다.

~ 20 ~
수도원을 떠나라고 형제들을 선동한 게으른 형제에 관하여

1. 어느 형제가 공주수도원에 살고 있었습니다. 그는 날마다 노동하여 받은 돈을 회계담당자(당가)에게 바쳐야 했습니다. 그는 일을 더 많이 하게 되거나 자기보다 더 열심히 일하는 사람 때문에 난처하게 되는 일을 피하려고, 열심 때문에 많은 일을 맡으려는 사람이 수도원에 들어올 때면, 마치 은밀한 논의로 이런 의도를 버리게 할 수 없다는 듯이 악한 충고와 속삭임으로

그곳을 떠나라고 설득하곤 했습니다. 그리고 그를 더 쉽게 제거하려고 자신이 오랫동안 여러 가지로 학대를 당해왔으며 만일 더 쉬운 길과 선한 동료를 발견할 수만 있으면 자신도 그곳을 떠나고 싶은 체했습니다. 그 형제는 수도원을 은밀하게 비난한 결과 그의 동의를 얻어냈습니다. 설득 당한 사람이 먼저 떠나기로 하고서, 두 사람은 수도원을 떠날 시간과 그가 기다릴 장소에 대해 합의했습니다. 그는 마치 자신이 곧 그를 따라갈 것처럼 하고서 뒤에 남았습니다. 그리하여 도망친 사람은 수치심 때문에 수도원에 돌아오지 못했고, 그를 유혹하여 도망치게 한 사람은 수도원에 남았습니다. 이 예는 초심자를 위한 예방책 구실을 하며, "악한 동무들은 선한 행실을 더럽히나니"(고전 15:38)라는 말씀처럼 게으름이 수도사의 정신 안에서 얼마나 많은 악을 낳는지 분명히 보여줄 것입니다.

~ 21 ~
권태에 관한 솔로몬의 말

1. 지혜로운 솔로몬은 게으름에 관해 여러 번 말했습니다. "방탕을 따르는 자는 궁핍함이 많으리라"(잠 28:19). 그같은 궁핍함 때문에 게으른 사람은 여러 가지 악에 빠지며 하나님 관상과 바울이 말한 영적인 부를 얻지 못합니다: "너희가 그 안에서 모든 일 곧 모든 언변과 모든 지식에 풍족하므로"(고전 1:5). 잠언에서는 게으른 사람의 가난을 다음과 같이 묘사합니다: "잠 자기를 즐겨 하는 자는 해어진 옷을 입을 것임이니라"(잠 23:21).

2. 게으름과 권태에 빠진 사람, 수고함으로써 옷 입지 않고 게으름이라는 해어진 옷(게으름을 감추기 위해서 영광스럽고 아름다운 옷이 아닌 치욕스러운 옷으로 개조한 옷)을 입은 사람은 썩지 않는 옷을 입을 자격이 없습니다. 이에 관해 바울은 다음과 같이 말합니다: "주 예수 그리스도로 옷 입고"(롬 13:14), "믿음과 사랑의 호심경을 붙이고"(살전 5:8). 여호와는 선지자를 통해서 이렇게 말씀하셨습니다: "거룩한 성 예루살렘이여 네 아름다운 옷을 입을지어다"(사 52:1).

3. 게으름 때문에 태만해진 사람과 바울이 쉬지 않고 실천했으며 실천하라고 명령한 육체노동으로 생계를 유지하려 하지 않는 사람이 자신의 게으름을 덮는 베일로 사용하는 말씀이 있습니다: "썩을 양식을 위하여 일하지 말고 영생하도록 있는 양식을 위하여 하라"(요 6:27); "나의 양식은 나를 보내신 이의 뜻을 행하며 그의 일을 온전히 이루는 이것이니라"(요 4:34).

4. 이 말씀들은 복음의 충만함에서 취한 일종의 누더기이며, 덕이라는 귀중하고 완전한 옷을 입고 따뜻하게 하려는 목적이 아니라 게으름과 수치를 가리려는 목적으로 꿰메어 붙인 것입니다. 잠언에서 지혜로운 여인은 자신과 남편을 위해 능력과 존귀로 옷을 삼습니다: "능력과 존귀로 옷을 삼고 후일을 웃으며"(잠 31:25). 솔로몬은 "게으른 자의 길은 가시 울타리 같으니"(잠 15:19)라고, 즉 바울이 게으름에서 나온다고 말한 악덕의 울타리 같다고 말합니다. "게으른 자는 마음으로 원하여도 얻지 못하나"(잠 13:4). 게으름은 온갖 나쁜 짓의 선생입니다(집회서 33:28).

바울은 "도무지 일하지 아니하고 일을 만들기만 하는 자"라고 말하면서 이것들을 분명히 열거했습니다. 그는 여기에 다른 것을 추가했습니다: "조용히 자기 일을 하고 너희 손으로 일하기를 힘쓰라 이는 외인에 대하여 단정히 행하고 또한 아무 궁핍함이 없게 하려 함이라." 그는 어떤 사람들이 게으르게 행하며 배반한다는 것에 주목하고서, "게으르게 행하고 우리에게서 받은 전통대로 행하지 아니하는 모든 형제에게서 떠나라"라고 명령합니다.

~ 22 ~
이집트 전역에서 형제들은 노동으로 자신에게 필요한 것을 공급했을 뿐만 아니라 감옥에 있는 사람들을 보살폈다.

1. 이러한 본보기를 보며 가르침을 받은 이집트의 교부들은 수도사들, 특히 젊은이가 게으르게 행하는 것을 허락하지 않습니다. 교부들은 그들의 일에 대한 열심을 보고 마음 상태와 인내와 겸손의 진보를 판단합니다. 교부들은 다른 사람에게서 음식을 받는 것을 허락하지 않을 뿐만 아니라 자기들이 수고하여 얻은 것으로 방문객이나 멀리 있는 사람들을 돌봅니다. 심지어 가뭄과 기아로 고난받는 리비아 지역과 사람들이 불결한 감옥에 수감되어 있는 도시에 막대한 양의 양식을 모아 보냅니다. 그들은 이런 종류의 헌금을 통해서 자기들이 노동한 열매를 영적인 참 제물로 주님께 드린다고 믿었습니다.

~ 23 ~
서방에 공주수도원이 없는 것은 게으름의 결과이다.

1. 이것이 이 지역에서 형제들이 많은 수도원을 보지 못하는 이유입니다. 그들은 자신이 수고하여 얻은 것으로 생계를 유지하지 않으므로 꾸준히 수도원에 머물지 못합니다. 비록 다른 사람의 아량으로 말미암아 그들에게 넉넉한 양식이 공급된다 해도, 그들은 게으름에서 느끼는 즐거움과 방황하는 마음 때문에 한 장소에 오래 머물지 못합니다. 이집트의 고대 교부들은 일하는 수도사는 한 가지 귀신의 공격을 받지만, 게으른 사람은 무수히 많은 귀신의 공격을 받아 멸망한다고 말합니다.

~ 24 ~
매년 자신이 손으로 만든 것을 모두 태워버린 사부 폴에 관하여

1. 마지막으로, 고결한 사부 폴에 대해 이야기하겠습니다. 그는 포르피리온(Porphyrion)이라는 사막에 살았습니다. 그는 대추야자와 작은 정원 때문에 양식이 충분했습니다. 그리고 도시에서 떨어진 곳, 사람들이 거주하는 곳에서 일주일이나 걸어가야 하는 깊은 사막에서 살았기 때문에 일하여 얻는 것보다 교통비가 더 많았으므로 생계를 위해 아무 일도 할 수 없었습니다. 그는 자신의 생계 수단인 듯이 날마다 종려나무 잎을 모으고 노동하곤 했습니

다. 일년 동안 일하여 동굴이 가득차면, 매년 수고하여 얻은 것을 태워버렸습니다. 그럼으로써 수도사가 육체 노동을 하지 않으면 한 장소에 머물지 못하며 완전함의 고지에 오를 수 없다는 것을 증명하려 했습니다. 그가 이렇게 행동한 것은 생계 유지 때문이 아니라, 마음을 깨끗히 하고, 생각을 확고하게 하고 수실에서 참고 견디며, 권태를 정복하고 몰아내기 위해서였습니다.

~ 25 ~
권태를 고치는 것에 관한 사부 모세의 말

1. 나는 사막에 살기 시작했을 때 사부 모세에게 전날 밤에 권태에 시달렸기에 거기서 벗어나기 위해 즉시 사부 폴에게 달려갔었다고 말했습니다. 그분은 이렇게 말했습니다: 당신은 거기서 벗어나지 못했습니다. 오히려 그것에 한층 더 복종하고 예속되었습니다. 정념이 공격할 때 당신이 수실을 버리고 떠나거나 잠을 잠으로써 그것을 소멸시키려 하지 않고 그것을 대적하여 싸우고 인내하여 승리하는 법을 배우지 않는 한 원수는 당신이 탈영자요 피난민이라는 것, 당신이 싸움에서 패배하여 도망쳤다는 것을 알면 즉시 한층 더 맹렬하게 당신을 공격할 것입니다.

제11권

허영의 영

차례

1. 허영을 대적한 일곱째 싸움 및 그 본질에 관하여 / 265
2. 허영은 수도사의 육적인 부분만 아니라 영적인 부분도 공격한다 / 265
3. 허영은 다종다양하다 / 267
4. 허영은 좌우에서 수도사를 공격한다 / 267
5. 허영의 본질을 증명하는 데 사용되는 비유 / 267
6. 독거가 허영을 죽이지 못한다 / 267
7. 허영은 쓰러뜨리면 다시 일어나 더 맹렬하게 공격한다 / 268
8. 사막에 살고 있거나 늙었다고 해서 허영이 진정되지 않는다 / 269
9. 덕과 섞일 때 허영이 더 위험하다 / 270
10. 히스기야의 예, 그가 어떻게 허영의 화살에 쓰러졌는지에 관하여 / 270
11. 허영의 공격을 받았으나 극복한 웃시야 / 271
12. 허영에 관한 본문 / 272
13. 허영이 수도사를 공격하는 방식 / 273
14. 허영이 성직을 추구하라고 암시하는 방식 / 273
15. 허영이 정신을 취하게 하는 방식 / 274

16. 잠깐 들른 노인이 수실에서 허영에 빠진 사람을
    발견하였다는 것 / 274
17. 뿌리와 원인이 드러나지 않은 악덕을 치유할 수 없다 / 275
18. 수도사는 여인과 주교를 피해야 한다 / 276
19. 허영을 극복하게 해주는 치료법 / 276

~ 1 ~
허영을 대적한 일곱째 싸움 및 그 본질에 관하여

1. 일곱째 싸움은 허영과을 대적하는 것입니다. 허영은 형태가 다양하고 교묘하기 때문에 대비하여 조심하기 어려울 뿐만 아니라 예리한 눈으로도 알아보거나 주목하기 어렵습니다.

~ 2 ~
허영은 수도사의 육적인 부분만 아니라 영적인 부분도 공격한다.

1. 허영은 다른 악덕들과 마찬가지로 수도사의 육적인 부분을 공격할 뿐만 아니라 교묘한 악으로 정신을 압박하면서 영적인 부분을 공격합니다. 따라서 육적인 악덕에 속지 않는 사람은 영적 성공의 결과로서 한층 더 심한 상처를 입습니다. 경계하여 지키기 어려울수록 그것을 대적한 싸움이 더 위험합니다. 다른 모든 악덕을 대적할 때처럼 싸움이 더 분명하고 공개적이며, 그가 완강한 저항에 직면할 때 각각의 악덕을 대적할 때처럼 자극하는 요인이 약해지고 떠나가는데, 그후로 그가 정복자를 시험할 때 패배한 대적은 더 약해집니다. 그러나 허영은 육적인 교만으로 정신을 공격하다가 방어적 저항 때문에 물러서면, 여러 형태를 가진 악처럼 그 모습과 옷을 바꾸고 다시 덕을 가장하여 정복자를 찔러 죽이려 합니다.

~ 3 ~
허영은 다종다양하다.

1. 다른 악덕들은 형태가 하나요 단순하다고 알려져 있지만, 허영은 다양하고 형태가 여러 가지이며, 한번 싸울 때 사방에서 온갖 각도에서 공격합니다. 그것은 그리스도의 군사의 옷과 외모, 행동거지, 말, 일, 철야, 금식, 기도, 독서, 지식, 침묵, 순종, 겸손, 오래참음 등에 상처를 입히려 합니다. 조심하지 않고 앞을 내다보지 않으면, 그것이 큰 파도 속에 가라앉아 있는 위험한 바위처럼 순풍에 항해하는 사람을 예견하지 못한 불행한 파선을 당하게 하려 합니다.

~ 4 ~
허영은 좌우에서 수도사를 공격한다.

1. "진리의 말씀과 하나님의 능력으로 의의 무기를 좌우에 가지고"(고후 6:7). 왕의 길을 따라 가려는 사람은 바울의 가르침대로 "영광과 욕됨으로, 악한 이름과 아름다운 이름으로"(고후 6:8), 그리고 매우 조심하면서 신중함을 안내자로 삼고 주님의 영이 덮어주는 가운데 시련의 파도 속을 지나 덕의 길을 걸어가야 합니다. 만일 조금이라도 오른쪽으로나 왼쪽으로 치우치면, 곧 위험한 바위 때문에 완전히 실패할 것입니다. 그래서 지혜로운 솔로몬은 다음과 같이 경고합니다: "좌로나 우로나 치우치지 말고 네 발을 악에서 떠

나게 하라"(잠 4:27). 이것은 자신의 덕 때문에 잘난 줄 착각하지 말고, 오른쪽으로 영적 성공 때문에 교만하지 말고, 왼쪽으로 벗어나 악의 길에 들어서서 수치를 영광으로 삼지 말라는 의미입니다. 원수는 얌전하고 깔끔한 복장으로 허영을 낳지 못하면 더럽고 천한 복장으로 허영을 심어주려 합니다. 원수는 영광으로 쓰러뜨리지 못하면 치욕으로 넘어뜨리며, 지식과 훌륭한 언변으로 자만하게 하지 못하면 침묵으로 파괴합니다. 공개적으로 금식하는 사람은 헛된 자랑의 공격을 받으며, 자랑하기 싫어 감추는 사람은 교만의 공격을 받습니다. 허영에 물들어 더럽혀지지 않으려면 형제들이 보는 데서 지나치게 많이 기도하는 것을 피해야 합니다. 아무도 알지 못하게 은밀하게 기도해도 허영의 가시를 피하지 못합니다.

~ 5 ~
허영의 본질을 증명하는 데 사용되는 비유

1. 원로들은 허영의 본질이 한겹을 벗겨내면 그속에 또 한겹이 있는 양파나 구근과 비슷하다고 묘사합니다.

~ 6 ~
독거가 허영을 죽이지 못한다.

1. 허영 때문에 사람들과의 교제를 피해 도망친 사람은 독거 속에서도 허

영의 공격을 받습니다. 세상을 피하려고 노력할수록 허영이 더 치열하게 그를 추적합니다. 어떤 사람은 특별히 인내하면서 수고하고 노동한다는 것을 자랑하게 만들려 하며, 어떤 사람은 순종한다는 것을, 또 어떤 사람은 다른 사람들보다 겸손하다는 것을 자랑하게 만들려 합니다. 어떤 사람은 지식 때문에, 어떤 사람은 독서를 많이 하기 때문에, 어떤 사람은 자주 철야기도를 하기 때문에 시험을 받습니다. 허영은 덕으로만 공격하며, 삶의 보상을 받을 수 있는 곳에 위험을 걸림돌을 놓습니다. 원수는 거룩함과 완전함을 길 걷기를 원하여 걷고 있는 곳에 잠복하여 기다리며 덫을 놓습니다. 이것은 다윗의 말과 일치합니다: "내가 가는 길에 그들이 나를 잡으려고 올무를 숨겼나이다"(시 142:3). 이와같이 우리가 덕의 길을 걸어가며 "위에서 부르신 부름의 상을" 받으려고 나아갈 때 성공 때문에 거만해지며, 굴레에 묶인 영혼의 발이 비틀거리며, 허영의 덫에 걸릴 수 있습니다. 원수가 우리와 직접 싸워 이길 수 없지만, 우리가 승리 때문에 정복되거나 금욕과 능력의 한계를 초월하며 육체가 기력을 잃기 시작하면서 더이상 앞으로 나아갈 수 없게 될 것입니다.

~ 7 ~
허영은 쓰러지면 다시 일어나 더 맹렬하게 공격한다.

1. 다른 악덕들은 정복되면 약해지며, 한번 정복되면 날마다 더 약해지며, 시간과 장소와 관련하여 점차 감소하고 가라앉거나, 반대되는 덕으로 대적

하면 더 쉽게 경계하고 피할 수 있습니다. 그러나 허영은 쓰러지면 다시 일어나 더 맹렬하게 싸웁니다. 그것은 파괴되었다고 생각될 때 다시 회복하며, 죽었었기 때문에 더 생생합니다. 다른 악덕들은 싸워 이길 수 있는 사람만 공격합니다. 그러나 허영은 자신을 정복한 사람을 한층 더 맹렬하게 추적하며, 강력한 공격을 받은 후에는 승리로 말미암은 교만으로 한층더 격렬하게 공격합니다. 허영은 이처럼 교활하기 때문에 적대적인 무기로 정복할 수 없는 그리스도의 군사를 자신의 무기로 넘어지게 합니다.

~ 8 ~
사막에 살고 있거나 늙었다고 해서
허영이 진정되지 않는다.

1. 다른 악덕들은 장소에 따라 수그러들기도 하며, 일반적으로 죄의 문제 및 그 유인과 가능성이 제거되면 완화되고 감소합니다. 그러나 허영은 도망치는 사람과 함께 사막을 뚫고 들어가며, 어디에서도 그것을 몰아낼 수 없고, 문제가 제거되어도 약해지지 않습니다. 허영의 공격을 받는 사람의 고결한 성공이 허영에 활기를 불어넣습니다. 어떤 악덕은 시간이 흐르면 힘을 잃고 사라집니다. 그러나 허영은 생산적으로 바삐 활동하고 신중하게 분별하지 않는 한 세월의 흐름이 허영을 막지 못하며 오히려 더 많은 허영의 연료를 쌓아올립니다.

~ 9 ~
덕과 섞일 때 허영이 더 위험하다.

1. 마지막으로 다른 악덕들은 상반되는 덕으로 대적하여 공개적으로 싸우면 쉽게 지키고 극복할 수 있습니다. 그러나 허영이 덕과 섞이고 싸움에 휘말리면 어두운 밤에 싸우듯이 무섭게 싸우며, 부주의하고 생각이 없는 사람들을 속입니다.

~ 10 ~
히스기야의 예,
그가 어떻게 허영의 화살에 쓰러졌는지에 관하여

1. 성경이 의로운 사람으로 증언하는 유다 왕 히스기야는 덕 때문에 많은 칭찬을 받았지만(왕하 18:3~6), 교만의 화살에 맞아 쓰러졌습니다. 기도하여 (왕하 19:15~19) 밤에 주님의 천사가 나아가서 앗시리아 군의 진영에서 십팔만 오천 명을 쳐죽이게 할 수 있었던(왕하 19:35) 사람이 허영에 정복되었습니다. 그의 많은 덕을 열거하지 않고 한 가지만 말하겠습니다. 그가 죽을 날이 결정되어 선포되었을 때 그는 한 번의 기도로 수명이 15년 연장되었습니다(왕하 20:1~11). 해그림자가 십도 뒤로 물러났습니다. 이처럼 자연법을 거스르는 전례없는 기적으로 세상의 하루가 두배로 길어졌습니다.

2. 많은 놀라운 이적과 덕의 증거를 지녔던 히스기야가 성공의 결과로

어떻게 몰락했는지 성경의 말을 들어보십시오: "그 때에 히스기야가 병들어 죽게 되었으므로 여호와께 기도하매 여호와께서 그에게 대답하시고 또 이적을 보이셨으나 히스기야가 마음이 교만하여 그 받은 은혜를 보답하지 아니하므로 진노가 그와 유다와 예루살렘에 내리게 되었더니 히스기야가 마음의 교만함을 뉘우치고 예루살렘 주민들도 그와 같이 하였으므로 여호와의 진노가 히스기야의 생전에는 그들에게 내리지 아니하니라"(대하 32:24~26).

3. 교만은 매우 위험하고 심각한 병입니다! 자연 및 세상의 법을 바꿀 자격이 있는 의, 많은 덕, 믿음과 헌신 등이 교만한 행동 하나 때문에 파괴되었으므로 히스기야는 즉시 하나님의 진노의 대상이 되었습니다. 만일 그가 겸손을 회복함으로써 하나님의 진노를 달래지 않았다면, 그의 덕은 존재한 적이 없는 듯이 망각에 넘겨졌을 것입니다. 이처럼 교만 때문에 덕의 고지에서 떨어진 그는 겸손의 걸음을 되짚어가지 않는 한 다시 정상에 오를 수 없었습니다.

~ 11 ~
허영의 공격을 받았으나 극복한 웃시야

1. 비슷한 몰락의 예를 들겠습니다. 성경은 히스기야의 조상 웃시야를 찬양합니다(대하 26:5~15). 그러나 그의 덕을 발표하고 그가 헌신과 믿음 때문에 거둔 무수한 승리를 열거한 후에 그가 허영 때문에 몰락했음을 언급하니

다. "그가 강성하여지매 그의 마음이 교만하여 악을 행하여 그의 하나님 여호와께 범죄하되 곧 여호와의 성전에 들어가서 향단에 분향하려 한지라"(대하 26:16). 여기에 주목할 만한 몰락의 예가 있습니다. 의롭고 완전한 두 사람이 자신이 거둔 승리 때문에 실패했습니다. 순조로운 일에서의 성공이 얼마나 위험한 것이 될 수 있는지 이해할 수 있습니다. 불운 때문에 망하지 않을 사람이 부주의하면 형통함 때문에 한층 더 모질게 파괴되며, 위기를 통과한 사람, 죽음을 무릅쓰고 싸운 사람이 자신의 승리에 굴복합니다.

~ 12 ~
허영에 관한 본문

1. 이런 까닭에 바울은 헛된 영광을 구하지 말라고 경고합니다(갈 5:26). 주님은 "너희가 서로 영광을 취하고 유일하신 하나님께로부터 오는 영광은 구하지 아니하니 어찌 나를 믿을 수 있느냐"(요 5:44)라고 바리새인을 책망하십니다. 다윗은 "그들의 뼈를 하나님이 흩으심이라"(시 53:5)라고 위협조로 말합니다.

~ 13 ~
허영이 수도사를 공격하는 방식

1. 초심자, 그리고 아직 영적인 덕과 지식이 진보하지 못한 사람이 좋은

음성 때문에 아름다운 소리로 노래할 때, 용모가 잘 생겼거나 수려할 때, 부자나 유명한 친척이 있을 때, 군복무와 명예를 거부했을 때, 허영 때문에 그의 정신이 거만해집니다. 그리하여 종종 세상에서 참고 견디기만 하면, 아주 쉽게 권위와 재산을 획득할 수 있었을 것이라고 설득하기도 합니다. 그러나 그가 그것을 획득할 가능성이 전혀 없었습니다. 허영은 불확실한 것에 대한 헛된 희망을 불어넣으며, 그가 재산을 소유하지 않은 것은 그것을 무시했기 때문이라는 생각을 채워줍니다.

~ 14 ~
허영이 성직을 추구하라고 암시하는 방식

1. 때때로 허영은 성직, 사제직이나 부제직을 향한 욕구를 제안합니다. 그것은 마지못해서 이러한 직분에 임명된 사람도 거룩함과 엄격함으로 채워져서 다른 사제들에게 거룩함의 본보기를 제공할 수 있다고, 그리고 그의 생활방식뿐만 아니라 가르침과 설교 덕분에 많은 사람을 구원할 것이라고 암시합니다. 허영은 사막이나 수실에 머무는 사람으로 하여금 다양한 사람들의 가정과 수도원을 돌아다니며 많은 사람이 자신의 권면에 감화를 받아 회심하는 모습을 상상하게 합니다.

~ 15 ~

허영이 정신을 취하게 하는 방식

1. 이처럼 인사불성이 되듯이 허영에 미혹된 불쌍한 영혼은 이런 종류의 많은 생각의 유혹적인 쾌락으로 가득 차게 됩니다. 영혼이 이러한 거짓 심상들의 결과로서 깨어있는 동안 방황하는 생각 속에서 꿈꾸는 것에 매달리는 한 눈 앞에 있는 형제들과 행위에 주목하지 못합니다.

~ 16 ~

잠시 방문한 노인이 수실에서
허영에 빠진 사람을 발견하였다는 것

1. 내가 스케테 사막에 살 때의 일입니다. 어느 노인이 어느 형제의 수실을 찾아가고 있었습니다. 수실 문 앞에 도착했을 때 안에서 중얼거리는 소리가 들렸습니다. 그는 형제가 성경말씀을 읽고 있는지 암송하고 있는지 알려고 잠시 문 앞에 서 있었습니다. 이 경건한 노인이 집중하여 들어보니 그 형제는 허영의 공격을 받아 자신이 교회에서 회중에게 설교하고 있다고 믿고 있었습니다. 노인은 계속 수실 문 앞에서 있었습니다. 설교를 마친 형제는 역할을 바꾸어 자신이 마치 부제인 것처럼 요리문답자들의 해산을 선포했습니다. 그 때 노인이 문을 두드렸습니다. 형제는 공손하게 인사하면서 노인을 맞아 들였습니다. 형제는 자기가 품었던 생각을 깨닫고 걱정스러웠

기 때문에, 노인에게 언제 왔느냐고 물었습니다. 이는 만일 노인이 오랫동안 문 앞에 서 있었다면 분개할까 염려했기 때문이었습니다. 노인은 기분좋은 태도로 "당신이 요리문답자들의 해산을 선언할 때 도착했습니다"라고 대답했습니다.

~ 17 ~
뿌리와 원인이 드러나지 않은 악덕을 치유할 수 없다.

1. 원수가 쳐놓은 많은 올무와 덫을 피하는 방법과 관련하여 추상적으로 가르치는 데 그치지 않고 실질적인 예를 제공한다면 불쌍한 영혼을 괴롭히는 악덕의 공격을 한층 더 조심할 수 있을 것입니다. 이집트 교부들은 젊은 이들이 견디고 앞으로도 견뎌야 하는 악덕과의 싸움을 이야기하여 적나라하게 드러내고 폭로하려 했습니다. 그들에게 초심자들과 열정적인 사람들이 예속되는 모든 정념의 망상을 설명해주면, 싸움의 비결을 알게 될 것입니다. 그것을 거울로 보듯이 바라보고 자신을 괴롭히는 악덕의 원인과 치료법을 배운다면, 그것을 경계하고 대적하여 싸우는 방법도 깨달을 것입니다.

2. 솜씨 좋은 의사가 전문 기술로 병을 치료할 뿐만 아니라 장차 드러날 잠재적인 병을 진단하고 처방과 유익한 약을 사용하여 미연에 방지하듯이, 이 영혼의 참된 의사들은 영적 담화를 거룩한 약으로 사용하여 이제 드러나려 하는 마음의 병을 죽이며, 그것이 젊은이의 정신 안에서 자라는 것을 허락하지 않을 뿐만 아니라 그를 위협하는 정념의 원인 및 건강을 회복하는 수

단을 드러내 보여줍니다.

~ 18 ~
수도사는 여인과 주교를 피해야 한다.

1. 이러한 맥락에서 교부들의 금언을 소개하려 합니다. 그것은 누이동생을 피하지 못하고 주교의 손에서 도망치지 못한 나로서는 말하기 부끄러운 것입니다: 수도사는 여인과 주교를 피해야 합니다. 수도사가 그들과 친하게 되면 더이상 수실의 정적에 전념하거나 깨끗한 눈으로 영적인 것을 보는 통찰을 통해서 거룩한 테오리아에 매달리지 못합니다.

~ 19 ~
허영을 극복하게 해주는 치료법

1. 영적인 참된 경기에 정당하게 참여하기를 원하는 그리스도의 경주자는 이 형태가 다양하고 다채로운 짐승을 정복하기 위해 노력해야 합니다. 그것이 마치 잡다한 악처럼 사방에서 공격할 때 다윗의 말을 생각하는 것 같은 치료법으로 그것을 물리칠 수 있을 것입니다: "죄악을 행하는 자들의 뼈를 하나님이 흩으심이라." 첫째, 허영의 명령을 따르거나 허영을 얻기 위해 일하지 말아야 합니다. 들째, 허영이 슬그머니 들어와 우리가 수고하여 얻은 열매를 무효로 만들지 않게 하려면 처음에 시작인 일을 꾸준히 지키고 유지

하려 해야 합니다. 또 일반적으로 형제들의 생활방식의 일부로 받아들여지거나 실천되지 않는 것을 모두 자랑거리로 여겨 거부해야 하며, 우리를 다른 사람들로부터 분리하는 것 및 우리만 행할 수 있는 일이라는 듯 사람들의 칭찬을 받게 하는 것을 피해야 합니다.

2. 이것들은 우리가 허영이라는 치명적인 전염병에 걸렸음을 보여주는 징후입니다. 허영의 명령을 따를 때 우리가 성취한 노동의 열매를 잃을 뿐만 아니라, 하나님을 위해 행해야 할 것을 인간을 위해 행함으로써 하나님께 범죄했기 때문에 영원한 벌을 받는다는 것을 깨닫는다면, 쉽게 허영을 피할 수 있을 것입니다. 감추어진 것을 보시는 하나님은 우리가 하나님보다 인간을 택하고 하나님의 영광보다 세상의 영광을 선택한 것을 죄로 판결하십니다.

제12권

교만의 영

차례

1. 교만의 영을 대적하는 여덟째 싸움, 그리고 교만의 본질 / 281
2. 두 종류의 교만 / 281
3. 교만은 모든 덕을 함께 파괴한다 / 282
4. 대천사였던 루시퍼가 교만 때문에 마귀가 되었다 / 283
5. 교만에서 모든 악덕의 싹이 나온다 / 284
6. 교만은 싸움에서의 순서는 마지막 상대이지만, 시간과 기원에서는 첫 번째이다 / 285
7. 교만의 악은 하나님을 적으로 삼는다 / 286
8. 하나님이 겸손의 덕으로 마귀의 교만을 소멸하셨다는 것, 그리고 이에 관한 말씀 / 286
9. 어떻게 교만을 극복할 수 있는가? / 288
10. 우리의 능력만으로 약속된 복이나 덕의 완전함을 획득할 수 없다 / 289
11. 하나님의 은혜를 증명해주는 예: 강도, 다윗, 그리고 우리의 소명 / 289
12. 어떤 수고도 약속된 복에 비교될 수 없다 / 290
13. 깨끗함을 추구하는 것에 관한 교부들의 전통 / 291
14. 수고하는 사람에게 하나님의 도움이 주어진다 / 291
15. 완전의 길을 누구에게서 배워야 하는가? / 292

16. 하나님의 자비와 감동하심이 없으면 완전함을 획득하기 위해
    노력할 수도 없다 / 294

17. 하나님의 도우심이 없이 구원과 관련된 것을 이룰 수 없음을
    보여주는 말씀 / 294

18. 우리는 본성적 상태에서만 아니라 일상적인 일에서도 하나님
    의 은혜로 힘을 얻는다 / 297

19. 하나님의 은혜에 관한 이러한 믿음은 옛 교부들이 전해준
    것이다 / 298

20. 하나님을 모독했기 때문에 더러운 영에게
    넘겨진 사람 / 299

21. 유다 왕 요아스의 예 / 299

22. 교만한 영혼은 악한 영에 예속되어 조롱을 받는다 / 301

23. 겸손의 덕이 없으면 완전함을 이룰 수 없다 / 301

24. 영적 교만의 공격을 받는 사람과 육적 교만의 공격을 받는
    사람 / 302

25. 육적 교만에 대한 묘사, 그것이 수도사의 정신 안에
    낳는 것 / 302

26. 기초가 튼튼하지 못한 사람의 상태는 날마다
    악화된다 / 303

27. 교만에서 솟아나는 악덕들 / 304

28. 어느 형제의 교만에 관하여 / 306

29. 육적인 교만이 영혼 안에 존재하는 것을 알아볼 수 있는
    징후 / 307

30. 교만 때문에 미지근해진 사람은 사람들을 다스리려 한다 /
    308

31. 교만을 정복하고 완전함을 획득하는 방법 / 309

32. 모든 덕을 파괴하는 교만을 참된 겸손으로 소멸하는
    방법 / 309

32. 교만의 치료법 / 310

~ 1 ~
교만의 영을 대적하는 여덟째 싸움, 그리고 교만의 본질

1. 마지막 여덟째 싸움은 교만의 영을 대적하는 싸움입니다. 이것은 악덕들과의 마지막 싸움이며 순서적으로 마지막에 놓이지만, 시간과 기원에 서는 첫번째입니다. 교만은 앞에서 언급한 모든 악덕보다 더 사납고 흉포한 짐승입니다. 그것은 완전한 사람을 시험하며, 덕의 완전함에 근접한 사람을 잔인하게 물어 유린합니다.

~ 2 ~
두 종류의 교만

1. 두 종류의 교만이 있습니다. 하나는 선하고 영적인 사람을 공격하는 것이요, 나머지 하나는 초심자와 육적인 사람을 공격하는 것입니다. 두 가지 교만 모두 하나님과 인간에 관하여 해로운 자만을 일으키지만, 전자는 특별히 하나님에 관한 것이고, 후자는 인간에 관한 것입니다. 이 책 뒷부분에서 하나님의 도움을 받아 어느 정도 그것의 기원과 치료법을 다룰 것입니다. 지금은 특별히 완전한 사람들을 시험하는 첫번째 교만에 대해 몇 가지를 논하겠습니다.

~ 3 ~
교만은 모든 덕을 함께 파괴한다.

1. 교만은 모든 덕을 무효화하며 의롭고 거룩한 사람을 파괴하고 황폐하게 하는 가장 악한 덕입니다. 교만은 전염병처럼 몸의 한 부분을 망가뜨리는 데 만족하지 않습니다. 그것은 덕의 정상에 오른 사람을 철저히 몰락시키고 무너뜨리려 합니다. 다른 악덕은 자체의 한계와 목적에 만족하며 주로 한 부분을 대상으로 공격합니다.

2. 이 말을 쉽게 이해할 수 있도록 예를 들겠습니다. 탐식은 절제의 엄격함을 파괴합니다. 음란한 욕구는 순결을 더럽힙니다. 분노는 인내를 파괴합니다. 이처럼 한 가지 악덕에 굴복한 사람이 다른 덕들을 완전히 빼앗기는 것이 아니라 반대되는 악덕의 공격을 받아 굴복하는 덕에서 제거될 뿐입니다. 부분적으로나마 나머지 덕을 보존할 수 있습니다. 그러나 불쌍한 정신을 붙잡고 높이 쌓아올린 덕의 성채를 함락시킨 교만은 폭군처럼 도시 전체를 기초에서부터 전복시킵니다. 그것은 거룩함의 높은 방어벽을 악덕의 땅과 비슷한 수준으로 무너뜨리고 그 둘을 혼합한 후에 굴복한 영혼 안에 자유의 흔적이 남지 못하게 합니다. 영혼이 부유하게 출발했다면, 잔인한 약탈로 말미암아 온갖 덕의 수단을 빼앗기고 엎혀진 종의 멍에가 더 가혹합니다.

~ 4 ~
대천사였던 루시퍼가 교만 때문에 마귀가 되었다.

1. 교만의 힘을 장악할 수 있는 방법이 있습니다. 큰 광채와 아름다움 때문에 루시퍼라고 불린 천사가 교만 때문에 하늘에서 쫓겨났고, 교만의 화살에 찔려 천사들의 복되고 고귀한 위치에서 지옥으로 떨어졌습니다. 마음의 교만이 큰 능력을 지닌 큰 덕을 하늘에서 쫓아낼 수 있었다는 것을 보여주는 그의 엄청난 몰락은 연약한 육체에 둘러싸인 우리가 얼마나 조심해야 하는지 증명해줍니다.

2. 우리가 루시퍼가 몰락한 원인과 근원을 찾아낸다면, 교만의 독을 피하는 방법을 배울 수 있을 것입니다. 먼저 병의 근원과 원인을 연구하여 조사하지 않으면 병을 치료할 수 없고 치료법을 제공할 수 없습니다.

창조주의 은혜 덕분에 신적 밝음을 옷입고 천상의 권세들 가운데서 빛을 발하던 루시퍼는 창조주의 은혜로 받은 지혜의 광채와 덕의 아름다움을 창조주의 선물로 여기지 않고 자신의 본성적 능력으로 획득했다고 믿었습니다. 그 때문에 교만해진 그는 이 깨끗함을 보존하는 데 신적 도움이 필요하지 않으며 자신이 하나님과 비슷하다고 판단했습니다. 이는 자신에게도 하나님처럼 부족한 것이 없었기 때문입니다. 다시 말해서 그는 자유의지의 힘으로 덕의 완전함 및 탁월한 복의 지속에 관련된 모든 것이 자신에게 풍부히 공급될 것이라고 믿고 그것을 의지했습니다.

3. 이 생각이 그의 첫번째 몰락이었습니다. 그것 때문에 그는 자신에게 필요하다고 여기지 않은 하나님에게서 버림받았고, 그 즉시 균형을 잃었습니다

다. 그는 비틀거리고, 자신의 본성의 약함을 의식하게 되었고, 하나님의 선물로 누렸던 복을 잃었습니다. 그는 "남을 해치는 모든 말을" 좋아하여(시 52:4) "내가 하늘에 올라가리라"(사 14:13)라고 말했고, "속이는 혀"로 "내가 지극히 높은 이와 같아지리라"(사 14:14)라고 말했고, 아담과 하와가 하나님처럼 될 것이라고 말했으므로(창 3:5), 하나님이 그를 장막에서 뽑아내어 제거하고 생명 있는 것의 땅에서 뽑아내실 것입니다. 그의 몰락을 보고 "의인이 두려워하며 또 그를 비웃어 말하기를 이 사람은 하나님을 자기 힘으로 삼지 아니하고 오직 자기 재물의 풍부함을 의지하며 자기의 악으로 스스로 든든하게 하던 자라" 할 것입니다(시 52:5~7). (이 말은 자신이 하나님의 도움과 보호가 없이 최고의 선을 획득할 수 있다고 믿는 사람들에게도 적용할 수 있습니다.)

~ 5 ~
교만에서 모든 악덕의 싹이 나온다.

1. 이것이 첫째 몰락의 원인이며, 내쫓김을 자초한 자를 거쳐 첫사람에게 기어들어와 약함과 모든 악덕을 만들어낸 질병(교만)의 궁극적인 근원입니다. 그는 자신의 자유의지와 노력으로 하나님의 영광을 획득할 수 있다고 믿었기 때문에 창조주의 은혜로 소유했던 것을 잃었습니다.

~ 6 ~
교만은 싸움에서의 순서는 마지막 상대이지만, 시간과 기원에서는 첫번째이다.

1. 성경 말씀과 예들은 교만이 싸움의 순서에서는 마지막이지만 모든 죄와 악행의 근원과 기원에서는 첫째라는 것, 다른 악덕들과는 달리 반대되는 덕인 겸손만으로 제거할 수 없으며 모든 덕을 한꺼번에 파괴한다는 것, 그리고 보통 사람과 어린 사람만 시험하는 것이 아니라 힘의 정상에 선 사람들을 시험한다는 것을 분명히 보여줍니다. 선지자는 이 영이 기름진 것을 먹는다고 말합니다(합 1:16).

2. 이런 까닭에 다윗은 신중하게 마음의 후미진 곳을 지켰지만(그렇기 때문에 그는 자기의 양심의 비밀을 감추지 못하는 분께 이렇게 선언했습니다: "여호와여 내 마음이 교만하지 아니하고 내 눈이 오만하지 아니하오며 내가 큰 일과 감당하지 못할 놀라운 일을 하려고 힘쓰지 아니하나이다"[시 131:1]; "거짓을 행하는 자는 내 집 안에 거주하지 못하며"[시 101:7]), 완전한 사람이라도 이렇게 지키는 것이 어렵다는 것을 알고 있었고, 해를 입지 않고 원수의 화살을 피하기 위해 자기의 노력만 의지하지 않고 기도하면서 하나님의 도움을 구합니다: "교만한 자의 발이 내게 이르지 못하게 하시며"(시 36:11). 그는 하나님이 교만한 자를 물리치시신다는 말(약 4:6)과 "무릇 마음이 교만한 자를 여호와께서 미워하시나니"(잠 16:6)라는 말이 자신에게 임할까 두려워 떨었습니다.

~ 7 ~
교만의 악은 하나님을 적으로 삼는다.

1. 교만의 악은 매우 크기 때문에, 반대되는 덕이나 천사가 아닌 하나님을 적으로 삼습니다. 주님이 다른 악덕에 빠진 사람을 거부하셨다거나, 탐식하는 사람이나 간음하는 사람이나 성난 사람이나 탐욕스러운 사람에 반감을 품으셨다는 말은 전혀 없습니다. 이것은 교만한 사람에게만 적용됩니다. 그러한 악덕들은 악을 행하는 사람들을 무시하거나 그것에 관여하는 사람들, 즉 다른 사람들에 대해 범하는 것인 듯합니다. 그러나 교만은 본질적으로 하나님을 건드리며, 그렇기 때문에 하나님을 적으로 삼습니다.

~ 8 ~
하나님이 겸손의 덕으로 마귀의 교만을
소멸하셨다는 것, 그리고 이에 관한 말씀

1. 그러므로 우주를 지으시고 고치시는 하나님은 교만이 우리의 질병의 원인이요 근원이라는 것을 아시기에 그것을 반대되는 것으로 고치려 하셨습니다. 따라서 교만으로 말미암아 무너진 것이 겸손으로 말미암아 다시 설 것입니다. 교만은 "내가 하늘에 올라갈 것이다"라고 말하고, 겸손은 "우리 영혼은 진토 속에 파묻히고"(시 44:25)라고 말합니다. 교만은 "내가 지극히 높으신 분처럼 될 것이다"라고 말하고, 겸손은 "그는 근본 하나님의 본체시

나 하나님과 동등됨을 취할 것으로 여기지 아니하시고 오히려 자기를 비워 종의 형체를 가지사 사람들과 같이 되셨고 사람의 모양으로 나타나사 자기를 낮추시고 죽기까지 복종하셨으니"(빌 2:6~8)라고 말합니다. 교만은 "내가 하늘에 올라 하나님의 뭇 별 위에 내 자리를 높이리라"(사 14:13)라고 말하고, 겸손은 "나는 마음이 온유하고 겸손하니 나의 멍에를 메고 내게 배우라"(마 11:29)라고 말합니다.

2. 교만은 "나는 여호와를 알지 못하니 이스라엘을 보내지 아니하리라"(출 5:2)라고 말하고, 겸손은 "만일 내가 알지 못한다 하면 나도 너희 같이 거짓말쟁이가 되리라 나는 그를 알고 또 그의 말씀을 지키노라"(요 8:55)라고 말합니다. 교만은 "나의 이 강은 내 것이라 내가 나를 위하여 만들었다"(겔 29:3)라고 말하고, 겸손은 "내가 아무 것도 스스로 할 수 없노라; 아버지께서 내 안에 계셔서 그의 일을 하시는 것이라"(요 5:30; 요14:10)라고 말합니다. 교만은 "이 모든 권위와 그 영광을 내가 네게 주리라 이것은 내게 넘겨 준 것이므로 내가 원하는 자에게 주노라"(눅 4:6)라고 말하고, 겸손은 "부요하신 이로서 너희를 위하여 가난하게 되심은 그의 가난함으로 말미암아 너희를 부요하게 하려 하심이라"(고후 8:9)라고 말합니다.

3. 교만은 "내가 온 세계를 얻은 것은 내버린 알을 주움 같았으나 날개를 치거나 입을 벌리거나 지저귀는 것이 하나도 없었다"(사 10:14)라고 말하고, 겸손은 "나는 광야의 올빼미 같고 황폐한 곳의 부엉이 같이 되었사오며 내가 밤을 새우니 지붕 위의 외로운 참새 같으니이다"(시 102:6~7)라고 말합니다. 교만은 "내 발바닥으로 애굽의 모든 하수를 말리리라"(사 37:25)라고 말하고, 겸손은 "내가 내 아버지께 구하여 지금 열두 군단 더 되는 천사를 보

내시게 할 수 없는 줄로 아느냐"(마 26:53)라고 말합니다.

원죄의 원인과 구원의 기초를 이해하며, 원죄가 어떻게 발생했고 누가 구원의 기초를 놓았는지 이해한다면, 첫 조상의 타락과 구원의 예를 통하여 교만의 죽음처럼 무서운 죽음을 어떻게 피할 것인지 알게 될 것입니다.

~ 9 ~
어떻게 교만을 극복할 수 있는가?

1. 그러므로 우리가 진보한 곳에서 느끼는 덕과 관련하여 바울처럼 "내가 한 것이 아니요 오직 나와 함께 하신 하나님의 은혜로라"(고전 15:10); "너희 안에서 행하시는 이는 하나님이시니 자기의 기쁘신 뜻을 위하여 너희에게 소원을 두고 행하게 하시나니"(빌 2:13)라고 말한다면, 이 악한 영의 덫을 피할 수 있을 것입니다. 구원의 주님은 이렇게 말씀하십니다: "그가 내 안에, 내가 그 안에 거하면 사람이 열매를 많이 맺나니 나를 떠나서는 너희가 아무 것도 할 수 없음이라"(요 15:5); "여호와께서 집을 세우지 아니하시면 세우는 자의 수고가 헛되며 여호와께서 성을 지키지 아니하시면 파수꾼의 깨어 있음이 헛되도다"(시 127:1); "원하는 자로 말미암음도 아니요 달음박질하는 자로 말미암음도 아니요 오직 긍휼히 여기시는 하나님으로 말미암음이니라"(롬 9:16).

~ 10 ~
우리의 능력만으로 약속된 복이나
덕의 완전함을 획득할 수 없다.

1. 아무리 간절하게 원해도 영에 저항하는 육체에 둘러싸인 사람이 원하고 경주하는 것만으로는 부족합니다. 만일 하나님의 자비하심으로 말미암아 보호되어 간절히 원하며 얻기 위해 노력할 자격을 갖추지 않는 한 완전함이라는 큰 상과 성실과 정결함의 면류관을 받기에 부족합니다. 이는 "온갖 좋은 은사와 온전한 선물이 다 위로부터 빛들의 아버지께로부터" 내려오기 때문입니다(약 1:17). "누가 너를 남달리 구별하였느냐 네게 있는 것 중에 받지 아니한 것이 무엇이냐 네가 받았은즉 어찌하여 받지 아니한 것 같이 자랑하느냐"(고전 4:7).

~ 11 ~
하나님의 은혜를 증명해주는 예:
강도, 다윗, 그리고 우리의 소명

1. 주님의 오른편 십자가에 달린 강도가 단 한번의 고백으로 낙원에 들어갔음을 생각해보면(눅 23:40~43), 그가 경주한 결과로 그러한 복을 받은 것이 아니라 자비하신 하나님의 선물로 받았음을 깨달을 것입니다. 만일 다윗이 범한 심각하고 흉악한 두 가지 죄가 한번의 회개로 사함을 받았음을 기억한다면(삼하 12:13), 그의 수고의 공적으로 큰 악행을 용서받은 것이 아니라

넘치도록 풍부한 하나님의 은혜로 용서받았다는 것, 그리고 성실하게 회개할 수 있는 기회를 붙잡은 후 한 마디 완전한 고백으로 심각한 악의 요소가 제거되었다는 것을 알 수 있습니다.

2. 바울의 말처럼 우리의 구원과 부르심의 기원이 우리 자신이나 행위에 있는 것이 아니라 하나님의 은혜요 선물이라는 것을 안다면(엡 2:8~9), 완전함이 사람의 의지나 노력이 아닌 하나님의 자비에 달려 있음을 알 수 있을 것입니다. 우리의 수고와 노력으로 악덕을 정복할 수 없을 때, 그리고 우리의 육체가 정복되었지만 의지의 노력으로 온전함의 정상에 이를 수 없을 때 악덕을 이기게 해주시는 분은 하나님이십니다.

3. 몸의 고통과 마음의 통회로 속사람의 참된 순결을 붙잡음으로써 하나님의 도움이 없이 인간의 노력만으로 천사들만 본성적으로 소유하며 하늘에 근원을 둔 순결의 거룩한 덕을 획득할 수 없습니다. 이는 모든 선한 것이 지극히 자비하셔서 영원한 복과 측량할 수 없는 영광을 주시는 분의 은혜로 이루어지기 때문입니다.

~ 12 ~
어떤 수고도 약속된 복에 비교될 수 없다.

1. 장래의 영광의 영원함을 생각하면, 현세는 하찮은 것입니다. 측량할 수 없이 큰 복을 생각하면 모든 슬픔이 연기나 재처럼 사라져 없어집니다.

~ 13 ~
깨끗함을 추구하는 것에 관한 교부들의 전통

1. 이제 교부들의 말로 그들이 전한 견해를 다루겠습니다. 그들은 완전의 길과 그 본질을 거만한 말로 묘사하지 않았고, 경험을 통해 소유하고 특별한 방식으로 성령의 능력 안에서 행위와 행동으로 전했습니다. 그들은 사람이 아무리 노력하고 시도해도 완전함이라는 큰 목적을 이룰 수 없다는 것을 깨닫지 못하면, 그리고 교사의 가르침에 의해서가 아니라 자신의 경험과 성향과 덕으로 가르침을 받은 후에 하나님의 도우심과 긍휼하심이 없이 완전함을 획득할 수 없다는 것을 깨닫지 못한다면 육욕적인 덕을 완전히 제거할 수 없다고 말합니다. 금식하고 철야하고 독서하고 홀로 지내고 세상을 버려도, 그것만으로는 지극히 크고 높은 완전함과 깨끗함을 얻을 수 없습니다. 긍휼하신 하나님이 주시지 않는 한 사람의 노력과 부지런함으로 하나님의 선물을 받을 수 없습니다.

~ 14 ~
수고하는 사람에게 하나님의 도움이 주어진다.

1. 이것은 인간의 노력을 무력화하거나 사람이 부지런함과 수고를 버리게 하려고 하는 말이 아닙니다. 교부들의 말에 의하면 이것들이 없으면 완전함을 얻을 수 없지만, 하나님의 은혜가 없이 이것들만으로 완전함을 얻을 수

없습니다. 우리는 하나님의 도움이 없이 인간의 노력만으로 완전함을 얻을 수 없다고 말하면서 하나님의 자비와 은혜가 수고하며 일하는 사람, 바울의 말처럼 바라고 노력하는 사람에게만 주어진다고 주장합니다. 이것은 시편의 말과 일치합니다: "내가 능력 있는 용사에게는 돕는 힘을 더하며 백성 중에서 택함 받은 자를 높였으되"(시 89:19).

2. 주님의 말씀처럼 구하면 주실 것이요 찾으면 찾아낼 것이요 문을 두드리면 열리겠지만(마 7:7), 자비하신 하나님이 우리가 구하는 것을 주시고 두드릴 때 열어주시고 찾는 것을 찾게 해주시지 않는 한 우리가 구하고 찾고 두드리는 것만으로 부족합니다. 우리가 선한 의지를 하나님께 드릴 때 하나님은 이 모든 것을 주십니다. 이는 그분은 우리보다 더 우리의 완전함과 구원을 바라고 갈망하시기 때문입니다.

3. 다윗은 자신이 부지런히 수고하고 노력해도 선한 의지를 만들 수 없다는 것을 깨달았기 때문에 다음과 같이 기도했습니다: "우리의 손이 행한 일을 우리에게 견고하게 하소서"(시 90:17); "하나님이여 우리를 위하여 행하신 것을 견고하게 하소서"(시 68:28).

~ 15 ~
완전의 길을 누구에게서 배워야 하는가?

1. 만일 우리가 덕의 참된 완성을 원한다면, 그것에 대해 헛된 말을 한 것이 아니라 직접 경험하여 파악했으며 우리를 가르치고 인도하며 그것에 이

르는 확실한 방법을 보여줄 수 있는 분, 노동의 결과가 아니라 믿음으로 그것을 획득했다고 말하는 교사와 지도자들과 협력해야 합니다. 그들이 획득한 깨끗한 마음은 그들이 죄악에 짓눌리고 있음을 한층 더 깨달을 수 있게 해주었습니다. 이는 마음이 깨끗해짐에 따라 그들 자신의 악행에 대한 가책이 날마다 증가했기 때문입니다. 그들은 무수히 많은 작은 생각에서 생겨나 방해하는 부정한 것들을 피할 수 없다고 깨달았기 때문에 끊임없이 마음 깊은 속에서 탄식했습니다.

2. 그들은 자신의 행위가 아닌 주님의 자비 때문에 내세에서 상 받기를 원한다고 말했습니다. 그들은 다른 사람들과 비교할 때 자신이 소유하는 신중함의 공로를 인정하지 않았습니다. 그들은 그것을 자신의 노력으로 얻은 것이 아니라 하나님의 은혜로 주어진 것으로 여겼습니다. 또 그들은 미온적이고 자기보다 열등한 사람들의 부주의함 때문에 자만하지 않았습니다. 오히려 그들은 참으로 죄가 없으며 하늘나라의 영원한 복을 이미 누리고 있다고 여기는 사람들을 관상함으로써 지속적인 겸손을 획득했습니다. 그들은 이것을 염두에 두었고 육체가 저항하는 한 깨끗한 마음을 획득할 수 없다는 것을 깨닫고서 교만의 몰락을 피했고, 자신이 무엇을 대적하여 싸우며 무엇 때문에 슬퍼하는지 분명히 의식했습니다.

~ 16 ~
하나님의 자비와 감동하심이 없으면
완전함을 획득하기 위해 노력할 수도 없다.

1. 그러므로 우리는 그들의 전통과 가르침에 따라 완전함을 얻기 위해 노력해야 하며, 금식과 철야, 기도, 몸과 마음의 통회에 전념해야 합니다. 그렇지 않으면 교만이 부추길 때 이 모든 것이 무효화할 것입니다. 우리 자신의 수고와 노력으로 이 완전함을 소유할 수 없다는 것, 그리고 하나님의 보호와 감화, 잘못을 고쳐주시고 격려하시는 은혜가 없으면 이 목적을 위해 사용하는 것들, 즉 우리의 수고와 노력과 노동이 작용할 수 없다고 믿어야 합니다. 자비하신 하나님은 다른 사람을 통해서, 또는 친히 찾아오셔서 우리 마음에 그것을 부어 주십니다.

~ 17 ~
하나님의 도우심이 없이 구원과 관련된 것을
이룰 수 없음을 보여주는 말씀

1. 마지막으로 우리를 구원하시는 분은 우리가 생각하고 고백해야 할 것에 대해 가르쳐 주십니다.

그분은 "내가 스스로 하는 것이 아니라 아버지께서 내 안에 계셔서 그의 일을 하시는 것이라"라고 말씀하십니다. 인간이 되신 그분은 인성 안에서 자신이 아무것도 할 수 없다고 말씀하십니다. 그렇다면 흙과 먼지에 불과한(집회서 10:9) 우리가 어찌 자신의 구원과 관련된 모든 일에서 주님의 도우심이 필요하지 않다고 생각할 수 있습니까? 매순간 우리의 약함과 하나님의 도우심을 생각하면서 다음과 같이 선포해야 합니다: "너는 나를 밀쳐 넘어뜨리려 하였으나 여호와께서는 나를 도우셨도다 여호와는 나의 능력과 찬송이시요 또 나의 구원이 되셨도다"(시 118:13~14); "여호와께서 내게 도움이 되지 아니하셨더면 내 영혼이 벌써 침묵 속에 잠겼으리로다 여호와여 나의 발이 미끄러진다고 말할 때에 주의 인자하심이 나를 붙드셨사오며 내 속에 근심이 많을 때에 주의 위안이 내 영혼을 즐겁게 하시나이다"(시 94:17~19).

2. 우리는 하나님을 경외하고 인내함으로써 마음이 튼튼해진다는 것을 알고 "여호와께서 나의 의지가 되셨도다 나를 넓은 곳으로 인도하시고 나를 기뻐하시므로 나를 구원하셨도다"(시 18:19~20)라고 말해야 합니다. 또 우리의 행위가 진보할 때 우리 안에 지식이 증가한다는 것을 깨닫고 "주께서 나의 등불을 켜심이여 여호와 내 하나님이 내 흑암을 밝히시리이다 내가 주를 의뢰하고 적군을 향해 달리며 내 하나님을 의지하고 담을 뛰어넘나이다"(시 18:28~29)라고 말해야 합니다. 그리고 우리 자신이 인내의 힘을 찾고 있었으며 노력하지 않아도 더 쉽게 덕의 길을 걸어가고 있다고 느끼면서 다음과 같이 말해야 합니다: "하나님이 힘으로 내게 띠 띠우시며 내 길을 완전하게 하시며 나의 발을 암사슴 발 같게 하시며 나를 나의 높은 곳에 세우시며 내 손을 가르쳐 싸우게 하시니 내 팔이 놋 활을 당기도다"(시 18:32~34).

3. 우리가 지혜를 획득하여 원수를 짓밟을 수 있게 될 때 하나님께 이렇게 외쳐야 합니다: "주께서 주의 구원하는 방패를 내게 주시며 주의 오른손

이 나를 붙들고 주의 온유함이 나를 크게 하셨나이다 내 걸음을 넓게 하셨고 나를 실족하지 않게 하셨나이다"(시 18:35~36). 그 때 우리는 지식과 능력으로 강해졌으므로 자신있게 다음과 같이 말할 수 있을 것입니다: "내가 내 원수를 뒤쫓아가리니 그들이 망하기 전에는 돌아서지 아니하리이다 내가 그들을 쳐서 능히 일어나지 못하게 하리니 그들이 내 발 아래에 엎드러지리이다"(시 18:37~38).

4. 우리는 약하고 육체에 둘러싸여 있으므로 주님의 도움이 없으면 악한 원수인 악덕을 정복할 수 없다는 것을 생각하고 이렇게 말해야 합니다: "우리가 주를 의지하여 우리 대적을 누르고 우리를 치러 일어나는 자를 주의 이름으로 밟으리이다 나는 내 활을 의지하지 아니할 것이라 내 칼이 나를 구원하지 못하리이다 오직 주께서 우리를 우리 원수들에게서 구원하시고 우리를 미워하는 자로 수치를 당하게 하셨나이다"(시 44:5~7).

5. 우리의 무기로 원수를 정복할 수 없다는 것을 생각하고서 이렇게 말해야 합니다: "방패와 손 방패를 잡으시고 일어나 나를 도우소서 창을 빼사 나를 쫓는 자의 길을 막으시고 또 내 영혼에게 나는 네 구원이라 이르소서 내 손을 가르쳐 싸우게 하시니 내 팔이 놋 활을 당기도다 또 주께서 주의 구원하는 방패를 내게 주시며 주의 오른손이 나를 붙들고 주의 온유함이 나를 크게 하셨나이다 우리 조상들이 자기 칼로 땅을 얻어 차지함이 아니요 그들의 팔이 그들을 구원함도 아니라 오직 주의 오른손과 주의 팔과 주의 얼굴의 빛으로 하셨으니 주께서 그들을 기뻐하신 까닭이니이다"(시 35:2~3; 18:35~36; 44:4).

6. 마지막으로 세심히 배려하는 마음으로 감사하면서 하나님이 주신 은혜

를 살펴볼 때, 즉 우리가 싸워 하나님으로 지식의 조명과 분별의 가르침을 받았다는 것, 하나님이 우리에게 무기를 주시고 덕의 허리띠로 튼튼하게 해주셨다는 것, 그리고 원수를 우리에게서 도망치게 하시고 "바람 앞에 티끌같이"(시 18:42) 부숴뜨리릴 힘을 주셨다는 것을 깨닫고 마음 깊은 곳에서 이 모든 것에 대해 다음과 같이 외쳐야 합니다: "나의 힘이신 여호와여 내가 주를 사랑하나이다 여호와는 나의 반석이시요 나의 요새시요 나를 건지시는 이시요 나의 하나님이시요 내가 그 안에 피할 나의 바위시요 나의 방패시요 나의 구원의 뿔이시요 나의 산성이시로다 내가 찬송 받으실 여호와께 아뢰리니 내 원수들에게서 구원을 얻으리로다"(시 18:1~3).

~ 18 ~

우리는 본성적 상태에서만 아니라 일상적인 일에서도 하나님의 은혜로 힘을 얻는다.

1. 하나님이 우리를 이성적인 존재로 지으시고 자유의지를 주시고 세례의 은혜를 주셨으며 율법의 지식과 도움을 주신 것, 그리고 날마다 섭리로 우리에게 주시는 것, 즉 우리를 원수의 덫에 걸리지 않게 하신 것, 우리가 육체의 악덕을 정복할 수 있도록 함께 일하시는 것, 우리가 모르는 사이에 위험에서 보호해주시는 것, 죄에 빠지지 않도록 지켜주시는 것, 이러한 도움을 이해하고 깨달을 수 있도록 도와주시고 조명해주시는 것, 우리를 감화하셔서 자신의 부주의함과 악행에 대해 가책을 느끼게 해주시는 것, 우리

를 찾아오셔서 유익하게 징계해주시는 것, 종종 우리의 의지와는 달리 구원으로 이끌어주시는 것, 우리를 찾아오셔서 움직이실 때 쉽게 악덕을 향하는 우리의 자유의지가 더 선한 것 및 덕의 길을 향하게 해주신다는 것 등에 대해 감사해야 합니다.

~ 19 ~
하나님의 은혜에 관한 이러한 믿음은
옛 교부들이 전해준 것이다.

1. 이것이 참된 겸손이며, 옛 교부들의 순전한 믿음입니다. 그것은 그들의 후계자들을 통해서 오늘까지 순수하게 보존되고 있습니다. 이것은 우리뿐만 아니라 불신자들에게서도 빈번히 나타나는 사도적 덕이 증언하는 믿음입니다. 그들은 단순한 마음으로 어부의 단순한 믿음을 유지합니다. 그들은 변증적 삼단논법과 웅변에 의해 세상의 영 안에 그것을 받은 것이 아닙니다. 순전한 생활 경험과 의로운 행위로, 그리고 자신의 악덕을 바로잡고 눈에 보이는 암시들에 의해서 완전함의 본질이 그 안에 담겨 있다는 것, 그리고 그것이 없으면 하나님의 사랑이나 악덕의 정화나 행위의 개선이나 덕의 완성을 붙잡을 수 없다는 것을 배웠습니다.

~ 20 ~
하나님을 모독했기 때문에 더러운 영에게 넘겨진 사람

1. 내가 아는 형제는 자신이 심각한 육체의 악덕의 공격을 받고 있다고 어느 노인에게 고백했습니다. 그는 정욕과 더러운 행동을 하고픈 욕망에 시달리고 있었습니다. 노인은 영적인 의사처럼 이 병의 내적 원인과 근원을 감지했습니다. 그는 한숨을 쉬면서 "당신이 하나님을 모독하지 않았다면 하나님이 결코 당신을 악한 영에게 넘겨주시지 않았을 것입니다"라고 말했습니다. 그 형제는 이 말을 듣고 즉시 노인의 발 앞에 엎드렸습니다. 그는 마음속 비밀이 드러난 것을 알고 크게 놀라 마치 하나님에게 고백하듯이 자신이 하나님의 아들을 모독하는 불경한 생각을 품었다고 고백했습니다. 교만의 영에 사로잡힌 사람이나 하나님을 모독한 사람은 완전함을 빼앗기며, 거룩한 순결을 얻지 못합니다.

~ 21 ~
유다 왕 요아스의 예

1. 역대기에 이와 관련된 내용이 있습니다. 유다의 왕 요아스는 일곱 살 때 제사장 여호야다에 의해 왕위에 올랐습니다. 여호야다가 살아있는 동안 요아스는 모든 면에서 칭찬을 받았습니다. 그러나 여호야다가 죽은 후에 요아스가 교만하여 부끄러운 정념에 빠졌습니다. 성경은 다음과 같이 증언합

니다: "여호야다가 죽은 후에 유다 방백들이 와서 왕에게 절하매 왕이 그들의 말을 듣고 그의 조상들의 하나님 여호와의 전을 버리고 아세라 목상과 우상을 섬겼으므로 그 죄로 말미암아 진노가 유다와 예루살렘에 임하니라"(역대하 24:17~18).

2. 그리고 조금뒤에 다음과 같이 말합니다: "일 주년 말에 아람 군대가 요아스를 치려고 올라와서 유다와 예루살렘에 이르러 백성 중에서 모든 방백들을 다 죽이고 노략한 물건을 다메섹 왕에게로 보내니라 아람 군대가 적은 무리로 왔으나 여호와께서 심히 큰 군대를 그들의 손에 넘기셨으니 이는 유다 사람들이 그들의 조상들의 하나님 여호와를 버렸음이라 이와 같이 아람 사람들이 요아스를 징벌하였더라 요아스가 크게 부상하매 적군이 그를 버리고 간 후에"(대하 24:23~25). 요아스는 교만 때문에 부끄럽고 더러운 정념에 넘겨졌습니다. 오만하여 하나님처럼 섬김을 받으려는 사람은 정욕에 넘겨져 합당하지 못한 일을 행하게 됩니다(롬 1:26, 28).

3. 성경에서 말하듯이 하나님은 마음이 교만한 사람을 미워하시며(잠 16:5), 마음이 교만한 사람은 조롱거리가 됩니다. 그리하여 비천해진 사람은 자신이 육체의 더러움 및 더러운 정념으로 말미암아 부정하다고 의식하게 될 것입니다. 그것은 교만한 정신을 지니고 있을 때에는 의식하려 하지 않았던 것입니다. 육체의 부끄러운 얼룩이 교만 때문에 생긴 마음의 감추어진 더러움을 드러낼 것입니다. 몸의 더러움이 드러나면, 영이 교만해져서 자신의 더러움을 의식하지 않던 사람이 부정하다는 것이 입증될 것입니다.

~ 22 ~
교만한 영혼은 악한 영에 예속되어 조롱을 받는다.

1. 교만에 빠진 영혼은 영적인 아람 군대, 즉 악한 영들에게 넘겨지며, 육체의 정념에 얽매입니다. 미온적인 정신이 교만해졌을 때에 영혼은 자신이 하나님 보시기에 더럽다는 것을 알지 못했었지만, 세상의 악덕 때문에 비천해지고 육적으로 더러워진 영혼은 자신이 더럽다는 것을 인정할 것입니다. 이렇게 겸손해진 사람은 이전의 미지근함을 버리며, 부끄러운 육욕적인 정념 때문에 의기 소침하고 당황할 것이며, 그후에는 더 열정적으로 영적 열심을 낼 것입니다.

~ 23 ~
겸손의 덕이 없으면 완전함을 이룰 수 없다.

1. 참된 겸손이 없는 사람은 완전함과 깨끗함이라는 목적을 성취할 수 없습니다. 그는 매순간 하나님이 보호하시고 도와주시지 않으면 자신이 원하여 힘껏 노력하는 완전함에 이를 수 없다고 믿고서 먼저 형제들에게, 그리고 마음 깊은 곳에서 하나님께 그것을 나타내야 합니다.

~ 24 ~

영적 교만의 공격을 받는 사람과
육적 교만의 공격을 받는 사람

1. 완전한 사람을 공격하는 영적 교만에 관해서는 충분히 말했다고 생각합니다. 깨끗한 마음을 붙잡으려고 노력하여 싸우는 수준에 이르는 사람이 많지 않기 때문에 이런 종류의 교만을 알거나 경험하는 사람도 많지 않습니다. 또 지금까지 각 권에서 논한 본질을 지닌 악덕의 정화를 획득한 사람도 많지 않습니다. 교만은 앞에서 말한 악덕들을 정복한 사람과 덕의 정상에 접근한 사람들만 공격합니다. 교활한 원수도 이런 사람들을 육적으로 몰락하게 하지 못했으므로, 교만은 영적인 몰락으로 그들을 내던져 쓰러뜨리며, 그럼으로써 그들이 노력하여 얻은 공적을 약탈하려 합니다. 그러나 교만은 아직 세상 정념에 붙잡혀 있는 사람을 이런 식으로 시험하지 않고, 더 터무니없는 육적인 교만으로 넘어뜨립니다. 우리같은 사람, 특히 젊은이와 초심자들의 정신을 위험하게 하는 육적인 교만에 대해 말할 필요가 있다고 생각합니다.

~ 25 ~

육적 교만에 대한 묘사,
그것이 수도사의 정신 안에 낳는 것

1. 수도생활에 미온적이 된 수도사의 정신 안에 자리잡은 육적인 교만은

그가 이전의 세속적 거만함에서 그리스도의 참된 겸손으로 내려오는 것을 허락하지 않습니다. 그것은 먼저 그를 불순종하고 냉혹하게 하며, 그 다음에 그가 온유하고 공손하도록 내버려두지 않으며 형제들과 같은 수준이 되는 것을 허락하지 않습니다. 그가 주님의 명령에 따라 세상의 재물을 버리는 것도 허락하지 않습니다(마 19:21). 세상을 버린다는 것은 죽음과 십자가의 표명인데, 이것들—다시 말해서 자신이 이 세상의 행위에 대해 영적으로 죽었다는 것을 알 뿐만 아니라 자신이 날마다 육적으로 죽으리라고 믿는 것— 외에 다른 토대 위에서 생겨날 수 없습니다. 그러나 교만은 그가 장수를 바라게 하며, 오래 끄는 많은 병을 제안합니다. 만일 그가 가난해져서 자기의 재산으로 사는 것이 아니라 다른 사람들의 자금으로 살기 시작한다면 부끄럽고 수치스럽게 느끼게 하며, "주는 것이 받는 것보다 복이 있다"(행 20:35)는 말씀을 빙자하여 다른 수단이 아닌 자기 재산으로 음식과 의복을 공급하는 편이 훨씬 낫다고 설득합니다(미온적이고 둔한 마음 때문에 둔해진 사람은 결코 이 말씀을 이해하지 못할 것입니다).

~ 26 ~
기초가 튼튼하지 못한 사람의 상태는 날마다 악화된다.

1. 불신하는 정신의 소유자, 그리고 믿음이 부족하여 회심할 때 붙은 믿음의 불티가 사라진 사람들은 자신이 버렸던 돈을 붙들기 시작하며, 허비한 것을 되찾지 못하는 사람처럼 한층 더 탐욕스럽게 그것을 비축합니다. 설상

가상으로 그들은 이전에 포기했던 것을 되찾습니다. 또는 전에 소유한 적이 없는 것을 쌓아올리며, 세상을 버리고 떠났지만 수도사라는 명칭 외에 다른 것을 이루지 못하는데, 이것이 가장 좋지 않은 악입니다.

이렇게 흠이 있고 좋지 않은 기초 위에 세우는 건물은 효과적으로 건축되지 못할 것이며, 이러한 기초 위에는 불쌍한 영혼을 비참하게 몰락하게 만들 것 외에 다른 것을 세우지 못할 것입니다.

~ 27 ~
교만에서 솟아나는 악덕들

1. 이런 종류의 정념들 때문에 무뎌졌고 혐오스럽고 미온적으로 출발한 정신은 날마다 악화될 것이며, 남은 생애를 한층 더 역겹게 마칠 것입니다. 자신의 고귀한 출생을 자랑하거나 몸으로는 버렸지만 정신으로는 버리지 않은 세상의 영예 때문에 거만하거나 자기의 멸망에 기여하는 돈을 자랑하는 것 때문이 아니라 과거의 탐욕을 즐기며 하나님을 모독하는 탐욕에 휘둘리기 때문에(바울은 "탐심은 우상 숭배니라"[골 3:5]; "돈을 사랑함이 일만 악의 뿌리가 되나니"[딤전 6:10]라고 말합니다), 그리스도의 단순하고 참된 겸손을 마음에 받아들이지 못합니다.

2. 이것은 사람이 수도원의 규칙을 지키거나 윗사람의 가르침을 받는 데 만족하지 못하게 합니다. 그는 순종의 규칙을 지키려 하지 않을 뿐만 아니라 완전함에 대한 가르침을 들으려 하지 않을 것입니다. 그의 마음에서 영

적 담화에 대한 혐오심이 자라기 때문에, 이런 종류의 담화가 시작되면 그는 시선을 한곳에 두지 못하고 사방을 두리번거릴 것입니다.

3. 영적 담화가 계속되는 동안 그는 유익하게 한숨짓는 것이 아니라 목을 가다듬고 가래를 뱉을 것입니다. 손가락을 만지막거리고 글씨를 쓰는 시늉을 할 것이며, 온 몸이 지끈거리기 때문에 벌레나 가시에 찔린 것같은 표정을 지을 것입니다. 그는 영적 담화가 듣는 사람에게 유익하다는 말을 불편하게 여길 것입니다.

4. 그는 영성생활을 조사하고 논의하는 동안 내내 의심하는 생각을 품을 것이며, 자신의 행복을 위해 취해야 할 것을 기다리지 않을 것입니다. 그는 그런 말을 하는 이유를 찾으려 하며, 마음속으로 그에 대해 제기할 수 있는 반론을 찾을 것입니다. 그 결과 그는 영적 담화에서 논의된 것을 이해하지 못하거나 그것을 통해 발전하지 못할 것입니다. 따라서 영적 담화가 그에게 유익하지 못할 뿐만 아니라 더 해로운 것이 되며 더 큰 죄를 짓게 하는 원인이 됩니다.

5. 양심이 자신을 비방하는 모든 말을 의심하게 하는 한 그의 마음은 한층 더 완고해질 것이며, 그는 더욱 예리하게 분노의 충동을 받을 것입니다. 그러므로 그의 음성이 커지고, 방어적인 말을 하며, 냉혹하게 답변하고, 고압적이고 변덕스럽게 행동하게 됩니다. 그는 구변이 좋고, 말은 무례하며, 형제에 대해 불평을 품지 않는 한 침묵하지 못합니다. 그럴 때 그의 침묵은 가책이나 겸손의 표식이 아니라 교만과 분개의 표식입니다. 그의 내면에 있는 더 혐오스러운 것—즉 당돌한 기세와 치명적으로 해로운 침울함—을 말하기 어려울 것입니다.

6. 그는 기세가 당돌할 때 부적절한 말을 하고, 어리석게 웃고, 마음은 억제할 수 없고 통제할 수 없이 들뜹니다. 그러나 침울할 때의 침묵은 무섭고 분노가 가득합니다. 그는 겸손과 인내를 증명하기 위해 침묵하는 것이 아니라 형제에 대한 원한을 대화로 풀지않고 오래 끌기 위해 침묵합니다. 교만해진 사람은 모든 사람에게 상처를 주며, 자신이 불쾌하게 한 형제에게 용서를 구하지 않으며, 또 자신을 불쾌하게 한 형제의 사과를 거부하고 무시합니다. 그는 형제의 사과를 받을 때 가책을 느끼거나 분노를 달래지 않을 뿐만 아니라, 형제의 겸손이 자기보다 뛰어나기 때문에 한층 더 화를 냅니다. 그리하여 흔히 마귀의 책략을 종식시키는 유익한 겸손과 사과가 더 큰 격분의 원인이 됩니다.

~ 28 ~
어느 형제의 교만에 관하여

1. 이 지방에 사는 어느 젊은이가 수도사가 되어 잠시 유지했던 겸손을 버리고 교만해졌기 때문에 사부의 책망을 받았는데, 그는 오만하게 "내가 잠시동안 자신을 낮추고 비하해다고 해서 항상 복종해야 합니까?" 라고 대답했습니다. 젊은이의 악한 반응에 충격을 받은 사부는 이것을 인간의 말이 아니라 옛 루시퍼의 말처럼 느꼈습니다. 그는 형제의 무례함 앞에서 아무 말로 하지 못한 채 신음하고 한숨지으면서 속으로 주님에 관한 말을 묵상했습니다: "그는 근본 하나님의 본체시나 하나님과 동등됨을 취할 것으로 여

기지 아니하시고" 악령과 교만에 사로잡힌 형제가 말한 것처럼 "잠시동안"이 아니라 "죽기까지 복종하셨으니."

~ 29 ~
육적인 교만이 영혼 안에 존재하는 것을
알아볼 수 있는 징후

1. 완전함에 대한 가르침을 갈망하는 사람들을 위해서 이제까지 교만에 대해 말한 것을 종합하고, 그것을 알아볼 수 있게 해주는 특징을 지적하기 위해서 겉사람의 행동에 나타나는 징후 몇 가지를 열거하겠습니다. 교만을 식별하고 파악하게 해주는 표식을 요약 형식으로 알아보려면 몇 마디로 이것들을 검토할 필요가 있다고 생각합니다. 교만의 근원을 적나라하게 드러내면, 훨씬 쉽게 그것을 피하거나 뽑아낼 수 있을 것입니다.

2. 이 악한 교만이 우세해진 후에 우리가 서서히 그것의 악한 소동과 충동에 관심을 둔다고 해서 그것이 사라지는 것이 아닙니다. 우리가 그것을 향해 진군하고 그것의 형태를 알아보고, 멀리 내다보는 지혜로운 분별력으로 잘라버릴 때 그것이 사라집니다. 내면에 자리잡은 그것의 존재는 겉사람의 행동을 보고 알 수 있습니다. 육적인 교만의 징후를 추적하면 그것이 분명히 드러납니다.

우선 그 사람의 말소리가 커지고, 침묵이 매서워질 것입니다. 그의 기쁨이 소란스럽고 지나친 웃음으로 나타나며, 심각함은 비이성적인 슬픔으로 나타나고, 그의 답변에 원한이 담기고, 그의 말은 다변이며, 경솔한 마음으로 허둥지둥 말을 뱉을 것입니다.

3. 그에게 인내가 없고, 사랑이 없으며, 욕을 잘하고, 좀처럼 욕을 받아들이지 못하며, 자신이 원할 때 외에는 복종하지 않으며, 권면을 받으려 하지 않고, 자기의 뜻을 억제하지 못하고, 사람들에게 굴복하려 하지 않으며, 사람들의 견해에 양보하거나 순종하지 않고 자신의 견해를 위해서 싸웁니다. 그는 유익한 충고를 받아들이지 않으므로, 매사에 원로들의 판단을 의지하지 않고 자기의 판단을 의지합니다.

~ 30 ~
교만 때문에 미지근해진 사람은
사람들을 다스리려 한다.

1. 교만해진 사람은 단계적으로 미끌어져 내려갑니다. 그는 마치 형제들과의 교제 때문에 자신이 완전함에 이르지 못하며 그들의 악덕과 실패 때문에 인내와 겸손의 유익을 얻지 못한다는 듯이 수도원의 훈련을 역겨워합니다. 그는 독수도실에서 살기를 원하거나, 자신이 많은 사람에게 유익을 줄 수 있다는 듯이 수도원을 세우려 하거나, 자신이 가르치고 교훈할 수 있는 사람들, 스승보다 더 악하게 될 제자들을 모으려 합니다. 이러한 마음의 교만 때문에 위험하고 해로운 미적지근한 상태에 빠져 세상 사람도 아니고 수도사도 아닌 상태가 되면, 자신의 비참한 상태와 생활방식에 기초한 완전함

을 약속하기도 합니다.

~ 31 ~
교만을 정복하고 완전함을 획득하는 방법

1. 이런 까닭에 우리의 덕이 완전하며 하나님이 기뻐하시는 것이 되기를 원한다면, 우리의 고집센 욕망을 따르지 말고 엄격한 복음의 가르침에 따라 기초를 세우려 노력해야 합니다. 그것은 온유하고 단순한 마음에서 생겨나는 하나님께 대한 두려움과 겸손입니다. 그런데 가난하지 않으면 겸손을 획득할 수 없습니다. 겸손이 없으면 순종이나 인내, 온유함, 사랑의 완전함을 붙들 수 없으며, 이것들이 없으면 우리의 마음이 성령의 거처가 될 수 없습니다. "무릇 마음이 가난하고 심령에 통회하며 내 말을 듣고 떠는 자 그 사람은 내가 돌보려니와"(사 66:2).

~ 32 ~
모든 덕을 파괴하는 교만을
참된 겸손으로 소멸하는 방법

1. 그러므로 정당하게 영적 경기에 참여하여 주님이애 주시는 면류관 받기를 원하는 그리스도의 경주자는 항상 이 사나운 짐승을 죽이려고 노력해야 합니다. 왜냐하면 이것이 모든 덕을 삼키기 때문입니다. 그것이 마음 속

에 거주한다면, 모든 악덕을 제거할 수 없을 뿐만 아니라 그 독 때문에 자신이 소유하고 있다고 여기는 덕이 파괴될 것임을 확실히 알아야 합니다. 먼저 참된 겸손의 기초가 마음에 놓이지 않으면, 영혼 안에 덕의 건물이 올라가지 못할 것입니다. 든든히 놓인 기초가 완전함과 사랑의 건물을 떠받칠 수 있을 것입니다. 그렇게 되려면 먼저 마음 깊은 곳에서 형제들을 슬프게 하거나 아프게 하지 않겠다고 결심함으로써 참된 겸손을 나타내야 합니다.

2. 이것을 이루려면 재산을 완전히 버리는 참된 포기가 그리스도의 사랑으로 말미암아 우리 안에 자리잡으며, 단순한 마음으로 순종의 멍에를 받아들이며, 사부의 명령 외에 다른 것을 바라는 욕구가 우리 안에 살지 못하게 되어야 합니다. 자신이 세상에 대해 죽었을 뿐만 아니라 무분별하고 어리석다고 여기며, 윗사람이 명령한 것을 신성불가침하고 거룩한 명령이라고 믿고 실천해야만 이것을 이룰 수 있을 것입니다.

~ 33 ~
교만의 치료법

1. 우리가 이런 상태에 머문다면, 평온하고 불변하는 겸손의 상태가 따라올 것이며, 그 결과 자신이 다른 사람들보다 비천다고 판단하기 때문에 모욕적이고 가혹하고 해로운 것이라도 우리의 유익을 위한 것으로 여겨 모든 것을 인내하며 참을 것입니다. 만일 우리가 주님과 모든 거룩한 사람의 고난을 염두에 두며, 우리가 그들의 공적과 생활방식을 따라갈 수 없으므로

그들보다 가벼운 시험을 받는다고 여기며, 잠시후 이 세상을 떠나 그들과 함께 지낼 것이라고 생각한다면, 쉽게 이런 일들을 참고 견딜 뿐만 아니라 그것을 하찮은 것으로 여길 것입니다.

2. 이러한 생각은 교만뿐만 아니라 모든 악덕에 치명적인 것입니다. 이 겸손을 확고하게 유지해야 합니다. 하나님의 은혜와 도우심이 없이 덕의 완전함을 이룰 수 없다는 것을 깨달을 때, 그리고 이것을 이해할 자격을 얻었다는 사실 자체가 하나님의 선물이라는 것을 믿을 때 겸손을 소유할 수 있습니다.